삼국유사 요모조모

경주학연구총서 ⑤

삼국유사 요모조모

2017년 8월 20일 초판 1쇄 인쇄
2017년 8월 25일 초판 1쇄 발행

지은이 이근직
펴낸이 권혁재

편집 조혜진
출력 동양인쇄
인쇄 동양인쇄

펴낸곳 학연문화사
등록 1988년 2월 26일 제2-501호
주소 서울시 금천구 가산동 371-28 우림라이온스밸리 B동 712호
전화 02-2026-0541~4
팩스 02-2026-0547
E-mail hak7891@chol.com

ISBN 978-89-5508-372-9 93910

삼국유사 요모조모

학연문화사

역사란 어디서부터 출발하는 것일까? 관점에 따라서 다양한 역사가 존재한다. 개인·인종·문화 등 역사는 다양하고 무궁무진하며, 계속해서 재평가 된다. 나에게도 짧은 역사가 존재한다. 그 짧은 역사의 시작에는 이 책의 저자이신 아버지가 계신다. 어릴 적부터 카메라 가방의 지킴이로 경주를 기록하고 연구하는 아버지를 따라 많은 유적지를 다녔다. 역사와 문화가 무엇인지를 배우는 것이 아니라, 지금의 경주를 봄으로써 그 자체가 신라의 역사라는 것을 조금씩 배웠다. 그저 경험이었고, 추억이었던 역사는 어느새 나의 전공이 되었다.

사학과 전공 학생으로서 역사는 '답과 진실을 알 수 없기 때문에, 계속해서 연구되고 공부해야하는 것'이라는 생각을 가지게 되었다. 지금 진행되고 있는 연구와 논문, 단행본은 역사를 만들어가는 과정인 것이다. 지금에서야 아버지께서 왜 그렇게 '신라'라는 역사를 연구하고, 재평가하셨는지 조금은 이해할 수 있게 되었다. 역사는 단순히 멈추어있는 텍스트가 아니기에 연구자의 학설과 연구 결과도 바뀔 수 있다. 학자마다 다른 관점, 학설, 결론을 모두 포용할 수 있는 학문이 역사이다. 어릴 적에는 이해가 가지 않았던 재평가와 새로운 연구들이 사실은 역사에서 필요했던 과정이었다. 그 과정 속에서 아버지는 자신만의 열정을 가지고, 지금의 연구 결과를 이끌어 내셨다.

아버지에 대한 기억 중 유독 오랫동안 기억에 남는 추억이 있다. 밤늦게 귀가하신 아버지께서 나에게서 각도기를 찾으셨고, 그 각도기의 방향을 이리저리 돌려가며 자료를 확인하시던 모습이 유독 기억난다. 주말마다 유적지의 규모와 구조를 보려고 줄자와 나침반을 목에 걸고 답사를 다니시던 모습도 지금 역사를 배우고 있는 나에게는 매우 의미 있는 가르침으로 남았다. 그만큼 열정적이셨던 아버지의 책이 역사를 공부하는 분들께 큰 힘이 될 것이라고 생각한다. 처음 이 글을 쓰기로 마음을 먹었을 때, 아버지께서 지금까지 걸어가셨던 길을 이야기하고 싶었다. 철이 들면서 아버지의 딸로서, 사학도로서 느낀 것이 많았기 때문이다. 또한 얼마나 열정적으로 경주에 대한 애정을 가지셨으며, 알리고 싶어 하셨는지도 얘기하고 싶었다.

아버지께서 2011년까지 연구하셨던 논문이 이번 발간을 끝으로 마무리를 한다. 앞서 발간된 책들을 통해 '신라'라는 역사를 조금 이해할 수 있게 되었다. 분명 이와 관련된 역사서도 끝이 아닐 것이다. 계속해서 연구될 것이며, 재평가 될 것이다. 그 때마다 같이 회자되는 책이기를 바란다. 또한 역사를 공부하는 모든 분들께 열정을 심어줄 수 있는 디딤돌이 되기를 소망한다.

마지막으로 여러 권의 책을 내기까지 도와주신 경주학연구원의 여러분과 출판사 사장님께 감사드린다. 아마도 그 분들께서 함께 하지 않으셨다면 아버지의 논문들은 책으로 출간되지 못했을 것이다. 아울러 아버지를 먼저 보내시고 맘고생하신 어머니께서도 이 유고집의 완간을 기해 그동안의 짐을 내려 놓으셨으면 한다.

2017년 7월 2일

李裕林

논문 출처

1. 『삼국유사』의 경주관련 기사분석

2. 『삼국유사』 왕력편 연구

대구가톨릭대학교 사학과 석사학위논문, 1995

3. 『삼국유사』 왕력의 편찬성격과 시기

『한국사연구』101, 1998

4. 『삼국유사』의 피휘례 연구

『三國遺事 校勘硏究』, 1997, 신서원

차례

1

『삼국유사』의 경주관련 기사분석

Ⅰ. 머리말

한국 고대사 연구에 기본 사료로 활용되고 있는 다양한 고고학 및 문헌자료들 가운데 14세기에 이르러 완성된 『삼국유사』는 1145년에 편찬된 『삼국사기』와 더불어 쌍벽을 이루고 있다. 두 사서 가운데 『삼국사기』가 관료출신의 김부식을 중심으로 하는 10여명의 편수관에 의해 정치사 위주의 관련 사실들을 충실히 기록하였다면, 『삼국유사』는 일연선사와 그의 제자들을 중심으로 하는 불교계 승려들에 의해서 편찬되었음에도 불구하고 특정한 분야에 치우치지 않고 정치·지리·미술·고고·사상·종교·민속 등 다양한 분야를 망라하고 있다. 그러한 까닭에 『삼국사기』가 고대 정치사의 흐름에 대한 기본틀을 세우는데 매우 유익한 역할을 담당하고 있다면, 『삼국유사』는 이러한 구조위에 활동했던 고대인들의 정서를 잘 드러내고 있다.

하지만 『삼국사기』(1145년)와 『삼국유사』(1289년?)는 당대의 1차 사료가 아니며, 신라가 고려에 귀부하는 935년으로부터 각각 200년과 350여년 이후에 편찬된 사서이다. 또한 신라 초기 기록의 경우 그 시간차는 더욱 멀어져 1,000년 이상의 거리를 두기 때문에, 관련 사료를 신뢰함에 절대적인 요소의 하나인 동시대라는 시간성을 확보하지 못하는 최대의 약점을 지니고 있다. 즉 관련내용이 삼국기 또는 통일기의 신라를 배경으로 하면서도 문자로 채록될 당시의 상황이 무의식중에 반영될 가능성이 높다. 따라서『삼국사기』와『삼국유사』에 등장하는 관련 내용을 통해 고대사를 이해하고자 할 때는 해당 자료에 대해서 엄정한 사료비판이라는 과정을 통해 진위 또는 왜곡여부를 가려야만 한다.

그렇지만 현실은 그러한 구조적 결함을 지니고 있음을 대부분 연구자들이 알고 있음에도 불구하고 두 사서를 배제시킨다면 고대 한국에서 일어났던 역사적 사상事象을 이해하는 것이 불가능하기 때문에 반대로 적극적으로 활용하고 있는 형편이다. 그러나 그렇다하더라도 두 사서의 다음과 같은 성격을 늘 염두에 두고 연구에 임할 필요가 있다.『삼국사기』는 혁거세 거서간 이래 진흥왕에 이르기까지 600년에 가까운 동안 역사적 사실이 구전되었다는 점과 진흥왕의 국사편찬이래 통일기 성덕왕대의 역사편찬, 고려 광종대의『삼국사』편찬 등에 이은 것으로 4차 사료의 성격이 강하며,『삼국유사』는 일연의 저서가 아니라 그동안 다양한 경로를 통해 모은 자료들을 편찬한 성격을 띠고 있다는 점이다. 즉『삼국유사』는 각 항목마다 1차 기록자가 다를 수 있으며, 이러한 자료들을 일연은 동양의 오랜 역사서술의 원칙인 술이부작述而不作의 자세를 견지하면서 편집만 한 것이라는 점이다.

이러한 관점은 학계의 일반적인 인식과는 배치된다고 할 수 있다. 지금까지 대부분 연구자들은『삼국유사』의 본문 내용이 일연이 생존시기와 무관하지 않다고 보기 때문이다. 특히 현장 관련 기록들은 일연이 답사를 실시한 결과로 인식하는 경향이 강하다. 그런데 문제는 '과연 그런가' 하는 점이다.

II. 일연은 과연 경주를 몇 번 찾았는가?

　그동안『삼국유사』를 이용함에 대부분 연구자들은『삼국유사』의 각 항목의 내용을 일연이 활동한 13세기 후반내지『삼국유사』를 편찬한 시점으로 추정되는 1280년경의 상황을 반영하고 있는 것으로 보고 논지를 전개하는 경향이 강하다. 만일 그렇다면『삼국유사』에 기록된 경주의 신라시대 유적과 사찰관련 내용은 일연이 활동하는 13세기 중반에서 입적하는 1289년 이전의 상황을 설명하고 있는 것으로 보아야 할 것이다.

　과연 그런가? 지금까지 확인된 바에 의하면, 일연은 비록 경주 인근의 오어사(1년?)와 운문사(5년)에 주석하기는 하였으나 인각사 비문에서 확인되는 바와 같이 충렬왕 7년(1281)에 단 한번 경주를 방문했을 가능성이 높다. 당시 충렬왕은 경남 마산 합포에서 거행된 여몽연합군의 제2차 일본정벌 출정식에 참석한 뒤 개경으로 돌아가는 길이었으며, 일연은 청도 운문사에 주석하고 있었다. 그런 까닭에 왕의 부름을 받아 부득이 경주를 찾게 되었지만 충렬왕과 함께 하는 일정이었을 뿐만 아니라 76세의 고령이어서 개인적으로 신라시대 유적을 답사하거나 돌아볼 시간을 갖지 못했을 가능성이 높다.

사진 1 인각사 보각국사비

『고려사』에 의하면, 충렬왕은 경주에 들러 승직의 임명을 비준하였을 뿐 다른 행적을 보이지 않는다. 또한 고도로서의 경주에 대한 언급보다 승직을 얻기 위해 왕의 측근자들에게 뇌물을 제공하는 승려들의 잘못된 행태만 기록하고 있다. 일연비문에도 왕의 행재소에 도착한 사실과 왕으로부터 예우를 받은 점 외에 특이한 내용을 기록하지는 않았다. 그러나 이 경우에도 충렬왕은 일연과 함께 신라 왕성인 월성을 찾았을 가능성을 상정할 수 있으나『삼국유사』에서는 월성 또는 월성내부의 상황에 관한 내용이 전무하다.

또한 오어사에 주석한 기간도 길지 않을 뿐만 아니라 1264년에 일연은 59세로 적지 않은 나이였다. 따라서 오어사와 경주와의 거리를 고려할 때 그가 이 시기에 경주를 집중적으로 답사하였을 가능성은 낮아 보인다. 그리고 나머지 기간 중 왕성한 활동기에 해당하는 20대부터 50대 후반까지 일연의 삶과 관련된 궤적은 강원도 진전사, 강화도 선월사, 남해 정림사, 현풍 비슬산일원 등으로 대부분 경주로부터 멀어져 있다. 마지막 주석처인 인각사도 경주와는 거리가 멀다.

Ⅲ. 경주관련 기사 분석

『삼국유사』의 내용가운데 상당한 분량이 경주지역에 분포하고 있는 신라시대 왕경유적과 그 주변의 사찰들을 중심으로 일어난 일과 사건들을 기록한 것이다. 나아가 이 내용들은 기록된 시점의 해당 유적의 상황을 이해하는데 매우 중요한 역할을 담당한다. 따라서 일연과 무관한 왕력편을 제외한 나머지 제편의 내용에서 경주관련기록들을 성격별로 구분하면 다음과 같이 정리할 수 있다.

1) 육촌장의 탄강지인 화산 · 이산 · 형산 · 명활산 · 표암봉 · 금강산 및 삼성의 시조의 탄강지 및 도래지와 관련된 나정 · 계림 · 아진포 등에 관한 기사.

2) 왕경유적인 금성 · 월성 · 귀비고 · 천존고 · 35금입택 · 재매정 · 최치원고택위치 · 치술령과 사당 · 남산신성 · 장창지 · 좌창지 · 부산성 · 유교 · 월정교 · 남산 우지암 · 포석정 등과 월성과 그 주변의 임해전 · 조원전 · 자극전 · 서당 · 춘궁 · 요석궁 등 왕궁에 관한 기사

3) 사찰관련기사로는 감산사 · 감은사 · 고선사 · 구원사 · 굴불사 · 금곡

사 · 금강사 · 금광사 · 기림사 · 남간사 · 남항사 · 담암사 · 도량사 · 도림
사 · 도중사 · 동천사 · 망덕사 · 모지사 · 무장사 · 문수사 · 미탄사 · 민장
사 · 반향사 · 백률사 · 법류사 · 보리사 · 보은사 · 봉덕사 · 봉성사 · 불무
사 · 불국사 · 사자사 · 사천왕사 · 삼랑사 · 생의사 · 석가사 · 석불사 · 석
장사 · 숭복사 · 신원사 · 실제사 · 안흥사 · 애공사 · 양관사 · 양존사 · 양
피사 · 엄장사 · 염불사 · 영묘사 · 영흥사 · 용장사 · 원원사 · 유덕사 · 인
용사 · 자추사 · 장수사 · 중생사 · 창림사 · 천관사 · 천룡사 · 천엄사 · 천
은사 · 천주사 · 청룡사 · 황룡사 · 황복사 · 황성사 · 혈사 · 혜숙사 · 호원
사 · 홍효사 · 흥륜사 등 72개소가 확인된다.

4) 능묘관련기사는 기이편에 오릉 · 탈해왕릉과 탈해사당 · 미추왕릉 · 선
덕여왕릉 · 무열왕릉 · 문무왕릉 · 김유신묘 · 원성왕릉 그리고 이차돈의
묘가 확인된다.

이상에서 언급한 사찰과 왕릉을 일연이 직접 답사하였다면 경주중심
지 뿐만 아니라 인근 전지역에 걸쳐 조사한 깃이 된다. 그러나 수집한 자
료의 내용속에 자연스럽게 등장하는 유적 또는 사찰이 있어 모두가 그 대
상이 될 수가 없다. 따라서 이 가운데 '寺中記' 또는 '寺中古記'가 인용되어
있거나 기록할 당시의 시점을 의미하는 '수○○○'라는 표현이 있는 부분
또는 본문의 내용으로 미루어 대체로 일연이 직접 답사한 장소로 학계에
서 거론되는 곳을 선정하면 다음과 같다.

1. 황룡사 2. 미탄사 3. 최치원고택 4. 금강산 백률사 5. 창림사 6. 오릉
7. 담암사 8. 토함산 요내정 9. 토함산 탈해사당 10. 미추왕릉 11. 치술
령의 치술신모사당 12. 양피사 13. 김유신묘 14. 무열왕릉 15. 사천왕사
16. 인용사 17. 남산신성의 좌창과 우창 18. 원성왕릉 19. 숭복사 20. 흥

륜사 21. 영흥사 22. 영묘사 23. 분황사 24. 이차돈묘 25. 굴불사 26. 생의사 27. 동경안일호장 정효의 집에서 원광법사전이 실려 있는 고본수이전을 직접 조사함 28. 혜숙사 29. 남간사 30. 원원사 31. 석가사 32. 불무사 32. 東都僧司 33. 논호림 34. 석불사 35. 망덕사 36. 홍효사 37. 무장사 38. 호원사 39. 감산사 40. 천룡사 41. 봉덕사 성덕대왕신종 42. 삼랑사 43. 남항사 44. 문수사 42. 학원 43. 유교 등이다. (※첨부자료 참조)

이 경우만 해도 일연이 답사한 곳은 동으로는 동해안의 감은사와 문무왕릉, 서로는 현곡면의 홍효사, 남으로는 외동읍의 원원사와 치술령, 북으로는 안강의 혜숙사와 금곡사에 이르기까지 오늘날 경주시 행정구역의 경계선까지 모두 망라하고 있다. 그리고 평지의 사찰 뿐만 아니라 남산의 석가사와 불무사, 토함산 정상의 석불사와 탈해사당, 암곡의 무장사, 치술령 정상의 치술신모사당 등 산간계곡의 사찰을 모두 포함하고 있다. 경주지역 이외에도 남쪽으로는 울산 영취산의 영축사와 울주의 포천산 석굴, 즉 오늘날 천성산의 미타암 석굴에까지 이르고 있다.

이처럼 위의 내용들이 사실일 경우 일연의 경주 체류기간은 매우 장기간이지 않으면 불가능하다. 그러나 일연이 경주에 오랜 기간 머문 흔적은 그 어디에도 없다. 또한 근대학문이 성립하기 이전 시기에 이처럼 역사의식을 갖고 해당 지역의 관련 장소를 일일이 답사하면서 기록으로 남긴 예는 전무하다. 따라서 이 경우 일연이 작심하고 경주지역을 답사하지 않는 한 불가능해 보인다. 또한 일연의 비문과『삼국유사』그 어디에도 일연이 의욕적으로 경주지역을 답사하였음을 밝힌 내용이 없다.

한편『삼국유사』의 경주지역 현장관련 내용의 특징은 다음과 같다. 첫째, 사원의 당시 상황을 묘사하기 보다는 사원에 전해지는 이야기를 중심으로 기록하고 있다는 점이다. 즉 황룡사의 가섭불연좌석과 홍륜사의 금

사진 2 무장사 아미타여래조상 사적비(복원)

당십성관련 내용만 제외한다면 본문과 분주의 대부분은 사원의 위치관련 내용만 등장한다. 특히 분주의 내용 대부분은 위치관련 기사이다. 그러나 한편으로는 『삼국유사』 본문의 내용으로 보아 비중이 비교적 크다고 할 수 있는 경주분지내의 사찰 가운데 고선사·황성사·민장사·중생사·삼랑사·인용사·천주사·봉성사·봉덕사·천관사 등은 존재만 확인될 뿐 위치에 대해서는 전혀 언급하지 않고 있다.

또한 사찰에 전해오던 건물·불상·불탑·벽화관련 기사라 하더라도 본문의 내용에 관련이 있는 경우에만 국한하여 기록을 남길 뿐이다.

둘째, 감산사의 경우는 금당과 강당에 봉안된 미륵보살입상과 아미타여래입상의 광배후면에 기록된 명문임을 분명히 한 후 내용을 기록하고 있으나, 무장사 미타전과 관련된 내용은 무장사 미타전 옆에 세워진 아미타여래조상사적비의 내용을 요약해서 옮겨 적었으나 비문의 존재에 대해서는 전혀 언급하지 않고 있어 서로 다른 서술태도를 보이고 있다.

셋째, 신라 왕릉관련기사의 경우 비록 오릉·탈해왕릉과 탈해사당·미추왕릉·선덕여왕릉·무열왕릉·문무왕릉·김유신묘·원성왕릉 등에 관해서 기록을 남기고 있다. 그러나 미추왕릉 주변에 있는 경주분지내 대형고분군의 존재 또는 무열왕릉 서편의 왕릉군에 대해서는 전혀 언급하

사진 3 경주시내 고분군

지 않았다. 또한 경주분지내에 있는 헌덕왕릉과 사천왕사와 망덕사관련 기록을 남기면서 동편에 있는 효소왕릉 등에 대해서는 관련 기록을 남기지 않았다.

특히 이 가운데 원성왕릉 관련 기사는 일연이 현장을 가보지 않고 기존 기록을 그대로 전재하고 있음을 보여준다. 즉 "王之陵在吐含岳西洞鵠寺(今崇福寺)有崔致遠撰碑"를 해석하면, "왕릉은 토함산 서쪽 골짜기에 있는 곡사에 있으며(지금의 숭복사이다) 그곳에는 최치원이 찬한 비문이 있다" 또는 "왕릉은 토함산 서쪽 골짜기에 있다. (그리고) 곡사는 지금의 숭복사인데 그곳에는 최치원이 찬한 비문이 있다"가 될 것이다.

이 경우 전자는 원성왕릉과 곡사가 동일한 장소에 있어야 된다. 실제로 일제강점기의 일본학자들은 경주시 외동읍 말방리의 숭복사지에서 최치원의 비문을 세웠던 귀부는 있으나 왕릉이 없음을 이상히 여기기도 하였다. 후자는 내용만으로 보면 왕릉과 곡사의 관계가 명확하지 않게 된다.

사진 4 원성왕릉과 숭복사지

사진 5 숭복사 비(복원)

현재 원성왕릉과 곡사(숭복사지)는 동남-서북방향으로 약 1.9km 떨어져 있으며, 가운데 활성리라는 마을을 두고 있어 서로 보이지 않는다.

또한 왕력편 원성왕조에 기록된 "陵在鵠寺今崇福寺有也或遠所○立碑"도 같은 맥락의 문장구조를 하고 있다. 이로 미루어보아 경주지역에서는 원성왕릉과 곡사의 위치에 대해서는 동일한 내용이 구전되고 있었던 것으로 생각된다. 그 이유는 고려시대 경주부의 중심지인 경주읍성으로부터 멀리 약 14~16km 떨어진 원성

사진 6 월정교(복원)

왕릉과 숭복사에 대해서 현장에 대한 정확한 정보를 갖고 있지 않았던 까닭이다. 따라서 위 기사는 원성왕릉을 곡사가 있던 자리에 조영하고 곡사는 이건하였으며, 후에 곡사는 숭복사로 사명이 변경되었다고 적은 최치원찬의 숭복사비문 내용을 알고 있는 자이기는 하나 현장에서 왕릉과 곡사가 얼마만큼 떨어져 있는지를 모르는 자가 기록한 것이 분명하다. 만일 왕릉과 곡사를 직접 답사하였다면 위와 같은 기록은 불가능했을 것이다.

넷째, 동일한 사찰임에도 불구하고 사천왕사와 천왕사로 구분하여 표기하고 있다.

다섯째, 경주 중심지를 두고 慶州·東京·雞林·東都·京城·京師 등 다양하게 표기하고 있다.

여섯째, 『삼국유사』에는 신라 멸망 이후의 경주 또는 왕성과 관련된 상황을 기록한 내용은 전무하다. 특히 원효가 요석공주를 만나기 위해 건너던 유교를 언급하면서도 접해 있는 월정교에 대해서는 전혀 언급하지 않앗다. 또한 왕성주변의 유적과 관련하여 확인되는 내용은 모두 신라 멸망 이전의 상황만 묘사하고 있다.

일곱째, 일연이 위에서 거론한 경주와 그 주변의 모든 지역을 직접 찾아다녔다면 당시의 경주지역 상황에 대해서 어느 정도 관련 기록을 남겼을 가능성이 높은데도 불구하고 사실상 전무하다.

여덟째, 寺中記, 寺中古記, 寺中有記, 寺記, 寺中所傳古記 등의 표현도 나름대로 의미가 다를 수도 있겠지만 찬자가 다름에서 오는 표현방식의 차이일 가능성도 있다.

따라서 위의 내용으로 미루어 보면『삼국유사』의 각 항목은 일연에 의해 일괄적으로 기록된 것이 아닐 뿐만 아니라 그가 모든 지역을 답사한 결과물로서 기록된 내용이 아닐 가능성이 높다.

Ⅳ. 모두 13세기 후반의 상황을 묘사하고 있는가?

　현재 연구자들은 대부분『삼국유사』내용의 생성시기를 13세기말로 보고 논지를 전개한다. 예컨대, 경주 낭산 사천왕사의 녹유상을 두고 현재 사천왕상, 팔부중상, 천왕상이라는 견해가 대립하고 있는데, 그 가운데 팔부중상이라는 견해는『삼국유사』양지사석조의 내용을 그대로 따르는 것이다. 그 이유는 일연이 직접 목격하고 기록한 것이므로 신뢰할 수 있다는 것이다. 또한 혹자는 동경 '흥륜사 금당십성'조에 등장하는 소조상을 두고 일연이 직접 목격한 이후에 기록한 것이라고 한 뒤 흥륜사는 1238년 몽고침입 때 소실된 것이 '흥륜사대종명병서'(1244년)에서 확인됨으로 십성의 소상들은 신라시대의 작품이 아니라 신라시대의 십성상을 모방한 13세기말 이후의 작품으로 추정하였다. 나아가 황룡사 가섭불연좌석은 1238년 황룡 사가 불타기 이전의 내용과 이후의 내용이 동시에 들어있어 일연이 황룡사를 두 번 방문한 것으로 추정되기도 한다. 그러나 황룡사 장육존상과 구층탑조의 기록에서 표현방식의 차이를 보일 뿐만 아니라 황룡사 종에 대해서는 몽고침입으로 인한 소멸을 언급하지 않고 있어 각 항목마다 서술시기의 차이가 느껴진다.

사진 7 굴불사지 사면석불

또한 『삼국유사』 내용을 검토해 보면, 13세기 후반의 상황이 아닌 내용
도 확인된다. 예컨대, 경주 금강산 서록에 있는 굴불사지 사면석불의 경
우 『삼국유사』 탑상제 4 '사불산·굴불산·만불산조에는

경덕왕이 백률사栢栗寺로 행차하는 길에 금강산 밑에 닿으니 땅 속에서
염불소리가 나므로 거기를 파게 하여 큰 돌을 캐내니 돌 사면에 사방불이
새겨져 있었다. 그 곳에 절을 세우고 절 이름을 굴불掘佛(부처를 파내다)
이라 하였더니 지금은 잘못 불러 굴석掘石이라고 한다.

위 기사에 의거할 경우 굴불사는 일연 당시 굴석사로 존재하고 있어야
한다. 그러나 굴불사지의 경우 1985년 발굴조사 결과 몽고군의 1238년 경
주침입시 불타고 나서 고려시대에 한해서는 다시 중창되지 않았음이 밝혀

졌다. 따라서 만일 일연이 답사한 결과를 기록한 것이라면 1238년 이전이 되어야만 할 것이다. 그러나 1238년 일연의 나이 33세로, 이전 20대에는 강원도 진전사, 30대 초에는 현풍 비슬산일원에 머물고 있었다. 따라서 그의 경주행은 거의 가능성이 없어 보인다. 따라서 굴불사와 관련된 기록은 일연이 아닌 제3자가 1238년 이전에 남긴 기록일 가능성이 크다.

홍륜사의 경우도 앞서 언급한 바와 같이 홍륜사대종명병서에 의거할 경우 1238년 몽고의 병화로 인하여 사원전체가 소실되었음은 분명하다. 그러나 『삼국유사』에 남겨진 홍륜사 관련 기록에는 그러한 병화의 흔적에 대한 내용이 전혀 확인되지 않는다. 따라서 홍륜사관련 기록 역시 일연과 무관할 가능성이 크다.

V. 맺음말 - 새로운 해석의 가능성

그동안『삼국유사』의 연구 성과는 괄목할 질적·양적성장을 이루었다. 그리고 그 가운데『삼국유사』의 성립과정, 편찬 및 초간시기에 대해서도 다양한 새로운 견해들이 제시되고 있다. 그 가운데 발표자도 기존연구에서 일연과 그 문도들의 노력으로『삼국유사』에 수록된 관련 자료들이 수집되었으며, 일연은 권제5만 찬술하였을 뿐 왕력과 나머지 제편은 일연과 무관할 가능성이 높다고 보았다. 따라서 향후 제편과 권제5와의 비교분석을 통해 위의 결론이 좀 더 보강되어야 하겠지만, 권제5를 제외한 나머지 제편의 자료들은 전후 맥락을 연결하는 정도의 수준, 즉 최소한의 기술에 그치고 편집만 하였을 것이다. 그 결과 권제5에만 찬자의 이름이 명기되었을 가능성이 있다.

오늘의 발표도 그러한 맥락의 연장선상에 서 있으며, 경주지역 관련 기록들에서 다양한 특징들이 확인되는 것도 각 항목마다 찬자가 다름에서 오는 자연스런 현상일 것이다. 아울러『삼국유사』에 수록되어 있는 수많은 항목의 생성시기와 기록자가 각각 다르다고 한다면『삼국유사』의 사료적 가치와 해석의 여지는 더욱 커지고 확대될 것이다. 반면에 각 항목마다 사료비판을 더욱 엄정하게 할 필요성은 증대될 것이다.

※ 일연이 답사한 곳으로 추정되는 경주지역 유적관련기사

1. 三十五金入宅(言富潤大宅也) 南宅 北宅 亏比所宅 本彼宅 梁宅 池上宅(本彼部) 財買井宅(庾信公祖宗) 北維宅 南維宅(反香寺下坊) 隊宅 賓支宅(反香寺北) 長沙宅 上櫻宅 下櫻宅 水望宅 泉宅 楊上宅(梁南) 漢岐宅(法流寺南) 鼻穴宅(上同) 板積宅(芬皇寺上坊) 別教宅(川北) 衙南宅 金楊宗宅(梁官寺南) 曲水宅(川北) 柳也宅 寺下宅 沙梁宅 井上宅 里南宅(亏所宅) 思內曲宅 池宅 寺上宅(大宿宅) 林上宅(靑龍之寺東方有池) 橋南宅 巷叱宅(本彼部) 樓上宅 里上宅 椧南宅 井下宅　　　　　　　(진한조)

2. 辰韓之地 古有六村 一曰 閼川楊山村 南今曇嚴寺

(신라시조 혁거세왕조)

3. 致遠乃本彼部人也 今皇龍寺南味吞寺南有古墟云 是崔侯古宅也 殆明矣

(신라시조 혁거세왕조)

4. 五曰 金山加利村(今金剛山栢栗寺之北山也)　　(신라시조 혁거세왕조)

5. 營宮室於南山西麓(今昌林寺)　　　　　　(신라시조 혁거세왕조)

6. 理國六十一年 王升于天 七日後 遺體散落于地 后亦云亡 國人欲合而葬之 有大蛇逐禁 各葬五體爲五陵 亦名蛇陵 曇嚴寺北陵是也

(신라시조 혁거세왕조)

7. 今東岳中有一井 俗云遙乃井是也　　　　　(제사탈해왕조)

8. (一云 崩後二十七世文虎王代 調露二年庚辰三月十五日辛酉夜 見夢於太宗 有老人貌甚威猛 曰我是解脫也 拔我骨於疏川丘 塑像安於土含山 王從其言 故至今國祀不絶 卽東岳神也云)　　　　(제사탈해왕조)

9. (今俗稱王之陵爲始祖堂 盖以金氏始登王位故 後代金氏諸王皆以未鄒爲始祖宜矣) 在位二十三年而崩 陵在興輪寺東　　　(미추왕 죽엽군조)

10. 初堤上之發去也 夫人聞之追不及 及至望德寺門南沙上 於臥長號 因

名其沙曰長沙 親寂二人 扶腋將還 夫人舒脚 坐不起 名其地曰伐知旨 久後 夫人不勝其慕 率三娘子上鵄述嶺 望倭國痛哭而終 仍爲鵄述神母 今祠堂 存焉 　　　　　　　　　　　　　　　　　　　　　　　　　(나물왕 김제상조)

11. 王命騎士追之 南至避村(今壤避寺村在南山東麓) 　　　　　(사금갑조)

12. 別記云 是王代 鍊石築瞻星臺 　　　　　　　　　(선덕여왕 지기삼사조)

13. 至五十四景明王 追封公爲興虎大王 陵在西山毛只寺之北 東向走峯
　　　　　　　　　　　　　　　　　　　　　　　　　　　　　(김유신조)

14. 葬於哀公寺東 有碑 　　　　　　　　　　　　　　　(태종춘추공조)

15. 後改刱寺 名四天王寺 至今不墜壇席 　　　　　　　(문호왕법민조)

16. 國人爲刱寺名仁容寺 開設觀音道場 及仁問來還 死於海上 改爲彌
陁道場 至今猶存 　　　　　　　　　　　　　　　　　　(문호왕법민조)

17. 置南山長倉 長五十步 廣十五步 貯米穀兵器 是爲右倉 天恩寺西北
山上 是爲左倉 　　　　　　　　　　　　　　　　　　　(문호왕법민조)

18. 王之陵在吐含岳西洞鵠寺(今崇福寺)有崔致遠撰碑 　　　(원성대왕조)

19. 其京都內有七處伽藍之墟 一曰 金橋東天鏡林(今興輪寺 金橋謂西
川之橋 俗訛呼云松橋也 寺自我道始基 而中廢 至法興王丁未草創 乙卯大
開 眞興王畢成) 二曰 三川歧(今永興寺 與興輪開同代) 三曰 龍宮南(今皇
龍寺 眞興王癸酉始開) 四曰 龍宮北(今芬皇寺 善德甲午始開) 五曰 沙川尾
(今靈妙寺 善德王乙未始開) 六曰 神遊林(今天王寺 文武王己卯開) 七曰
婿請田(今曇嚴寺) 皆前佛時伽藍之墟. 法水長流之地 爾歸彼而播揚大教
當東嚮於釋祀矣 道稟教至雞林 寓止王城西里 今嚴莊寺 　　　(아도기라조)

20. 遂乃葬北山之西嶺(卽金剛山也 傳云 頭飛落處 因葬其地 今不言何
也) 內人哀之 　　　　　　　　　　　　　　　　　　(원종흥법 염촉멸신조)

21. 施宮戚爲寺隷(寺隷至今稱王孫 後至太宗王時 宰輔金良圖信向佛法
有二女曰花寶蓮寶 捨爲此寺婢 又以逆臣毛尺之族 沒寺爲隷 二族之裔 至

今不絶)　　　　　　　　　　　　　　　（원종흥법 염촉멸신조）

22. 東壁坐 庚向泥塑 我道 猒髑 惠宿 安含 義湘 西壁坐 甲向泥塑 表訓
蛇巴 元曉 惠空 慈藏　　　　　　　　　（동경 흥륜사 금당십성조）

23. 宴坐石在佛殿後面 嘗一謁焉 石之高可五六尺 來圍僅三肘 幢立而平
頂 眞興創寺已來 再經災火 石有坼裂處 寺僧貼鐵爲護 乃有讚曰 惠日沈輝
不記年 唯餘宴坐石依然 桑田幾度成滄海 可惜巍然尙未遷 旣而西山大兵
已後 殿塔煨燼 而此石亦夷沒 而僅與地平矣　　　　　（가섭불연좌석조）

24. 今兵火已來 大像與二菩薩皆融沒 而小釋迦猶存焉　（황룡사장육조）

25. （寺中記云 於終南山圓香禪師處 受建塔因由）… 聖曆元年戊戌六月
霹靂（寺中古記云 聖德王代 誤也 聖德王代無戊戌）…又高宗十六年戊戌冬
月 西山兵火 塔寺丈六殿宇皆災　　　　　　　（황룡사 구층탑조）

26. 新羅第三十五 景德大王 以天寶十三甲午 鑄皇龍寺鍾 長一丈三寸 厚
九寸 入重四十九萬七千五百八十一斤 施主孝貞伊王三毛夫人 匠人里上宅
下典（肅宗朝 重成新鍾 長六尺八寸） 又明年乙未 鑄芬皇藥師銅像 重三十萬
六千七百斤 匠人本彼部强古乃末 又捨黃銅一十二萬斤 爲先考聖德王 欲鑄
巨鍾一口 未就而崩 其子惠恭大王乾運 以大曆庚戌十二月 命有司鳩工徒 乃
克成之 安於奉德寺 寺乃孝成王開元二十六年戊寅 爲先考聖德大王奉福所
創也 故鍾銘曰 聖德大王神鍾之銘（聖德乃景德之考 典光大王也 鍾本景德爲
先考所施之金 故稱云聖德鍾尒） 朝散大夫前太子司議郞翰林郞金弼粤奉敎
撰鍾銘 文煩不錄　　　　　　　　　（황룡사종 분황사약사 봉덕사종조）

27. 景德王遊幸栢栗寺 至山下聞地中有唱佛聲 命掘之 得大石 四面刻四
方佛 因創寺 以掘佛爲號 今訛云掘石　　　（사불산 굴불산 만불산조）

28. 有石彌勒出 置於三花嶺上 善德王十二（三）年甲辰歲 創寺而居 後名
生義寺（今訛言性義寺 忠談師每歲重三重九 烹茶獻供者 是此尊也）

　　　　　　　　　　　　　　　　　　（생의사석미륵조）

29. 二僧奉教 敬畫普賢菩薩於壁間 至今猶存其像　　(흥륜사벽화보현조)

30. 雞林之北岳曰金剛嶺 山之陽有栢栗寺 寺有大悲之像一軀 不如作始
而靈異頗著 或云 是中國之神匠 塑衆生寺像時幷造也　　　　　　(백율사조)

31. 寺在京城東南二十許里 金堂主彌勒尊像火光後記云 開元七年己未
二月十五日 重阿喰全忘誠 爲亡考仁章一吉于 亡妃觀肖里夫人 敬造甘山
寺一所 石彌勒一軀 兼及愷元伊喰 第懇誠小舍玄度師 姊古巴里 前妻古老
里 後妻阿好里 兼庶族及漠一吉喰 一幢薩喰 聰敏七舍 妹首肹買等 同營玆
善 亡妣肖里夫人 古人成之 東海攸友邊散也(古人成之以下 文未詳其意 但
存古文而已下同) 彌陁佛火光後記云 重阿喰金志全 曾以尙衣奉御 又執事
侍郎 年六十七 致仕閑居 奉爲國主大王 伊喰愷元 亡考仁章一吉于 亡妃亡
弟 小舍梁誠 沙門玄度 亡妻古路里 亡妹古巴里 又爲妻阿好里等 捨甘山莊
田 建伽藍 仍造石彌陁一軀 奉爲亡考仁章一吉于 古人成之東海攸反(友)邊
散也(按帝系 金愷元乃大宗春秋之第六子愷元角干也 乃文熙之所生也 誠
志全乃仁章一吉于之子 東海攸反 恐法敏葬東海也)　　　　　　(남월산조)

32. 東都南山之南 有一峯屹起 俗云高位山 山之陽有寺 俚云高寺 或云
天龍寺　　　　　　　　　　　　　　　　　　　　　　　　(천룡사조)

33. 京城之東北二十許里 暗谷村之北 有鍪藏寺 第三十八元聖大王之考
大阿干孝讓追封明德大王之爲叔父波珍喰追崇所創也 幽谷迥絶 類似削成
所寄冥奧 自生虛白 乃息心樂道之靈境也 寺之上方 有弥陁古殿 乃昭成(一
作聖) 大王之妃桂花王后 爲大王先逝 中宮乃充充焉 皇皇焉 哀戚之至 泣
血棘心 思所以幽贊明休 光啓玄福者 聞西方有大聖 曰弥陁 至誠歸仰 則善
救來迎 是眞語者 豈欺我哉 乃捨六衣之盛服 罄九府之貯財 召彼名匠 敎造
弥陁像一軀 幷造神衆以安之 先是寺有一老僧 忽夢眞人坐於石塔東南岡
上 向西爲大衆說法 意謂此地必佛法所住也 心秘之而不向人說 嵓石巉崒
流澗激迅 匠者不顧 咸謂不臧 及乎辟地 乃得平坦之地 可容堂宇 宛似神基

見者莫不愕然稱善 近古來殿則壞圮 而寺獨在 諺傳太宗統三已後 藏兵鍪

於谷中 因名之 (무장사 미타전조)

34. 又東京安逸戶長貞孝家在古本殊異傳 載圓光法師傳 曰 法師俗姓薛

氏 王京人也…享年八十四入寂 葬明活城西…年八十餘 卒於貞觀間 浮圖

在三岐山金谷寺(今安康之西南洞也 亦明活之西也) (원광서학조)

35. 釋良志 未詳祖考鄉邑 唯現迹於善德王朝 錫杖頭掛一布帒 錫自飛至

檀越家 振拂而鳴 戶知之納齋費 帒滿則飛還 故名其所住曰 錫杖寺 其神異

莫測皆類此 旁通雜譽 神妙絕比 又善筆札 靈廟丈六三尊 天王像 幷殿塔之

瓦 天王寺塔下八部神將 法林寺主佛三尊 左右金剛神等 皆所塑也 書靈廟

法林二寺額 又嘗彫磚造一小塔 並造三千佛 安其塔置於寺中 致敬焉 其塑

靈廟之丈六也 (양지사석조)

36. 今安康縣之北 有寺名惠宿 乃其所居云 亦有浮圖焉 (이혜동진조)

37. 時瑤石宮(今學院是也)有寡公主 勅宮吏覓曉引入 宮吏奉勅將求之

已自南山來過蚊川橋(沙川 俗云牟川 又蚊川 又橋名楡橋也)遇之

(원효불기조)

38. 釋惠通 氏族未詳 白衣之時 家在南山西麓 銀川洞之口(今南澗寺東里)

(혜통항룡조)

39. 創寺號信忠奉聖寺 寺成 空中唱云 因王創寺 脫苦生天 怨已解矣(或

本載此事於眞表傳中誤) 因其唱地 置折怨堂,堂與寺今存 先是密本之後 有

高僧明朗 入龍宮得神印(梵云文豆婁此云神印) 祖創神遊林(今天王寺)

(혜통항룡조)

40. 又新羅京城東南二十餘里 有遠源寺 諺傳 安惠等四大德與金庾信金

義元金述宗等 同願所創也 四大德之遺骨 皆藏寺之東峰 因號四靈山祖師

嵓云 (명랑신인조)

41. 神文王代 大德憬興 姓水氏 熊川州人也 年十八出家…神文卽位 曲

爲國老住三郎寺…尼遂出門 乃入南巷寺(寺在三郎寺南)而隱 所將杖子在
幀畵十一面圓通像前…使人追之 至南山文殊寺之門外…備載釋玄本所撰
三郎寺碑　　　　　　　　　　　　　　　　　　　　　　　(경흥우성조)

42. 將罷 王戲調之曰 住錫何所 僧曰琵琶嵓 王曰此去 莫向人言赴國王
親供之齋 僧笑答曰 陛下亦莫與人言供養眞身釋迦 言訖 湧身凌空 向南而
行 王驚愧 馳上東岡向方遙禮 使往尋之 到南山參星谷 或云 大磧川源石上
置錫鉢而隱 使來復命 遂創釋迦寺於琵琶嵓下 創佛無寺於滅影處 分置錫
鉢焉 二寺至今存　　　　　　　　　　　　　　　　　　　(진신수공조)

43. 又訪女家 女死隔十五年 油布宛然 律依其諭作冥福 女來魂報云 賴
師之恩 妾已離苦得脫矣時人聞之 莫不驚感 助成寶典 其經秩今在東都僧
司藏中 每年春秋 披轉禳災焉　　　　　　　　　　　　　　(선율환생조)

44. 創寺於西川邊 號虎願寺…因名論虎林 稱于今　　　　(김현감호조)

45. 實際寺釋迎如 未詳族氏 德行雙高 景德王將邀致供養 遣使徵之 如
詣內 齋罷將還 王遣使陪送至寺 入門卽隱 不知所在 使來奏 王異之 追封國
師 後亦不復現世 至今稱曰國師房　　　　　　　　　　　　(영여사조)

46. 欲鍊一大石爲龕盖 石忽三裂 憤恚而假寐 夜中天神來降 畢造而還
城方枕起 走跋南嶺爇香木 以供天神 故名其地爲香嶺 其佛國寺雲梯石塔
彫鏤石木之功 東都諸刹未有加也 古鄕傳所載如上 而寺中有記云 景德王
代 大相大城以天寶十年辛卯始創佛國寺 歷惠恭世 以大歷九年甲寅十二月
二日大城卒 國家乃畢成之 初請瑜伽大德降魔住此寺 繼之至于今 與古傳
不同 未詳孰是　　　　　　　　　　　　　　　　　　(대성효이세부모조)

47. 順捨舊居爲寺 號弘孝寺 安置石鐘 眞聖王代 百濟橫賊入其里 鍾亡
寺存 其得鐘之地 名完乎坪 今訛云枝良坪　　　　　　　　(손순매아조)

* 보각국사(普覺國師) 일연선사(一然禪師)연보(年譜)

구분	연대	나이	내용	비고
熙宗 2년	1206년	1세	경북 경산에서 탄생, 속명은 見明	무인정권 (최충헌)
高宗 元年	1214년	9세	전남 광주 無量寺에 입산 수학	
고종 6년	1219년	14세	강원도 설악산 陳田寺에서 출가	
			大雄長老를 恩師로 具足戒를 받음	
			九山門 四禪의 우두머리로 추대됨	
고종 14년	1227년	22세	選佛場 上上科에 급제함	
			경북 현풍 비슬산 寶幢庵에 주석	
고종 23년	1236년	31세	현풍 비슬산 無住庵에서 깨달음	몽고침입
			三重大師에 除授됨	
고종 33년	1246년	41세	禪師에 제수됨	
고종 36년	1249년	44세	定林寺 南海分司大藏都監에서 大藏經 간행에 참여	
고종 43년	1256년	51세	남해 輪山 吉祥庵에 주석함	
고종 말년	1259년	54세	大禪師에 除授됨	
元宗 元年	1260년	55세	『重編曹洞五位』(중편조동오위) 간행	
원종 2년	1261년	56세	경기 강화도 禪月寺에 주석함	
원종 5년	1264년	59세	경북 영일군 운제산 吾魚寺에 주석함	
			경북 현풍 비슬산 仁弘寺에 주석함	
원종 9년	1268년	63세	왕명으로 개경 海雲寺 大藏落成廻向法會를 주관함	
원종 말년	1274년	69세	인홍사를 중수하고 仁興社로 개명함	
			비슬산 湧泉寺를 중창하고 佛日社로 개명함	
			佛日結社文 작성	
忠烈王 3년	1277년	72세	경북 청도 雲門寺에 주석함	
충렬왕 7년	1281년	76세	충렬왕의 명으로 경주행재소에 도착	제2차일본정벌
충렬왕 8년	1282년	77세	왕명으로 개경 廣明寺에 주석함	
충렬왕 9년	1283년	78세	國尊으로 책봉됨, 호는 圓經沖照	

구분	연대	나이	내용	비고
			궁궐내에서 왕의 의례를 받음(攝衣禮)	
			경북 군위군 麟角寺에 내려가 老母봉양	
충렬왕 10년	1284년	79세	노모께서 돌아가심	
			인각사에서 九山門都會 두 번 개최	
충렬왕 15년	1289년 7월 8일	84세	世數 84세, 法臘 71세로 입적함 諡號는 普覺, 塔號는 靜照	
忠肅王 9년	1322년		제자 無極大師 칠곡 松林寺에서 입적함	
			무극대사의 부도와 탑비가 밀양 瑩源寺에 마련됨	

『삼국유사』 왕력편 연구

- 신라기사의 분석을 중심으로 -

Ⅰ. 머리말

『三國遺事』의 王曆第一(이하 王曆이라 略記함)은 中國 歷代王朝의 國名·帝名·年號와 그 사용기간을 기준으로 하여 머리에 두고 그 아래에 新羅·高句麗·百濟·伽耶의 王室系譜 및 史實, 이어서 後三國의 史實들을 고려 태조가 통일을 완성하는 936년에 이르기까지의 해당 年代를 고려하여 기록한 것으로 年表의 성격을 띤다. 때문에 일찍이 崔致遠(857~?)의 『帝王年代曆』과 비교하여 성격의 일단이 논의된 바 있다. 그러나 『三國遺事』의 왕력에 대한 연구는 다른 여러 편목(이하 諸篇이라 略記함)과의 성격 차이를 충분히 분석하지 못한 상황에서 진행되었다. 그 결과 왕력의 사학사적 성격 및 제반 사료에 대한 인식은 『제왕연대력』의 연장선상에 서 있게 되었다.[1] 즉, 편찬시기·편찬의도·편찬배경 등 사학사

---

1 「제왕연대력」이 왕력의 완성에 영향을 끼쳤다는 최남선의 견해는(최남선, 1927, 「삼국유사해제」, 『삼국유사』(계명제18호), 계명구락부, 18쪽) 뒤에 이기동과 이기백에 의해 더

적인 성격에 대한 검토 역시 왕력이 『三國遺事』의 일부분 이라는 기존의 견해를 그대로 수용하면서 진행되어져 온 것이다. 그 결과 왕력을 제편과 분리시켜 독자적인 자료로 인정하거나 또는 연구대상으로 삼으려는 노력은 시도조차 되지 않았다. 따라서 왕력의 내용 가운데 제편과 일치하지 않는 부분이 다수 확인되어도 이는 일연의 특별한 의도아래 편찬된 것으로 달리 의심을 하지 않았다.

1980년대에 들어서면서 왕력의 내용이 『三國史記』 또는 『三國遺事』 제편의 기록과 차이나는 것에 주목하여 왕력의 찬자 및 原典의 성격에 대해 이기백[2]과 김상현[3], 채상식[4]의 논고가 있기까지는 누구도 왕력편의 찬자 및 편찬시 이용된 저본의 성격에 대해 체계적으로 검토한 연구는 없었다.[5] 이기백은 왕력편이 『三國史記』가 의거한 것과는 다른 자료를 참고하여 편찬된 것이 분명하다고 지적함으로써 새로운 시각을 제공하기도 하였다. 그러나 『삼국사기』와의 관련성 여부에 대해서는 상고하지 않았으

욱 확대된다(이기백, 1985, 「삼국유사 왕력편 검토」, 『역사학보』107, 역사학회, 註7참조)

2 이기백, 1985, 「삼국유사 왕력편의 검토」, 『역사학보』107, 역사학회

3 김상현, 1985, 「삼국유사 왕력편의 검토」, 『동양학』15, 단국대

4 채상식, 1986, 「至元 15年(1278) 仁興社刊 「歷代年表」와 『三國遺事』」, 『高麗史의 諸問題』(邊太燮編著), 三英社, pp.682~692에서 일연의 생애에서 『삼국유사』의 저작과 관련된 사상적 경향은 다른 어느 시기보다도 1264년 인흥사로 옮겨간 이후의 말년에 주목해야 한다고 강조하고 仁興社刊의 '歷代年表'를 일연의 문도들에 의한 간행으로 보고자 했다. 그리고 歷代年表는 왕력편 찬술을 위한 선행작업이었다고 결론짓고 있다. 즉 그의 전체적인 시각과 논지는 왕력 편이 일연에 의한 찬술임을 전혀 의심하지 않은 가운데 이루어져 있음을 알 수 있다. 왕력편과 역대연표의 관련성 여부는 다음의 논고가 참조된다 (김상현, 1985, 「삼국유사 왕력편의 검토」, 『동양학』15, 단국대 동양학연구소, pp.229~231).

5 왕력편의 사료를 적극 활용하여 백제관련 기사를 정리한 논고가 있다(笠井倭人, 1962, 『三國遺事』百濟王曆 と 『日本書紀』」, 『朝鮮學報』24집, 조선학회). 그러나 『三國史記』 및 『日本書紀』의 사료를 대비하여 검토한 것으로 왕력편의 성격을 검토한 것은 아니었다.

며 결과는 기존의 인식인 '一然에 의한 編纂說'을 다시 한번 강조하는 입장이었다.[6] 한편 김상현은 본문내용과 왕력편을 비교·검토한 후에 사료의 표기방법이나 내용, 그리고 사료를 기록하는 찬자의 인식면에서 상당한 차이를 발견하여 찬자가 일연이 아닐 가능성을 제기함으로서 왕력편이 독자적인 성격의 사서임을 밝히고자 하였다. 이는 왕력편을 구성하고 있는 사료들의 성격에 대한 근본적인 검토를 요구하는 것으로써 주목되었다. 그러나 검토의 촛점을 왕력편 찬자규명에 두었기 때문에 필자가 제기한 문제들은 연구대상에서 제외된 것이다. 즉 왕력편 자체 사료의 성격에 대한 체계적인 검토에는 일정한 한계를 지니고 있었다.

찬자에 대한 김상현의 견해는 왕력편에 대한 학계의 인식을 변화시키는데 어느 정도 기여를 하고 있으나[7], 연구자들은 최근까지도 이기백과 김상현의 상반된 견해에 대해서 판단을 내리기보다는 유보적인 입장을 견지하고 있는 실정이다[8]. 또한 왕력편의 성격에 대한 문제는 찬자문제와는 별개의 문제로 인식되고 있으며 구체적 검토의 필요성조차 인식하지 못하고 있는 듯하다. 한편 서지학에 의한 연구는 제판본에 대한 문자

---

6 이기백은 결론적으로 "王曆篇은 단순한 『三國遺事』의 부록이 아니라 一然의 의도하에 하나의 篇으로 편찬된 것이다"라고 하여 찬자가 일연임을 강조하고 있다.

7 이강래, 1993, 「삼국사기 전거론 연구」, 고려대 박사학위논문, p.134의 주27.
    유부현, 1992, 「삼국유사 왕력 교감고」, 『사학연구』43·44합집, 한국사학회, p.62.
    강인구, 1987, 「신라왕릉의 재검토(3)」, 『삼국유사의 종합적 검토』, 한국정신문화연구원, pp.402~404

8 정구복, 1987, 「삼국유사의 사학사적 고찰」, 『삼국유사의 종합적 검토』, 한국정신문화연구원, 주)31에서 "비록 일연이 직접 작성한 것이 아니라 하더라도 일연의 의사와 전혀 관계없이 멋대로 붙였다고 보기는 어렵다. 따라서 일연이 다른 사람을 시켜서 작성한 작품으로 보고 싶다."라고하여 김상현의 견해를 일단은 긍정하면서도 유보적인 태도를 취하고 있다.

이동의 교감과 판본간의 선후문제 등을 주로 하였다[9]. 이와 병행하여 본문의 내용 및 피휘문제 등을 통한 연구는 역사학 분야에서 깊이 다루어졌으나 문제가 완전히 해결되었다고 보기는 어렵다.

본고는 찬자문제에서는 기왕의 상반된 견해를 견지하면서, 아울러 종합적이고도 체계적인 검증작업을 하지 않고 있는 각 사료 및 인용한 전거에 대한 성격 규명작업을 선행함으로써 왕력편이 갖고 있는 기본적인 문제들을 이해하고자 한다. 또한『삼국사기』와『삼국유사』의 왕력편, 제편 등에는 사찰 및 왕릉 등의 유적관련 사료들이 相異하게 남아 있는데, 이들의 비교·검토를 통해 왕력편 사료의 성격을 확인하고자 한다. 아울러 내용중의 引用地名 및 避諱問題, 引用書名의 東傳時期 등을 검토함으로 왕력편의 편찬시기 문제에도 접근할 것이다. 이러한 작업을 통하여 왕력편 성격의 일단이 밝혀지면 찬자문제는 보다 자연스런 귀결로 나타날 것이다.

연구방법에서는 特定史料의 성격 및 왕력편 자체가 안고 있는 모순점의 규명을 통해 논지의 촛점을 맞추고자 한다. 왕력편 중 왕력부분은 신라를 중심으로 제사료가 보여주는 표기방법과 표기순서에 일차적인 관심을 갖고 사료의 성격을 이해할 것이며, 그에 덧붙여 王曆外 資料들은 新羅本記와 諸篇과의 차이점 그리고 각 史書가 갖고 있는 정보체계인 전거 등을 비교·검토할 것이다. 또한 도출된 결과를 토대로 당시의 사료적 환경을 밝힐 것이다. 이는 왕력편의 성격을 이해하는데 실마리를 제공할 것이다. 만일 이러한 비교·검토작업을 통해 제시된 문제점들에 대한 규명작업이 가능하다면 왕력편의 성격에 대해 보다 구체적으로 이해할 수 있을 것으로 기대된다. 나아가 이러한 왕력편의 성격에 대한 종합적인 이

---

9 柳富鉉, 1993,「『三國遺事』의 校勘學的 研究」, 중앙대 박사학위논문

해는 앞으로 『삼국유사』의 연구에 어느 정도 도움이 될 것으로 생각된다. 그러므로 찬자문제에 대한 인식 기준 없이 논자들이 취한 왕력편 사료들에 대한 성격규정도 아울러 검토가 병행될 것이다.

내용의 이해를 돕기 위해 왕력편 중 신라부분의 내용을 표기순서에 입각하여 분류한 「表1-1, 1-2, 1-3, 1-4」를 전재하고 이를 기초로 하여 논지를 진행하고자 한다.[10] 아울러 가급적이면 신라부분에 한정해서 논의하고자 한다. 고구려·백제·가야부분에 대한 문제점은 앞으로 검토의 대상으로 삼고자 한다. 이 부분은 신라부분을 보완하는 입장에서 뒷부분에 부록으로 제시하였다.

---

10 현존하는 제판본중 왕력편이 남아 있는 傳本은 ①石南本(筆寫本이며 王曆의 10, 11張 부분이 缺落되고 없음), ②서울大本, ③天理大本(順庵手澤本), ④晩松 文庫本, ⑤蓬左 文庫本(王曆의 1, 2張 부분이 缺落되고 없음, ⑥國立中央圖書館本(王曆의 1, 2, 3, 4張 부분이 缺落되고 없음) 등으로 모두 6종이다. 이중 완본은 ②, ③, ④로 3종으로 모두 中宗年間의 壬申本에 해당한다. 본고에서는 도표의 저본을 加筆字가 없는 善本으로 알려져 있는 서울·대본으로(李東歡校 勘·李丙燾監修, 1973, 『校勘 三國遺事』(韓國古典叢書1), 民族文化推進委員會) 하고자 하며, 王曆篇 本文記事에 대한 諸板本間의 文字異同에 대한 校勘結果를 참조하여 작성되었다(柳富鉉, 1993, 『三國遺事』의 校勘學的 研究」, 中央大 博士學位論文, pp. 15~39).

「表1-1」新羅王系 關聯記事 分析

區 分	異稱(王號)	姓	資料A	父 名	母 名	母 姓	妃 名	資料B	卽位年度	在位期間	資料C	資 料 D
第一 赫居世		姓朴	卵生						年十三 甲子卽位	理六十一年	■徐伊伐 ·鏌英	國號徐羅伐又徐伐或斯盧或雞林一説 至脱解王時始置雞林之號甲申築金城
第二 南解次次雄				父赫居世	母閼英	姓朴氏	妃雲帝夫人		甲申立	理二十年		此位亦云居西干
第三 弩礼尼叱今(一作弩)尼師今				父南解	母雲帝		妃辭要王之女金氏		甲申立	理三十三年		尼叱今或作尼師今
第四 脱解尼叱今(一作吐解)尼師今		昔氏		父完夏國含達婆王一作花夏國王	母積女國会國王之女		妃南解王之女阿老夫人		丁巳立	理二十三年		王崩水葬末召疏井丘中塑骨安置东岳今东岳大王
第五 婆娑尼叱今		姓朴氏		父弩礼王	辭要王之女		妃史肖夫人		丙辰立	理三十二年		
第六 祗磨尼叱今(一作祇味)		姓朴氏		父婆娑王	母史肖夫人		妃愛育夫人		壬子立	理二十三年		是王代計干國今今安康及押梁國今今山
第七 逸聖尼叱今				父弩礼王之兄 或云祗磨王			妃○礼夫人 妃○礼夫人○昔登保葛文王之女	母伊刊生夫人或云 ○○夫人朴氏	甲戌立	理二十年		又與昔鬪相○…○嶺○…○ 立嶺今蔚珍之院東幅是也
第八 阿達羅尼叱今												
第九 伐休尼叱今												
第十 奈○尼叱今												
第十一 助○尼叱今	一作諸王		助賁王之同母弟也									
第十二 理解尼叱今	一作詁王	昔氏							丁卯立	理十五年		
第十三 未鄒尼叱今	一作味炤 未祖又未召	姓金氏	始立	父仇道葛文王	母○召夫人	朴氏	妃諸賁王之女光明娘		壬午立	理二十二年		始與高麗通聘
第十四 儒礼尼叱今	一作世里智王	昔氏		父諸賁王	母○召夫人	朴氏			甲辰立	治十五年		補筑月城
第十五 基臨尼叱今	一作基立王	昔氏		諸賁王之第二子也	母○召夫人				戊午立	治十二年		丁卯年定國號曰新羅新者德業日新羅者網羅四方之民 云或系智證法興之世
第十六 乞解尼叱今	一作訖解王	昔氏		父于老音角干即 奈解王第二子也	母阿爾留○夫人				庚午立	治四十六年		是王代百濟兵始來侵 是王代百濟兵始來侵自斯始築碣骨隄周一万七千二十一 六百○○○步水田一万四千七十○○
第十七 奈勿麻立干	一作○○王	金氏	又	父仇道葛文王 一作末仇王之弟 ○角干	母○○○○	金氏登也 阿干○也	妃阿爾留夫人		丙辰立	理四十六年		陵在占星臺西南
第十八 實聖麻立干	一作寶金 寶金	金氏		父未鄒王弟 大西知角干	○禮生夫人	昔氏登也 阿干○也			壬寅立	治十五		王即鵄述之父
第十九 訥祇麻立干	一作内只王	金氏		父奈勿王	母内禮希夫人	金氏 未鄒王女			乙巳立	治四十一年		

「表1-2」新羅王歷 關聯王后 記事 分析

區分	異稱王號	名	異稱(名)	姓	父名	母名	母姓	資料A	妃名	卽位年度	在位期間	資料B	資料C
第二十慈悲麻立干				金氏	父訥祇	母阿老夫人 一作次老夫人實聖王聖王之女				戊戌立	治二十一年	妃巴胡葛文王女 一作妃角干一作○○角干女	始與吳國通已未年倭國兵來侵始築明活城入避來圍梁州二城不克而還
第二十一毗處麻立干	○作炤知王			金氏	父慈忠王第三王	母未欣角之女				己未立	理二十一年	妃期寶葛王之女	
第二十二智哲老智證麻立干	一作智哲老 又智度路王			金氏	父訥祇王弟 期寶葛文王	母烏生夫人 訥祇王之女			起迎帝夫人 俺例許代漢只登許一作○○角干之女	己亥立	理十四年		已上爲上古已下爲中古
第二十三法興王		名原宗		金氏 冊府元龜云姓募名秦	父智訂	母迎帝夫人		法興諡 諡始乎此		甲午立	理二十六年		陵在哀公寺北起法流寺住未亡人爲尼名曰法流住焉終於此乃永興寺之初也始行禁殺
第二十四眞興王		名彡麥宗 一作深○		金氏	父卽立宗之弟 立宗葛文王	母只召夫人 一作息道夫人	朴氏	年設男英失角 干之女終時亦 剃髮而卒(a)	年設思角干 之女朴氏	庚申立	理三十七年		開國辛未十七大昌四壬子鴻濟王辰十二
第二十五眞智王		名舍輪 一作金輪		金氏	父眞興	母英失角之女 息途一作色刀夫人朴氏	朴氏		妃知刀夫人 起烏公之女朴氏	丙申立	理四年		陵在哀公寺北
第二十六眞平王		名白淨		金氏	父銅輪 一云東輪太子	母立宗葛王之女 萬呼一云萬內夫人 名行義			先妃摩那那夫人名福肹口後起僧滿 夫人孫氏	己巳立	理五十四年		
第二十七善德女王		名德曼		金氏	父眞平王	母麻耶夫人	金氏	聖骨男盡故 王立之匹聖 骨女王		仁平 甲午立	治十四年		
第二十八眞德女王		名勝曼		金氏	父眞正王之弟 國飯葛文王	母阿尼夫人	朴氏 叔道○○ ○葛文王之女 也或云月明非 也		妃飮葛文王	丁未立	治七年		大和戊申六已上中古聖骨已下下古眞骨
第二十九太宗武烈王		名春秋		金氏	眞智王子龍春卓 文興葛文王之子 也龍春一作龍樹	母天明夫人諡文貞 王后眞平王之女也			妃訓帝夫人諡文明 王后庾信之妹小名 文熙也	甲寅立	治七年		陵在哀公寺有碑已上爲中古已下爲下古
第三十文武王		名法敏			太宗之子也	母訓帝夫人			妃慈義一作訥王后 善品海干之女	辛酉立	治二十年		陵在感恩寺東海中

「表 1-3」新羅王系 關聯記事 分析

區分	異稱王號	姓	名	異稱	資料人	父名	母名	母姓	妃名	妃姓	即位年度	在位期間	資料 A
第三十一神文王		金氏	名政明	字日炤		父文虎王	母慈訥王后		妃神穆王后金運公之女		辛巳立	理十一年	陵在窄德寺東
第三十二孝昭王			名理恭	一作洪	金氏	父神文王	母神穆王后				壬辰立	理十年	陵在望德寺東
第三十三聖德王			名興光	本名隆基		孝昭之母弟也			先妃陪昭王后諡嚴貞元太○○之女也 後妃占勿王后諡炤德唯欽元角干之女		壬寅立	理三十五年	陵在東村南 一云楊長谷
第三十四孝成王		金氏	名承慶			父聖德王	母炤德太后		妃惠明王后真宗角干之女		丁酉立	理五年	法流寺火葬骨散東海
第三十五景德王		金氏	名憲英			父聖德	母炤德太后		先妃三毛夫人出宮無後 後妃滿月夫人諡景垂 重其角干之女		壬午立	理二十三年	初葬頃只西岑煉石爲陵 後移葬楊長谷中
第三十六惠恭王		金氏	名乾運			父景德	母滿月王后		先妃神巴夫人魏正角干之女 妃昌昌夫人金將角干之女		乙巳立	理十五年	
第三十七宣德王		金氏	名亮相			父孝方海干追封開聖大王 即元訓角干之子	母四召夫人諡○貞太后 聖德王之女		妃具足王后狼品角干之女		庚申立	理五年	
第三十八元聖王	一作敬信 唐書云敬則	金氏	名敬慎			父孝讓大阿干追封明德大王	母○○云知烏夫人 諡昭文王后昌近伊己之女		妃淑貞夫人神述角干之女		乙卯立	理十四年	陵在鵠寺今崇福寺也有崔致遠所 立碑
第三十九昭聖王	一作昭成王	金氏	名俊邕	云清明		父惠忠太子	母聖穆太后		妃桂花王后夙明公女		己卯立	而崩	
第四十哀莊王	一作敏	金氏	名清明			父昭聖	母桂花王后				辛卯立	理十年	元和四年己丑七月十九日王之 叔父憲德興德兩伊干所害而崩
第四十一憲德王		金氏	名彦昇			昭聖之母弟	母聖穆太后		妃貴勝娘諡皇娥王后忠恭角干之女		己丑立	理十九年	陵在泉林村北
第四十二興德王		金氏	名景暉	一作景徽		憲德母弟			妃昌花夫人諡定穆王后昭聖之女		丙午立	理十年	陵在安康縣北比火壤與妃昌花合葬
第四十三僖康王		金氏	名悌隆	一作愷顒		父憲貞角干諡興聖大王 一作成干之子也	母美道夫人 一作深乃夫人 一云巴利夫人 諡順成大后忠衍之女也		妃文穆王后諡孝明 角干之女 云重恭角干之女		丙辰立	理二年	
第四十四閔哀王	一作敏	金氏	名明			父忠恭角干追封宣康大王	母追封惠忠王之女貴巴夫人 諡宣懿王后		妃无容皇后永公之女		戊午立	至己未正月 二十二日崩	
第四十五神武王		金氏	名祐○			父均貞角干追封成德大王	母真矯夫人追封憲穆大后		妃○從 一作繼 明海○○惠 康王		己未四月立	至十一月二 十三日崩	
第四十六文聖王		金氏	名慶膺			父神武王	母貞從太后		妃炤明王后		己未十一月立	理十九年	

「표1-4」 新羅王曆 關聯記事 分析

區分	姓	名	資料 A	父 名	母 名	母 姓	資料 B	妃 名	卽位年度	在位期間	資料 C
四十七憲安王	金氏	名誼靖		神虎王之弟	昕明明夫人				戊寅立	理三年	
第四十八景文王	金氏	名膺廉		父僖明干追封義(一作懿)恭大王 即僖康王之子也	母神虎正之女光和夫人			起文資○后 憲安王之女	辛巳立	理十四年	
第四十九憲康王	金氏	名晸		父景文王	母文資皇后			一云義明王后	乙巳立	理十一年	
第五十定康王	金氏	名晃		閔哀王之母弟					丙午立	而崩	
第五十一眞聖女王	金氏	名曼憲	王之匹○○大角干追封惠成大王						丁未立	理十年	丁巳遜位于小子孝王十二月入崩 散骨于牟梁西○一作未黄山
第五十二孝恭王	金氏	名嶢		父憲康王	母文資王后				丁巳立	理十五年	火葬師子寺北藏于仇知堤東山脇
第五十三神德王	朴氏	名景徽 本名秀宗			母貞花夫人		夫人之父順弘角干追諡成虎大王 祖元弘角干乃阿達羅王遠孫父乂宗即興廉大王 祖乂謙或云乂兼追封聖虎大王 母貞和夫人故	起義成王后一云敏飯又 孝資	壬申立	理五年	火葬藏于箴峴南
第五十四景明王	朴氏	名昇英		父神德	母資成		起長沙宅大尊角干追封聖僖大王之子追封木宗伊之子		丁丑立	理七年	火葬皇福寺散骨于省等仍山西
第五十五景哀王	朴氏	名魏膺		景明之母弟也	母資成				甲申立	理二年	乙未桶十醴于○○○腹○○○東向崩
第五十六敬順王	金氏	傅	父宗押干追封神興大王祖官○○角干封懿興大王		母桂娥○○○康王之 ○○				○○○	○○○	自五鳳甲申乙未至乙未合九百九十二年

Ⅱ. 王曆 表記方法의 分析

新羅의 王曆부분에 대한 기록은 대체로 다음과 같은 순서하에 기술하였던 것으로 생각된다(「表1-1, 1-2, 1-3, 1-4」 참조). 王號(諡號)·位號[11], 王號(異稱), 王姓, 工名, 王名(異稱), 父名, 母名, 母姓, 妃名, 妃姓, 卽位年度, 在位期間, 다양한 성격의 歷史的 史實 등의 순이다. 그러나 新羅本紀는 諸王의 즉위년조에 王號(諡號)·位號, 王號(異稱), 王姓, 諱, 諱(異稱), 父名, 母姓, 母名, 妃姓, 妃名, 身體的 特徵 및 品性 등의 순서로 기록되어 있다.

양서의 다른 점은 諱를 名으로 표기한 점과 母姓과 母名의 기록순서가

---

11 현재 학계에서는 '居西干', '次次雄', '尼師今', '麻立干' 등의 성격을 규정할 때 王號라는 용어를 사용하고 있다. 그러나 『三國遺事』 王曆篇 第二南解次次雄條에서는 '王位', 紀異篇 新羅始祖赫居世王條에서는 '位號'라고 표현하고 있다. 본고에서는 『三國遺事』 紀異篇의 位號라는 용어가 보다 포괄적이며 정확한 의미를 함축하고 있다고 판단되므로 이를 따르고자 하며, 王號는 諡號와 같은 것으로써 上古期 諸王의 呼稱을 의미할 때 사용하고자 한다.

뒤바뀌었으며, 王曆篇에서 王妃의 姓氏를 생략하는 경향과 身體的 特徵
이나 品性 등이 기록되지 않았다는 점이다. 즉위년도나 재위기간은 『三
國史記』가 취하고 있는 체제상의 문제로 당연히 기록되지 않았다. 양서
의 이러한 미세한 차이는 간과해도 좋을듯 하나, 개별 사료의 비교・검토
과정에서 확인할 수 있는 표기순서 및 용어선택의 다른 양상은 주목된다.
이러한 변화 양상을 항목별로 추적하여 각 사료의 표기방법이 갖고 있는
특징들을 분석하여 왕력편의 성격을 이해하고자 한다.

1. 王관련 기사

1) 王號(諡號)・位號

王曆篇에는 新羅本記와 諸篇과는 다른 중요한 사실들을 다양하게 기
록하고 있어 주목받아 왔다. 특히 諡號와 각 位號의 사용시기 문제는 내
용을 달리하고 있어 논의의 대상이 되어왔다. 먼저 王號(諡號) 및 位號의
표기방법 및 내용의 상이함을 정리하면 다음과 같다[12].
　① 왕력편에서 혁거세의 位號인 居西干이 생략되었다는 점은 新羅本記
와 차이를 보이고 있으며[13], 新羅本記와 諸篇 등에서 사용하지 않는 尼叱

---

12 본고의 논지전개 과정에는 史料를 보는 시각은 비록 다르지만 김상현의 글에서 거론
　된 내용들과 일부 중복되어 등장하고 있어 재론의 성격을 띠고 있다(김상현, 1985, 앞
　의 글).
13 이병도, 1993, 『國譯三國史記』, 을유문화사, p.1의 註1에서 '居世'와 '居西干'은 同音義
　의 말로써 『삼국사기』에서 居世와 居西干을 구분하여 諱와 位號로 한 것은 잘못이라고
　지적하고 있다.

今에 대한 位號가 제3대 弩禮尼叱今부터 제16대 乞解尼叱今까지 14명에 대해 적용하고 있다. 특히 新羅本記에서는 尼叱今의 존재조차 언급하지 않았었다. 또한 新羅本記에서는 제19대 눌지마립간부터 사용하였고 紀異篇 智哲老王條에서는 제22대 지증마립간부터 사용했다고 한 麻立干의 칭호를 제17대 나물마립간부터 사용하고 있다.

② 王號의 異稱이 있을 경우 王號 및 位號에 대한 표기가 끝난 다음에 표기하는 것이 상례인데 반해 제3대 탈해니질금, 제44대 민애왕의 경우는 王號 중 異說이 있는 字 다음의 보입하고자 하는 부분에 一作 또는 一云의 형식을 빌어 적기하고 있다.

③ 제3대 유리니질금의 경우 新羅本記와는 달리 弩禮라는 王號를 사용하고 있으며[14], 제12대 첨해니질금의 경우도 다른 사서에는 전혀 보이지 않는 '理解'라는 王號를 사용하고 있다[15].

④ 제21대 소지마립간의 경우 新羅本記의 '炤知一云毗處'와는 달리 '毗

---

14 세3대 弩禮尼叱今의 경우 『三國遺事』紀異篇에서 '第三弩禮王 朴弩禮尼叱今一作儒禮王'이라 하여 儒禮라는 왕호가 보이고 있는데 이는 新羅本記 유리사금조에는 동일한 왕호가 보이지 않으므로 『삼국유사』의 저본은 新羅本記와 구분이 가능하다. 新羅本記 제14대 유례니사금조의 분주에 보이는 「古記」의 기록인 '第三第十四二王同諱儒理或云儒禮未知孰是'는 제3대 儒禮尼師今과 제14대 儒禮尼師今이 동일인듯한 혼동을 초래하고 있는데, 이를 재인용한 『삼국유사』기이편도 같은 혼동을 초래하고 있다 (이강래, 1993, 「삼국사기 전거론 연구」, 고려대박사학위논문, pp.95~96). 또한 『삼국유사』기이편 및 왕력편은 新羅本記에서 언급하지 않은 弩禮라는 王號가 보이는데 이는 또다른 『古記』類의 史書로서 新羅本記의 편찬에 사용된 저본과는 구분되는 것이다.

15 理는 詁·沾과는 '音形相似' 또는 '形似異字'類에 포함되지 않는다. 따라서 理解와 詁(沾)解는 音形態學上 또는 字意上 양립할 수 없다고 보여진다. 그러면 왜 이러한 양상이 가능한지 다음과 같이 상정할 수 있다. 첫째, 앞서 언급한 바와 같이 인용·전거에 의해 전재되었을 가능성이다. 둘째, 전거에서는 沾解라고 되어 있었으나 왕력편 찬자가 沾을 治字로 誤認하여 治가 成宗의 諱인 까닭에 이를 避諱代字하여 在位期間의 例와 같이 理解로 한 것이다. 이는 찬자가 沾에 대해 無意識的으로 誤認했거나 또는 전거본에 있어 해당글자의 難識에서 온 결과일 것이다.

處麻立干 一作炤知王'이라 하여 표기 순서상 차이를 보이고 있다. 또한 新羅本記와 마찬가지로 王曆篇의 찬자는 同一한 왕에 대해서 당대의 位號인 次次雄・尼叱今・麻立干 등과 법흥왕이후의 位號인 王을 동시에 사용하고 있다. 이 점은 찬자의 修史態度가 전후의 유기적인 관계에 대해서 합리적이지 못하며 또한 史實에 대해 보다 구체적이며 세분화된 認識의 소유자가 아님을 알게 한다[16]. 즉 개별적 사실의 시간성에 대한 인식이 없는 것으로써 저본의 전재에 원인이 있다. 또한 왕호 및 위호 부분에 대한 전거와 왕호의 異稱부분에 대한 전거가 다름을 보여 주고 있는 것이기도 하다.

⑤ 제22대 지증왕 경우 新羅本記와 諸篇에서는 智證이라는 諡號를 사용하고 있는데 반해 王曆篇에서는 智訂이라는 시호를 사용하고 있다. 또한 제20대 자비마립간 이후의 諸王이 한자화된 시호를 사용하고 있는데 반해 제21대 炤知麻立干의 경우는 상고기의 諸王과 같이 毗處라는 방언 형태의 왕호를 사용하고 있으며, 오히려 한자화된 炤知王을 부수적인 입장에 놓고 있는 것이다.

⑥ 紀異篇의 각조에서 제25대 진지왕, 제26대 진평왕, 제27대 선덕여왕 등 3명의 王(諡)號를 王曆篇에서 王名으로 처리한 諱인 舍輪, 白淨, 德曼 등을 사용하여 표기하였으며, 뒤이어 諡號를 기록하고 있어 주목된다. 왕력편의 경우 上古期에 해당하는 제21대 소지마립간, 제22대 지증마립간 등에 한해 그 사용례가 보이고 있다. 이들은 諱로 판단되는 毗處, 智哲老, 智度路를 사용하여 왕호로 하고 있어 기이편과 동일한 성격으로 판단된다. 紀異篇에서 진덕여왕의 경우는 확인할 수 없으나 태종무열왕이후부

---

16 법흥왕이전 諸王의 王號에 대한 異稱 및 父名을 기록할 때 공통적으로 犯하는 현상이다.

터는 諡號가 선행되며 諱가 뒤에 놓인다[17]. 즉 中古期의 경우 왕력편과 기이편은 상반된 현상을 보여 주고 있다. 만일 『古記』類의 기이편 기록이 신라시대 당시의 인식을 보여주는 것이라면 제21대 소지마립간부터 제28대 진덕여왕까지 시호의 의미 및 사용시기에 대해 다시 한번 검토할 필요성을 느끼게 된다. 울주 川前里書石의 경우로 미루어 제22대 법흥왕의 경우 법흥이 시호가 아닌 생존시의 왕호였음이 밝혀졌기 때문이다[18]. 즉 지증 또는 법흥왕대 보다 훨씬 뒤에 諡號制度가 정착되었음을 알 수 있다. 위에서 지적한 것처럼 『三國遺事』紀異篇의 각조에서 諱인 舍輪, 白淨, 德曼 등

---

17 ① 第二十五舍輪王 諡眞智大王 (기이편, 도화녀·비형랑조)

　② 第二十六白淨王 諡眞平大王 (기이편, 천사옥대조)

　③ 第二十七德曼(一作萬) 諡善德女大王 (기이편, 선덕왕지기삼사조)

　④ 第二十九太宗大王 名春秋 (기이편, 태종춘추공조)

　위의 사료에서 확인되듯이 휘와 시호의 사용시기에 있어 선후가 통일전후로 해서 바뀌는 것은 일연에 의한 착오라기보다는 『삼국유사』 편찬당시의 전거가 되었던 『古記』類의 사서를 수정없이 전재한 것을 의미한다. 그러므로 통일전과 후에 있어 왕호의 개념 및 사용시기에 있어 뚜렷한 변화를 보이고 있음을 알 수 있다. 이점은 김철준이 중고기를 佛敎式王名使用時期, 통일신라시대를 漢式諡號使用時期로 구분한 바 있다.(김철준, 1975, 「신라 고대국가의 발달과 그 지배체제」, 『한국고대국가발달사』(춘추문고1), 한국일보사;1990, 『한국고대사연구』, 서울대재수록, pp.50~53)

18 신라에서 시호가 언제부터 사용되었으며, 소급적용되는 과정에서 이전시기의 諸王에 대해서 어떠한 형태로 적용되었으며, 그 본래의 의미가 얼마만큼 변화 되었는지는 밝혀지지 않고 있다. 新羅本記의 지증왕대설과 왕력편의 법흥왕대설이 양립하고 있는 가운데, 1970년대에 발견된 울주천전리서석의 을묘년명에 '法興大王節'이 확인됨에 따라 법흥이라는 왕호가 재위기간중에 사용된 것이라는 점과(이문기, 1993, 「蔚州川前里書石」, 『역주한국고대금석문』제2권(신라·가야편), 한국고대사회연구소편, 가락국사적개발연구원, p.65의 註2)과 진흥왕 재위시에 건립된 북한산·마운령·황초령 등의 순수비에 '眞興'이 보이고 있음과 『北齊書』에 北齊가 565년(眞興王 26년)에 '新羅王金眞興'을 樂浪郡公에 封하였음을 전하고 있어(盧重國, 「磨雲嶺 眞興王巡狩碑」, 『역주한국고대금석문』제2권(신라·가야편), 한국고대사회연구소편, 가락국사적개발연구원, pp.90~91의 註4), 法興과 眞興이 諱였을 가능성을 제시함과 동시에 諡號가 아님은 밝혀졌다. 그러나 당대이후의 모든 사서는 이를 시호로 기록하고 있어 소급적용되는 과정에 대해 의문이 간다.

생전의 名을 왕호로 사용하고 있음에 주목하고, 『三國史記』 年表에서 제 28대 眞德王 4년(650년)에 처음으로 '始行中國正朔'을 사용하고 있음으로 보아 이때에 일부 제도가 중국식으로 변화되면서 진덕왕의 死後에 諡號制 度가 소급되어 적용되었을 가능성이 있는 것으로 생각한다. 또한 이점은 新羅本記 지증마립간 4년조의 기사, 즉 位號인 麻立干을 方言이라 하여 고쳐서 王으로 하였다는 내용과 15년조의 시호제도 사용에 관한 기사와는 달리 사실은 이보다 더 늦은 시기에 사용되었다는 것을 의미한다[19].

둘째, 王號의 異稱부분에서의 특징은 다음과 같이 정리할 수 있다.

① 上古期에 등장하는 王號에 대한 異稱은 중국식의 한자로 표기화된 王號에 반해 원래의 모습인 方言에 가까운 표기를 보여 주어 주목되고 있 다[20]. 이러한 현상은 上古期를 중심으로 집중적으로 나타나고 있으며 中 古期 이후에는 제39대 소성왕과 제44대 민애왕의 경우에만 보이고 있다 는 점을 지적할 수 있다[21]. 이는 신라사에서 왕호의 변천과정을 보여 주

---

19 지증왕 4년(503)에 건립된 것으로 추정되는 迎日冷水里 新羅碑에서는 位號를 王으로 기록하고 있다. 法興王 11년(524)에 건립된 것으로 추정되고 있는 蔚珍鳳坪碑에서는 位號를 '寐錦王'이라 하고 있어 광개토대왕비(414년), 중원고구려비(481년 ?), 등에서 보이는 寐錦과 동일한 인식을 보여주고 있다. 또한 법흥왕 26년(539)에 건립된 것으로 비정되는 蔚州川前里書石追銘에서 王, 太子 등으로 位號가 사용되고 있으며, 진흥왕 15년(550)의 丹陽赤城碑에서 역시 王으로 하고 있다. 이는 新羅本記의 기록과 달리 位 號에 대한 인식이 누대에 걸친 변화를 가졌음을 의미한다.

20 제19대 訥祗麻立干의 경우, 1989년도에 경북 영일군 신광면에서 발견된 冷水里碑에 의하면 內只王이라는 명칭이 보이고 있으며 이는 곧 눌지마립간을 의미한다고 한다 (최광식, 1990, 「영일냉수리 신라비의 석문과 내용분석」, 『삼국유사의 현장적 연구』(신 라문화제학술발표논문집 11집), 경주시, p.30). 즉, 왕력편에서 눌지마립간을 一作內只 王이라고 표기하고 있는 바 이는 곧 당대의 언어체계로 표기된 것을 의미한다고 할 수 있다.

21 소성왕과 민애왕의 경우는 상고기의 이칭과 구별되는 것으로 異稱이라기 보다는 한자 의 다른 표기로 인해 혼란이 발생한 경우이다.

는 좋은 예이다. 즉 中古期 이후 시호의 사용시기에 관한 문제는 좀더 연구를 필요로 하지만 시호의 형태가 그대로 남아 있어 문제될 것이 없으나, 上古期의 경우는 시호제도가 시행되기 이전에 이미 방언 형태의 왕호가 존재하였는데 이를 한자화된 시호의 형태로 소급적용한 결과 왕호에 대한 중복현상이 상고기에 한하여 두드러지게 나타나고 있는 것이다. 이부분은 불교공인 이전의 제왕인 慈悲, 炤知, 智證 등의 諡號가 불교와 깊은 관련이 있다는 견해와 같은 의미일 것이다[22].

② 모두 13명에 걸쳐 등장하고 있는 異稱의 경우 新羅本記가 9명인데 반해 4명이나 증가 되어 나타나고 있다. 그리고 13명중 5명만이 중복되어 나타나고[23] 8명은 서로 다르게 표기되어 新羅本記와 王曆篇이 근본적으로 별개의 사료에 근거하였음을 알 수 있다.

③ 제22대 지증마립간의 경우, '智哲老', '智度路' 등의 명칭이 『삼국사기』에서는 諱로 구분하여 표기하고 있음에 반하여 왕력편에서는 王號(諡號)에 대한 異稱으로 표기하고 있어 역시 양사서 찬자간 史實의 인식에 차이가 있음을 보여 주고 있다. 그러나 『三國遺事』 紀異篇의 智哲老王條의 기사는 양자가 혼재되어 나타나고 있어 앞의 兩書와는 또다른 내용을 보여 주고 있다[24].

---

22 신종원, 1992, 『新羅初期佛教史研究』, 민족사, pp273~274에서 "3왕의 고유한 諱가 신라시대의 고유한 人名이었으나 소급적용되는 과정에서 우연히 발음이 비슷하기 때문에 佛典에 나오는 人名을 借用한 것이 아닌가 생각된다"고 하였다.

23 제4대 탈해니질금, 제6대 지마니질금, 제15대 기림니질금, 제21대 소지마립간, 제39대 소성왕 등이다. 제13대 미추니질금의 경우 『삼국사기』와 『왕력편』이 발음체계상에서는 같은 의미일 수 있으나 표기에서 서로 相異하기 때문에 다른 전거에 의존한 것으로 판단하고자 한다.
    ① 一云味照 (신라본기, 미추니사금조)
    ② 一作味炤 又未祖 又未召 (왕력편, 미추니질금조)

24 ① 諱智大路 或云智度路 又云智哲老 (신라본기, 지증마립간조)

한편 이강래는 新羅本記에서 단순분주로 등장하고 있는 31개 왕실관련 인명내용과 왕력편을 비교한 후 "특히 17개 항목에 이르는 王名[25]의 경우 상호 완전 일치하는 것이 65%에 이르므로 참고된 자료계통의 상응도는 주목할만 하다"고 하고, "그러나 이러한 상관관계가 곧 양자의 사료적 계통까지를 단정할 수는 없을 것이다"라고 하고 있다. 또한 그는 왕력편과 관계없는 諸篇의 내용에서 확인되는 사례들을 제시하면서 "『삼국유사』가 『삼국사기』를 광범하게 참고하였음은 분명하다"고 전제한 뒤 그러나 "다만 왕력편의 작성자를 諸篇의 작성자와 다르다고 이해할 경우에 한하여 이러한 선후 문제는 제기될 수 있을 것이다"라고 하였다. 즉 전자에서 언급한 사료적 계통이 다를 수도 있음을 인정하였으나 후자에서는 이의 가능성보다는 왕력편의 찬자가 비록 다를지라도 선후관계에서만 논의의 여지가 있다고 하여 상호 관련이 있다고 보았다[26]. 그러나 그가 제시한 「表4」의 내용을 검토해보면 우선 王曆篇과 諸篇을 구분하지 않은 상태에서 新羅本記와 비교하였으며, 表記順序의 前後關係 및 表記된 字의 相異함, 동일한 명칭에 대해 신라본기에서는 諱의 異稱으로 하고 있다. 그러나 왕력편에서는 諡號로 기록하고 있는 것처럼 의미의 상이함 등은 문제시 삼지 않고 발음체계상이나 내용이 동일할 경우에는 완전 일치하는 것으로 고려하고 있음을 알 수 있다. 표기방법상에서 보이는 或云, 一作 등의 미세한 차이는 간과하더라도 필자가 확인한 바에 의하면 제시한 31명 중 완전 일치하는 것은 석탈해니질금, 지마니질금, 기림니질금, 진지

---

② 智訂麻立干 一作智哲老 又智度路王 (왕력편, 지증마립간조)
③ 智哲老王 姓金氏 名智大路 又智度路 諡曰智證 (기이편, 지철노왕조)
25 이강래는 上古期에 등장하는 王號의 異稱과 中古期 이후에 등장하는 王名인 諱를 모두 포함하여 王名으로 처리하고 있다.
26 이강래, 1994, 앞의 글, pp. 25~26

왕, 소성왕, 희강왕 등 6명에 불과하다. 즉 일치도는 20% 미만으로 동일한 사료 계통이 아님을 알 수 있다.

2) 王名(諱)과 王姓

첫째, 왕명의 경우는 중고기인 제23대 법흥왕부터 등장하기 시작하여 상고기와는 확연하게 차이를 보여 주목된다.

① 新羅本記와 가장 큰 차이를 보이는 것은 제22대 지증마립간의 경우이다. 신라본기에서는 智證을 諡號로, 智哲老는 왕의 名인 諱로 구분하여 사용하였음에 비해 왕력편은 諡號와 諱를 구분하지 않고 있다. 諡號를 智訂이라고 기록해 놓았음에도 불구하고 一作이라는 표현으로 말미암아 諡號인 智訂을 왕의 諱인 智哲老 또는 智度路와 같은 의미로 취급하고 있다. 저본사료에 기인한 이러한 인식은 諡號라는 제도가 제22대 법흥왕부터 사용되었다고 기록하는 오류를 다시 한번 범하고 있는 것이다.

② 지증마립간에 대해 新羅本記와 王曆篇에서는 위호를 마립간으로 표기한데 비해 紀異篇 智哲老王條는 왕으로 표기하고 있어 차이를 보이고 있다. 즉 紀異篇 智哲老王條 저본의 찬자는 마립간의 존재에 대한 인식이 없었음을 의미한다.

③ 新羅本記와 비교할 경우 諱라고 표기한 것을 名이라고 표기하고 있다. 내용면에서는 같은 의미로 크게 문제될 것이 없다. 그러나 제37대 선덕왕, 제38대 원성왕, 제40대 애장왕, 제41대 헌덕왕, 제42대 흥덕왕, 제43대 희강왕 등 6명의 경우『삼국사기』와는 王名이 전혀 다르거나 표기한 한자에 차이가 있어 저본으로 한 전거가 다름을 보여 주고 있다.

둘째, 王姓의 경우는 정확하게 어느 시기부터 姓氏을 칭하였는지는 異說이 제기되어 있지만 고려시대의 편찬사서를 연구대상으로 할 수 밖에 없는 우리의 현실로서는 이를 증명한다는 것은 어렵다. 그런데 왕력편에는 다음과 같은 특징들이 보인다.

① 諸篇과 王曆篇에는 제왕의 姓氏에 대한 기록들이 부정기적으로 보이고 있으며 표기원칙 또한 확인되지 않고 있다. 반면에 新羅本記의 경우 王姓의 등장은 일정하지는 않지만 성씨기록에 대한 원칙을 확인할 수 있다[27]. 그리고 전체 56명의 왕 중 기록이 누락된 왕은 불과 10명에 불과한 것을 보아 왕력편은 해당자료를 확보한 경우에는 성씨를 기록하는 것이 원칙이었음을 알 수 있다. 그러나 왕력편은 제2대 남해차차웅과 제3대 유리니질금 그리고 제18대 실성마립간과 제32대 효소왕 등의 경우처럼 왕력편 자체 내부자료에 의거하여 성씨 확인이 가능함에도 불구하고 기록을 하지 않고 있다. 이 점은 자료에 대한 전후관계의 유기적인 이해를 통한 보입이 없이 일방적인 轉載가 원칙이었음을 시사하고 있다.

② 미세한 차이이기는 하나 姓氏 앞에 '姓'字를 표기하지 않음이 대세를 이루고 있으나 제5대 파사니질금, 제6대 지마니질금, 제13대 미추니질금 등의 경우는 '姓'字를 앞에 붙여 姓朴(昔·金)氏로 표기하는 이례적인 경우를 보여주고 있다. 또한 46명의 왕 중 45명에는 朴(昔·金)氏 형식의 표기를 하고 있으나 시조혁거세의 경우는 姓·朴으로만 표기되어 있어

---

27 新羅本記는 56명의 제왕 중 10명에 한해서 기록을 남기고 있다. 상고기의 경우 10명 중 7명에 해당하는 기록을 남겨 삼성교립한 역사적 사실과 궤를 같이 하고 있다. 적자가 아닌 사위로서 왕위계승을 한 제11대 조분니질금과 소지마립간의 嫡子가 아니 再從弟로서 왕위계승을 한 지증마립간의 경우를 제외하고는 三姓交立으로 인하여 三姓의 왕이 최초에 등장하는 경우와 他姓에 의해 왕위계승이 이루어지는 경우에만 성씨를 기록하고 있다. 중고기이후부터는 정변으로 왕위계승을 한 나물왕계의 십세손인 제37대 선덕왕과 원성왕의 증손인 민애왕, 하대에 다시 등장하는 박씨왕인 신덕왕에 한하여서 기록을 남기고 있다. 즉 김부식은 일정한 원칙하에 전후관계의 상호관련성에 대한 유기적인 이해를 기초로 修史를 한 것이다.

일반적인 例에서 벗어나고 있다[28]. 이처럼 일반적인 예에서 일탈하는 경우는 여타의 예에서도 많이 산견되고 있는 바로서 저본에 충실하여 전재한 것을 의미한다.

③ 성씨에 대한 기록이 없는 10명의 왕 중 諸篇에서 성씨가 기록되어 있는 제3대 노례니질금, 제26대 진평왕, 제27대 선덕여왕 등의 例[29]는 王曆篇의 찬자가 諸篇을 참조하지 않았다는 증거이기도 하다.

④ 제32대 효소왕의 경우 王名 앞에 姓氏를 기록함이 일반적인 현상인데 비해 王名의 뒤에 기록을 함으로써 여타 사료와의 차별성을 보여 주고 있다.

2. 父 · 母관련 기사

1) 父名

父名을 표기함에는 長子일 경우는 父 · 王號 · 位號의 順, 次子와 三子일 경우는 王號 · 位號 · 之 · 第二子也 라고 표기하며, 兄弟之間에 왕위계승이 있을시에는 王號 · 位號 · 同(異)母弟也 라고 표기하는 것이 상례이다. 여기에는 다음과 같은 특징들이 보이고 있다.

① 제2대 남해차차웅, 제3대 유리니질금, 제20대 자비마립간, 제23대

---

28 금석문에서는 ①朴姓(月光寺 圓朗禪師塔碑, 沙林寺 弘覺禪師碑) ②姓○氏(聖住寺 朗慧和尙塔碑, 斷俗寺 神行禪師碑, 雙谿寺 眞鑑禪師碑, 大安寺 寂忍禪師塔碑) ③宗姓金(寶林寺 普照禪師塔碑) ④金姓子(鳳巖寺 智證大師碑) ⑤姓新金氏(鳳林寺 眞鏡大師塔碑) 등으로 기록하고 있어 相異함을 엿볼 수 있다.

29 ① 朴弩禮尼叱今一作儒禮王----- (기이편, 제삼노례왕조)
② 第二十六白淨王謚眞平大王金氏---- (기이편, 천사옥대조)
③ 第二十七德曼謚善德女大王姓金氏父眞平王---(기이편, 선덕여왕지기삼사조)

법흥왕, 제24대 진흥왕, 제25대 진지왕, 제33대 성덕왕, 제35대 경덕왕, 제36대 혜공왕, 제40대 애장왕, 제41대 헌덕왕, 제42대 흥덕왕, 제54대 경명왕, 제55대 경애왕 등 14명은 位號인 '王'字을 생략하고 있다. 즉, 父·王號(諡號)로만 표기하고 있는데 일정한 시기구분 없이 불규칙적으로 등장하고 있는 양상을 보여 주고 있다. 이들은 동일한 성격의 사료군으로 판단된다.

② 왕력편 15張중 특히 4張에 해당하는 제8대 아달라니질금부터 제11대 조분니질금까지 姓氏 및 父名, 母名, 母姓, 妃名, 卽位年度, 在位期間 등 관련자료가 보이지 않고 있다[30]. 또한 5張의 전면에서는 高句麗의 경우 中川王의 존재가 보이지 않고 있다.

4張의 경우 諸篇이 이 시기의 어떤 관련정보도 제공하고 있지 않다는 점에서 동질성을 확보할 수도 있을 것이다. 그러나 紀異篇의 경우 제5대 婆娑尼叱今부터 제16대 乞解尼叱今까지는 제8대 아달라니질금, 제13대 미추니질금 등의 경우만 제외하고는 그 어떤 정보도 갖고 있지 않아 제12대 첨해왕부터 관련정보를 갖고 있는 王曆篇과는 대조를 보이고 있어 역시 차별성이 인정된다. 이에 대한 원인은 크게 두 가지의 경우를 추정할 수 있다. 하나는 왕력편 편찬시에 관련 분야의 정보를 전혀 갖고 있지 않았을 경우이다. 다음으로는 重刊時에 해당 부분의 판본이 존재하지 않았을 경우이다. 그리하여 후자의 경우 왕들의 즉위 순서에 따른 왕호만을 배

---

30 관련기록이 王號의 異稱部分에서부터 누락되고 있으나 王姓, 資料A의 경우는 부분적으로 누락되는 경향이 있으므로 100% 관련기록이 존재하였다고 보기는 어렵다. 그러나 父名만은 해당 기록이 누락되는 일이 없는 관계로 이부분에서 서술하는 것이다. 한편, 해당 부분에 관계기사가 등장하지 않은 것은 당대의 역사적 사실과 관련이 있는 것으로 보는 견해도 있다(김철준, 1962, 「新羅上古 世系와 그 紀年」, 『역사학보』17·18합집, 역사학회, 172쪽).

열하고 말았으며 해당부분에는 일반적인 중국의 연호와 신라를 제외한 三國에 대하여 편린적인 사실들만을 기록으로 남겼을 것이다. 전자보다는 후자에 기인한 것으로 판단된다. 즉 板刻의 문제와 관련되어 있을 것이다.

현재 서울대본(민족문화추진회본)으로 알려져 있는 서울대학교 중앙도서관 소장의 중종년간의 고판본인 정덕본을 기준으로 4張과 5張 전면의 경우 다른 부분과 차이가 나는 것 중 우선 확인 가능한 것만 열거하면 다음과 같다.

ⓐ 첫항에 기술하는 국가명인 羅·麗·濟·洛의 자획이 미세하지만 차이를 보이고 있다[31].

ⓑ 王曆篇은 중국 연호, 신라, 고구려, 백제, 가락 등 四國에 대해 各國間에 井間으로 구획을 지어 해당 기사를 기술하고 있다. 그러나 30장에 달하는 전체분량 중 이 부분만 界線인 橫線으로 구획하는 것을 생략하고 있다[32].

ⓒ 고구려의 국조왕과 차대왕의 시해사건이 발생한 기년 간지인 乙巳를 기록하면서 여타의 경우외는 대조적으로 자획을 크게 하고 있다.

ⓓ 고구려의 제10대 山上王과 제11대 東川王의 경우 該當記事가 보이지 않고 있다. 또한 제12대 中川王의 경우 해당 王代數, 王號, 位號 등의 기사가 누락되고 없는데, 중천왕은 魏 齊王 正始9년인 戊辰年에 즉위하

---

31 柳鐸一, 1983, 「三國遺事의 文獻變化 樣相과 變因」, 『三國遺事硏究(上)』, 영남대 민족문화연구소, p.262에서 正德本이 갖고 있는 文獻的 病症이 많은 이유 중의 하나는 부분적인 補刻이기 때문에 板樣·書體가 다를 뿐 아니라 生成上의 位階가 다른 것이 함께 共存함으로써 문헌적 변화가 많이 나타난다는 점을 들고 있다.

32 도서출판민족문화, 1984, 『三國遺事』(影印本)인 順庵手澤本의 경우 제8대 아달라니질금이 있는 앞장 부분에는 중국 연호와 신라 사이, 백제와 가락 사이의 부분에 있어야할 界線이 없으며, 奈解尼叱今의 뒷장부분은 앞장과는 달리 고구려, 백제, 가락 사이에 있어야 하는 界線이 없어 약간의 차이를 보이고 있다.

고 있어 당연히 해당부분에 기술되어져야 한다. 현재 배포되어 있는 활자본에는 모두 보입이 이루어져 있으나 전존하는 고판본 중에 관련기사가 남아 있는 판본은 보이지 않고 있다.

ⓔ 後漢 獻帝의 연호인 建安이 사용된 年數인 24년이 누락되어 있다.

ⓕ 전존하는 내용중에서도 신라는 제10대 奈解尼叱今의 解字가, 고구려는 제8대 新大王의 名部分과 제9대 故國川王의 즉위년 간지인 己未年 중 未字가, 백제의 경우 제6대 仇首王의 父名部分과 제7대 沙沜王의 경우 王號의 異稱部分 중 일부가 결락되고 없다[33].

이상의 내용으로 보아 총15張 중 특히 4張은 다른 면과 매우 相異한 특징들을 갖고 있다. 즉 15張의 板本 중 4張인 제8대 아달라니질금부터 제11대 조분니질금까지의 경우는 중국의 연호와 신라 그리고 고구려의 일부분이 虫損 등의 외부적 요인에 의해 훼손되었음을 의미한다. 또한 重刊時에도 남아 있던 고구려·백제·가락의 내용 중 일부분은 전존할 수 있었으나 이미 훼손된 부분인 중국 연호, 신라 및 고구려의 제왕에 관한 기사는 연호 및 해당 왕의 王代數·王號만을 기재하고 더 이상의 內容 補入은 하지 않았다고 보여진다. 그리하여 이 4張만이 관련자료가 부분적으로 누락되어 편린적인 기사들만 잔존해 있는 기현상이 빚어진 것이다. 『삼국사기』의 경우 이를 방증하고 있다[34].

---

33 4장의 경우 조선초기의 선본인 석남본에는 이상에서 열거한 외에도 신라의 경우 助賁尼叱今의 賁字가, 고구려는 제10대 山上王의 王號 및 位號가 결락되고 없다. 즉 석남본 이전의 고려본에서 이미 부분적으로 판본의 훼손으로 인한 내용의 결락이 많았음을 의미한다. 그 결과가 선초본인 석남본에 나타나고 있는 것으로 보인다. 유부현은 선초본, 임신본 모두가 결함이 많음을 지적하고 있다(유부현, 1993, 『삼국유사』의 교감학적 연구』, 중앙대 박사학위논문, pp.38~39) 또한 임신본의 경우 부분적으로 缺字에 대한 보입이 이루어진 것을 알 수 있다.

34 『삼국사기』中宗壬申刊本(正德本)을 1973년 영인한 민족문화추진회본의 경우 부분적

그러면 누락된 4장에 대해 중종임신본과 같은 형태로 중간이 이루어진 시기는 언제일까 하는 점이 문제이다. 앞에서도 일부 언급하였듯이 고려시대일 가능성이 높다. 즉 橫線에 대한 界線이 없이[35] 重刊이 이루어진 시기는 成宗의 避諱代字인 '理'의 용례가 적용되고 있다는 점에서 고려시대일 것으로 추정이 된다. 아울러 5張 前面의 중천왕의 경우 王曆篇의 편찬 성격상 있을 수 없다. 中川王 관련기사는 석남본에서 이미 동일한 현상이 발견되고 있으므로 고려때의 중간시에 망실되고 그 후로 보입이 이루어지지 않았을 가능성이 짙다. 이 점은 5면의 제14대 烽上王의 경우 代數 및 王號, 位號는 백제의 責稽王 뒷부분에 위치하고 있으나 관련자료는 정상적인 위치에 기록되어 있는 점으로 보아 부분적으로 교란이 있었음이 확인되고 있어 이를 뒷받침하고 있다.

결과적으로 보아 重刊者 역시 『삼국사기』 및 『삼국유사』를 통한 內容補入은 하지 않았다는 점이다. 그런면에서 王曆篇의 경우는 비록 부분적인 誤字와 脫字는 있을지라도 한번도 『삼국사기』 및 『삼국유사』諸篇과는 상호관련이 없었음을 의미한다.

③『三國遺事』紀異篇에서 제31대 신문왕이후의 기록에서 보이고 있는 저술태도에서도 현저한 차이를 보이고 있다. 일연은 제31대 신문왕 이전

인 결실이 있음이 확인된다. 특히 심한 부분이 백제본기 제4로서 동성왕의 마지막 分註 부분부터 성왕26년 기사까지이다. 이로 미루어 정덕본의 重刊時에 기왕의 소전하는 木版本에 부분적인 결락이 있음에도 불구하고 해당부분의 판본에 대해 새로이 改刻하지 않고 결락이 있는 부분은 조선시대 당시의 또다른 저본을 통해 細筆로서 보입해 넣는 형태로 작업이 이루어졌음을 확인할 수 있다(김정배·이병도, 1973, 『校勘三國史記』, 민족문화추진위원회, pp.193~195).

35 書誌學에서 界線의 有無는 古版本을 식별하는데 있어 하나의 기준이 되고 있다. 즉동일한 저작이라 하더라도 高麗本과 같은 고판본은 대체로 無界인 것이 특징이나 조선조의 판본이 되면 界線이 등장하는 것이 일반적이다. (천혜봉, 1991, 『한국서지학』, 민음사, p.296)

시기의 諸王에 대한 기록이 있을 경우 관련 정보를 최대한 기술하는 태도를 건지하고 있으나 이후의 시기부터는 관련왕의 시호만을 나열하고 왕의 가계 및 즉위에 대한 구체적인 자료들은 거론하고 있지 않다. 그러나 왕력편에서는 오히려 초기보다는 하대로 갈수록 관련정보의 증가와 상세함이 엿보이고 있어[36] 좋은 대조를 이루어 차별성이 인정된다.

④ 新羅本記와 王曆篇과 諸篇은 10명의 왕에 대해 父名을 달리 기록하고 있어 주목된다. 「表2」는 그 내용을 정리한 것이다.

「表2」『三國史記』·『三國遺事』의 父名記事 比較

代	王號·位號	新羅本紀	王 曆 篇	紀異篇 脫解王條	紀異篇 駕洛國記
3	脫解尼叱今	本多婆那國所生--初其國 王娶女 國王女爲妻	父琓夏國含達婆王 一作花夏國王	我本龍城國人(亦 云正明國或云琓 夏國琓夏或作花 廈國)----父王 含達婆娉積女國 王女爲妃	忽有琓夏 國含達王 之夫人姙 娠----- 名脫解
7	逸聖尼叱今	儒理王長子 (或云 日知葛文王之子)	父弩禮王之兄 或云祇麻王		
15	基臨尼叱今	助賁尼師今之孫 也父乞淑伊湌 (一 云乞淑助賁之孫也)	諸賁王之第二子也		
22	智證麻立干	奈勿王之曾孫習 寶葛文王之子炤 知王之再從弟也	父訥祇王弟 其實葛文王		
35	景德王	孝成王同母弟	父聖德		
38	元聖王	奈勿王十二世孫也	父孝讓大阿干		
39	昭聖王	元聖王太子仁謙之子也	父惠忠太子		
50	定康王	景文王之第二子也	閔哀王之母弟		
51	眞聖女王	憲康王之女弟也	定康王之同母妹也		
53	神德王	阿達羅王遠孫父父謙 (一云銳謙)	父文元伊干--義父 銳謙角干		

---

36 특히 王母와 王妃關聯 자료가 증가 및 세분화 되고 있어 주목된다. 즉 중고기까지는 잘 보이지 않던 父의 追封名, 王母와 王妃의 諡號 등이 주기록 대상으로 등장하고 있는 것이다.

「表2」脱解尼叱今의 경우에서 新羅本記와 王曆篇의 탈해니질금조,『三國遺事』紀異篇의 탈해왕조와 가락국기조는 각각 다른 별개의 사료에 의거하여 父名을 기록하고 있음을 알 수 있다. 나머지 46명의 제왕에 대한 기록도 新羅本記의 경우 嫡子, 元子, 長子, 異母弟, 同母弟, 次子, 第二子, 三子, 太子, 孫 등의 용어로서 정확한 표현을 쓰고 있는데 비해 王曆篇에서는 弟二子(2회), 太子(2회), 母弟(5회) 등의 용어를 사용하고 있는 경우도 일부 보이고는 있으나 父名만을 표기하고 있는 것이 대부분이다. 이 점은 중요한 것으로 왕력편이 신라본기를 저본자료의 일부로서 활용하지 않았음을 증명하고 있으며, 아울러 왕력편은 관련자료를 최대한 서술하는 것을 원칙으로 하였으나 당시 사용한 저본자료에 그러한 기록들이 없었음과 찬자 자신도 그러한 인식체계를 갖고 있지 않았음을 의미한다고 보여진다.

또한 탈해니질금의 경우는 각 사서의 찬자가 이용한 전거 및 인식체계가 다름을 보여주는 또 하나의 예이다. 일연은 탈해왕의 출신지를 1.龍城國(正明國) 2.琓夏國(花夏國)의 순으로 인식하고 있었으나, 新羅本記 편찬자들은 多婆那國이라 하여 일연과는 또 다른 전거를 갖고 있었다고 보여진다. 왕력편은 분명 신라본기와는 다르나 一見 정보체계가 기이편의 탈해왕조와 같은 것으로 여겨진다. 그러나 기이편의 탈해왕조와 왕력편의 사료는 인식체계에서부터 현격한 차이를 보이고 있다. 즉, 왕력편은 탈해니질금의 출신지를 琓夏國 또는 花夏國으로 인식하고 있었으나 일연은 이를 분주형식으로 취급하고 있어 양자사이에 인식의 중요도에 차이를 보이고 있다. 그리고 일연은 용성국과 정명국을 포함한 자료를 갖고 있었으나 왕력편의 찬자는 일연이 앞서 제기한 자료들은 갖고 있지 못하였다.

⑤ 제14대 유례니질금과 제15대 기림니질금의 경우 부왕인 助賁尼叱

수을 諸賁王이라 표기하고 있어 같은 왕호에서 助賁尼叱수이라고 표기하던 것과 차이를 보이고 있다. 또한 제21대 소지마립간의 경우 新羅本記가 자비마립간의 長子라고 표기한데 비해 왕력편은 第三子라고 하였다. 이러한 양자의 차이는 저본사료에서 차이를 보이고 있었기도 하겠지만 찬자가 기왕의 사료를 수정함이 없이 그대로 채록한 것으로 판단된다.

⑥ 제30대 문무왕은 父字를 생략하고 諡號, 位號(생략)之子의 형식을 빌어 표기하고 있다. 왕력편에서 이는 신라식의 표기라기보다는 오히려 백제와 고구려식의 표기법[37]으로 이례적임에는 틀림이 없다. 이 점은 기왕의 諸王에서 행한 표기법과 차이를 보여주고 있는 바 저본에 쓰인 사료의 내용을 그대로 채록한 것으로 보인다. 또한 왕력편의 찬자는 신라부분의 왕력을 기록함에 신라측의 자료뿐만 아니라 고구려와 백제측의 자료도 이용하였을 가능성을 시사하고 있다[38].

---

37 신라와 가야의 경우 父○○의 표현을 쓰고 있으나 고구려와 백제는 ○○之子의 방법을 택하고 있어 나라간에 차이를 보이고 있다.

38 『三國史記』의 경우 삼국 공히 ○○之子로 기록하고 있다. 일견 김부식 등에 의해 수사가 이루어졌으므로 당연하다고 생각할 수가 있으나, 기록방법을 면밀히 검토해보면 新羅本紀의 왕력부분 저본이 몇 종류로 구분되며, 또한 편찬자들이 저본에 충실하였음을 알 수 있다. 왕력부분의 기록방법은 다음과 같이 구분할 수 있다. 1.王號·位號(생략)·子, 2.王號·位號(尼師今)·子, 3.王號·位號(王)·子, 4.王號·位號·之子, 5.長子, 太子, 元子, 嫡子 등의 다양한 명칭이 같이 쓰이고 있다는 점 등이다. 이처럼 각기 다른 방법으로 내용을 적기하고 있음은 사료계통의 차이에서 오는 것인지도 모르겠다. 특히 助賁尼師今의 경우 沾解尼師今과 儒禮尼師今의 父名부분에서 位號를 '王'으로 하고 있으나 기림니사금의 父名의 경우에 있어서는 位號를 尼師今으로 하고 있다. 즉 기록방법과 용어 선택면에서 이러한 차이를 보임은 이들의 전거가 각기 달랐음을 알 수 있다. 또한 김부식 등의 편찬자들이 수사를 통해 획일적으로 조정하지 않고 저본에 충실하여 기록하였음을 의미한다고 볼 수 있다. 즉 기록방법면에서 볼 때 新羅本記와 王曆篇이 저본으로 한 자료가 성격면에서 완전히 달랐음을 알 수 있다. 그러나 문제시되는 문무왕의 父名에 대한 기록방법이 고구려와 백제계통의 사료일 수도 있지만 新羅本記가 저본으로 한 자료와 동일한 종류일 수도 있다. 統一新羅 禪師들의 碑文에서는 父○○로 기록하는 것이 일반적이다.

2) 母名과 母姓

첫째, 母名의 표기방법은 세가지로 나눌 수 있다. 즉, ㉠母·名·夫人 (母○○夫人)의 단순기입과 ㉡母·父名·位號·之女·名·夫人(母○○ 葛文王之女○○夫人)의 순서로 표기하는 것과 ㉢母·父名·位號·之女 (母○○角干之女) 등의 방법이다. 첫번째의 방법은 母의 이름에 중심을 두는 것이며, 두번째의 방법은 母의 父名과 母名을 병립하여 가계를 분명히 하는 방법이며, 세번째의 것은 母名은 확인할 수 없으나 父系만을 알 수 있을 때 선택하는 마지막 방법이다. 전체적으로 일별해보면 첫번째의 방법으로 표기한 사료군이 주종임을 알 수 있다. 이를 세분화해서 확인해 보면 불규칙한 양상을 보이고 있는 바, 이의 원인도 찬자의 사료적 제한 이거나 아니면 또다른 원인이 있었을 가능성이 있다.

① ㉠의 표기방법을 채택하고 있는 예는 제2대, 제3대, 제6대, 제7대[39], 제14대, 제15대, 제23대, 제24대, 제27대, 제30대, 제31대, 제32대, 제34 대, 제35대, 제36대, 제39대, 제40대, 제45대, 제46대, 제47대, 제49대, 제 52대, 제53대, 제54대, 제55대 등 25명이다.

이 중 주의를 요하는 부분은 제2대 남해차차웅, 제3대 유리니질금, 제 54대 경명왕, 제55대 경애왕 등의 경우로 이들은 母名만 명기하였을 뿐 夫人의 호칭을 생략하고 있다. 이 경우 4명은 ㉠의 표기방법을 선택한 사 료군 중에서도 이질적인 집단으로 분류가 가능한 것이다.

② ㉡의 표기방법을 채택하고 있는 예는 제13대 미추니질금, 제18대 실성마립간, 제19대 눌지마립간, 제20대 자비마립간, 제22대 지증마립

---

39 일성니질금의 경우는 母名과 母姓이 妃名앞에 표기되는 것이 원칙이나 그렇지 않고 妃 名 뒤에 표기되고 있다.

간, 제25대 진지왕, 제26대 진평왕, 제28대 진덕여왕, 제29대 태종무열왕, 제37대 선덕왕, 제38대 원성왕, 제43대 희강왕, 제44대 민애왕, 제48대 경문왕, 제56대 경순왕 등 15명이다[40].

이들은 또다시 표기 순서면에서 크게 두 개의 그룹으로 나눌 수 있는데 하나는 母名을 先, 母의 父名을 後에 기록하는 방법을 채택한 그룹으로 제13대, 제18대, 제19대, 제20대, 제22대, 제27대, 제29대, 제37대, 제38대, 제43대, 제56대 등 11명이 이에 속한다. 다음은 이를 역순으로 기록하는 방법을 채택한 그룹으로 제25대[41], 제26대, 제44대, 제48대 등 4명이 이에 해당한다.

③ ⓒ의 표기방법을 채택하고 있는 예는 제4대 탈해니질금, 제5대 파사니질금, 제21대 소지마립간 등 불과 3명에 한하고 있다.

위의 분포로 보아 첫번째인 ㉠의 표기방법이 가장 많이 등장하고 있어 왕력편의 찬자가 이용한 사료군 중에서 가장 중심된 사료군임을 알 수 있다. ㉡의 표기방법이 인원은 적으나 각 시대별로 고른 분포를 나타내고 있어 이 역시 동일한 사료군으로 구별이 가능하다. ⓒ의 경우도 3명에 한하여 매우 적은 수를 기록하고 있지만 ㉠과 ㉡의 사료군과는 엄연히 구별되어 또 하나의 독립적인 존재이다.

위의 표기방법으로 미루어 母名의 경우 왕력편의 찬자가 이용한 사료군이 몇 종류인지 가늠할 수 있다. ㉠과 ㉡은 표기방법상의 문제에서 다

---

40 제18대 실성마립간, 제19대 눌지마립간, 제28대 진덕여왕 등의 경우는 표기순서상에서 의문점을 낳고 있다. 즉 이들은 母姓의 표기 앞에 기록되어져야할 성격의 것들이나 모두 母姓 뒤에 표기가 되어 있다. 별개의 사료군으로 구별이 가능하다.
41 진지왕의 경우는 '母朴英失角干之女'라하여 姓氏인 朴을 같이 표기하였으며 뒤에 다시 姓氏記錄 부분에서 재기록을 하고 있는 등 그 중에서도 독특한 방법으로 기록을 하고 있다.

시 두 종류로 재분류가 가능하다는 점과 ㉢의 경우로, 모두 5종류의 사료군으로 임의구분이 가능하다. 이러한 임의구분이 저본으로 한 사서의 종류를 의미하는지 아니면 또다른 의미인지는 재고를 요한다고 생각된다. 그러나 ㉠, ㉡, ㉢의 기록방법이 시기별로 차이를 보이지 않고 혼재하여 있는 것으로 보아 왕력편은 왕력에 관한 체계적으로 기록되어 있는 기왕의 사료를 통해 편찬한 것이 아니라 王曆을 편찬할 목적으로 성격이 다양한 종류의 사료군을 수집한 것을 알 수 있다.

마지막으로 제17대 나물마립간의 경우는 확인이 어려우며[42], 王母에게도 名이 있다는 점과 諡號를 부여한다는 점을 확인할 수가 있다는 것이다[43].

둘째, 母姓은 王曆篇 중에서도 특이한 사료군으로 분류가 가능하며 제28대 진덕여왕까지만 기록이 남아 있다. 이는 新羅本記가 시기에 관계없이 고른 분포를 보이며 25명이나 기록이 남아 있는 것과는 대조적인 현상을 보이고 있다. 56명의 諸王중에서도 28대 이전에만 보이며 그 중에서도 11명에 한하여 기록이 남아 있는 이례적인 부분이다.

또한 母姓부분은 王姓부분과 마찬가지로 찬자의 태도가 충분히 엿보이는 곳이기도 하다. 즉 찬자는 제3대 탈해니질금, 제19대 눌지마립간, 제20대 자비마립간, 제22대 지증마립간, 제37대 선덕왕, 제48대 경문왕, 제56대 경순왕 등 7명은 내부 자료에서 조차 확인이 가능한 母姓을 기록하

---

42 제17대 나물마립간의 경우는 母○○○○으로 결자된 수조차 정확히 파악하기가 힘들어 특정 유형에 포함시키는 것이 힘들다. 최남선본 및 일부 활자본에는 新羅本記를 근거로 하여 休禮夫人을 보입하고 있으나 정확한 것은 아니다.
43 제26대 진평왕의 母의 名은 行義이다. 또한 제29대 태종무열왕, 제37대 선덕왕, 제38대 원성왕, 제43대 희강왕, 제44대 민애왕 등 5명의 王母에 한하여 諡號를 남기고 있다. 특히 민애왕의 경우는 나머지 4명이 母名, 母의 諡號, 父名 등의 순으로 기재하고 있는 것과 달리 표기순서에서 父名, 母名, 母의 諡號 등의 순으로 기록하고 있어 성격이 다른 사료군으로 구별이 가능하다.

지 않고 있어 편찬태도를 의심하게 한다.

한편, 新羅本記와 王曆篇은 내용면에서 현저한 차이를 보여 주목된다. 왕력편은 新羅本紀에서조차 사료의 부족으로 기록을 누락시킨 제18대 실성왕과 제19대 눌지왕, 제25대 진지왕 등 3왕의 母姓을 기록하고 있다는 점이 우선 눈에 띈다. 또한 제24대 진흥왕의 경우도 新羅本紀가 金氏라고 기록한데 반해 朴氏라고 하고 있다[44].

그 중 대표적인 것이 제2대 남해차차웅의 母姓을 기록함에 보이는 차이라 할 것이다. 新羅本記는 母를 閼英夫人이라고 기록하면서 姓氏를 기록하지 않고 있다. 즉 혁거세와 알영의 탄생설화를 본기에 기록하여 두 사람의 姓氏에 대한 내용을 인식하고 있는 사기의 편자들은 당연히 그가 태어난 우물의 名과 같은 名은 갖고 있지만 姓氏를 갖고 있지 않음을 알고 있었다고 보여진다. 반면에 왕력편의 찬자는 알영의 탄생설화와 성씨 부여과정이 없었다는 사실을 모르고 있었다고 보여진다. 그러므로 저본으로 한 사료에 등장하는 朴氏라는 내용을 여과없이 전재하는 결과를 가져온 것이다.

3. 王妃관련 기사

1) 妃名과 妃姓

첫째, 妃名의 경우도 전체적인 상황은 母名과 비슷하다. 母名의 기록에서 채택한 방법을 그대로 적용하고 있다. ㉠의 경우는 제2대, 제5대, 제18

---

[44] 왕력편이 신라본기의 편찬자들이 확보한 전거외의 자료들을 참고했음을 보여 주는 부분이다.

대, 제26대, 제46대, 제49대, 제53대 등 7명에 불과하다. ㉡은 가장 많은 경우로 제4대, 제6대, 제7대, 제13대[45], 제22대, 제25대, 제29대, 제30대, 제31대, 제33대, 제34대, 제35대, 제36대, 제37대, 제38대, 제39대, 제41대, 제42대, 제43대, 제44대, 제45대, 제48대 등 22명이다[46]. 母名의 경우 자료의 부족으로 ㉡의 방법이 주종을 이루고 있다. ㉠의 방법은 전체적으로 보아 고른 분포를 보여 母名의 ㉡과 같이 동일한 사료군으로 구별이 가능하다. 妃名의 경우 ㉡의 방법을 택한 사료군이 대표적인 것으로 중심된 사료군으로 판단된다. ㉢의 방법은 제3대 유리왕과 제24대 진흥왕, 제54대 경명왕의 경우로 단 3명에 불과해 역시 母名의 기록에서 보여준 것과 같은 현상을 보이고 있다. 즉 妃名은 ㉡의 경우만 재분류가 가능하기 때문에 母名과 달리 4종류의 사료군을 참조한 것으로 판단된다. 한편, 妃名의 경우 母名과는 달리 특기할 만한 표기가 자주 등장한다.

① 王妃의 출신지인 六部名이 등장하고 있다. 즉 제22대 지증왕의 경우는 '儉攬代漢只[47]登許(一作○○角干之女)'라 하여 왕비의 출신이 漢只

---

45 제41대 헌덕왕의 妃인 貴勝郎의 경우와 동일한 예이다. 그러나 新羅本紀에서 光明夫人, 貴勝夫人으로 기록되어 있어 '郎' 역시 夫人과 동일한 의미임을 알 수 있다. 다만 郎과 夫人의 차이는 王妃揀擇의 전후의 시기문제에 기인한 표기로서 구분이 가능하며 위에서 분류한 ㉡의 방법과 상이함이 없음을 알 수 있다.

46 이 경우도 母名의 표기와 마찬가지로 妃名과 妃의 父名에 대한 先後가 顚倒되어 있어 사료군의 구별이 가능하다고 생각된다. 먼저 妃名이 先行하는 경우는 제7대, 제22대, 제25대, 제29대, 제30대, 제31대, 제33대, 제34대, 제35대, 제36대, 제37대, 제38대, 제39대, 제41대, 제42대, 제43대, 제44대, 제45대, 제48대 등으로 19명이 이 방법에 해당되어 妃名이 妃의 父名에 우선하는 것이 표기순서상의 원칙인 것으로 확인되고 있다. 다음으로 妃의 父名이 우선하는 경우는 제4대 탈해니질금, 제6대 지마니질금, 제13대 미추니질금 등의 경우로 3명에 불과하다.

47 육부중의 하나인 漢岐部를 漢只로 표현하는 경우는 드문 경우로 諸篇에서 모두 '漢岐部' 또는 '韓岐部' 등으로 표기하고 있어 구분이 가능하다. '漢只'의 용례는 新羅本記에서 제26대 진평왕의 葬地를 기록하면서 '漢只'라고 하고 있으며, 1975년의 안압지발굴

部임을 나타내고 있으며, 제24대 진흥왕의 경우 '牟梁里英失角干之女'라 하여 역시 牟梁部 출신임을 보여 주고 있다. 특히 智證王의 경우는 『三國遺事』紀異篇 智證王條에서 지증왕의 신체적 특징에 문제가 있어 왕비를 모량부에서 구했다는 기사와는 정면으로 상치되는 것으로 兩書가 구별되는 별개의 자료에 입각하여 서술하고 있다는 것을 증명하고 있다[48]. 또한 이러한 사실들은 中古期初期의 정치적 상황이 六部의 영향력과 관련하여 王妃揀擇이 중요한 문제였음을 시사하고 있다[49]. 또한 일련의 중고기 금석문내용 중에 部名이 등장하고 있어 왕력편이 부분적으로는 당대의 史實에 근접하고 있음을 보여주는 한 사례라고 여겨진다.

② 妃名表記에도 母名과 같이 諡號 및 名, 小名 등이 등장한다는 점이다. 諡號인 경우는 제29대 태종무열왕, 제33대 성덕왕, 제35대 경덕왕, 제41대 헌덕왕, 제42대 흥덕왕 등 5명에 한하여 보이고 있어 그 예가 적다. 名과 小名은 유일한 예로서 전자는 제26대 진평왕의 先妃인 摩耶夫人

조사에서 발견된 塼에서 '漢只'명이 보이고 있어 '漢岐'가 漢字化된 표현이라면 '漢只'는 方言에 가까운 표현임을 보여 주고 있다.

48 그러나 新羅本記와 王曆篇의 기사를 검토해보면 내용상 상당히 근접한 典據에 의존하여 기록되었음을 알 수 있다. 즉 新羅本記와 王曆篇의 유사성은 妃名과 妃의 父名에서 엿보인다. 왕비의 경우 延과 迎의 차이, 妃의 父名 표기에서 欣과 許의 차이 등을 들 수 있다. 이러한 표기들은 音借의 경우로 그 의미는 상통하고 있어 동질성을 확보하지만 新羅本記에서는 朴氏라 표현하여 王妃의 出身地가 中古期 王妃族인 牟梁部임을 암시하고 있음에 비해 왕력편은 漢只라고 기록함으로써 출신지가 漢岐部임을 밝혀 상반된 견해를 보이고 있다. 또한 왕력편에서는 夫人이라고 표기한데 반해 『三國遺事』紀異篇 智哲老王條는 封爲皇后로 되어 있다.
① -妃朴氏 延帝夫人 登欣伊湌女--(신라본기, 지증왕조)
② -妃迎帝夫人 儉攬代漢只登許(一作○○)角干之女-(왕력편, 지정마립간조)
③ -王陰長一尺五寸 難於嘉耦 發使三道求之 使至牟梁部冬老樹下--此部相公之女子---身長七尺五寸---封爲皇后----(기이편, 지철로왕조)
49 李文基, 1987, 「新羅 中古의 六部와 王統」, 『新羅文化祭學術發表會論文集』8集, pp.85~86

에 한해서, 후자는 제29대 태종무열왕비인 훈제부인에 한해서 나타나고 있어 특수한 경우에 속한다. 후자의 경우 이는『三國遺事』紀異篇 金庾信 條에 보이는 동일계통의 설화가 俗傳한 바, 이에 의거하여 채록되었을 것이다[50].

③ 始祖妃인 알영에 대한 기록내용은 왕력편의 성격이 매우 혼란스러움을 단적으로 보여 주고 있다. 사료에서 확인되는 특징 중의 하나는 동일한 대상을 달리 표기하는 것으로서 앞서 언급한 바 있다. 이 또한 마찬가지로 알영의 경우 始祖妃의 항목에는 娥伊英 또는 娥英[51]이라고 표기되어 있는데 반해 제2대 남해왕의 母名에는 閼英이라고 서로 다르게 표기하고 있다. 이는 찬자가 각기 다른 자료에 근거하였다고도 볼 수 있으며 加筆 또는 刪削이 없었음을 보여주는 부분이다. 妃名의 표기순서 또한 常例를 벗어난 것으로서 유일하게 재위기간 뒤에 기록되었음을 알 수 있는데 이는 위와 동일한 원인이 작용한 결과라고 보여진다.

④ 왕비의 호칭이 각기 다른 점을 들 수 있다. 즉, 夫人, 王后, 皇后, 太后 등 다양한 양상을 보여 주고 있다. 제29대 태종무열왕까지는 夫人이라는 호칭을 공통적으로 사용하고 있어 上古期와 中古期의 王妃의 호칭은 夫人임을 알 수 있다. 제30대 문무왕부터 제34대 효성왕까지는 王后라는 호칭을 사용하고 있어 역시 공통점을 보여주고 있다. 그러나 제35대 경

---

50 왕력편의 찬자가『삼국유사』기이편의 김유신전을 보았을 가능성은 없다고 여겨진다. 왜냐하면 김유신조에는 김유신의 자녀들에 대한 이름을 거명하면서 文姬의 어릴적 이름(小名)은 阿之라고 기록하고 있기 때문이다. 그러나 왕력편에 보이는 小名은 왕비가 되고 난 후의 기록일 경우에는 가능할 수 있고, 기이편 김유신전의 내용은 왕비간택이 전에 성년으로서 기록의 대상이 되었을 때 그 가능성을 인정받을 수 있다. 즉 기록 당시의 시차에서 오는 표기의 상이함으로 볼 수 있다.

51 新羅本記에서는 閼英이라는 표현만이 등장하며『삼국유사』기이편 신라시조 혁거세왕조에서는 閼英 또는 娥利英으로 표기되어 있어 전거로 삼은 사료가 다름을 보여주고 있다.

덕왕부터는 다시 夫人과 王后라는 호칭이 부정기적으로 혼용되고 있으며 특히 제45대 신무왕의 경우는 太后를, 제48대 경문왕의 경우는 皇后를 사용하고 있어 주목된다.

그러나 諡號를 부여받은 왕비 5명 중 4명은 모두 ○○夫人으로 칭하다가 시호는 ○○王后로 바뀌고 있다. 그리고 1명은 생전에 ○○王后라고 칭하였으므로 諡號부분은 諡○○라하여 王后라는 호칭을 생략하고 있어 일정한 의미를 갖고 있음을 알 수 있다.

둘째, 신라본기에서는 22명의 妃姓관련 기사가 母姓과 같이 전기간에 걸쳐 다양하게 나타나고 있는데 반해 왕력편은 王妃의 姓이 표기된 경우는 제3대 노례니질금[52], 제6대 지마니질금, 제25대 진지왕[53], 제26대 진평왕[54] 등이다. 그리고 그 중 제26대 진평왕의 경우는 先妃와 後妃 모두 기록되어 있어 모두 5명에 한하고 있어 관련기사가 상대적으로 적은 경우이다. 또한 다른 부분과 마찬가지로 일정한 표기방법상의 원칙은 발견되지 않는다. 여기서 양서를 통해 확인 가능한 妃姓部分의 특징은 5명의 妃姓에 대한 표기 중 2명은 중복현상을 보이고 있으나 노례니질금비, 진지왕비, 진평왕의 후비 등 3명은 新羅本紀나 諸篇에서 보이지 않고 있다. 이 점은 왕력편의 찬자가 新羅本紀 및 諸篇의 찬자들과는 다른 저본에 의존하였음과 관련사료가 부족하였음을 보여주는 부분이다.

---

52 新羅本記에서는 姓氏가 누락되고 없다.
53 新羅本記는 眞智王妃에 대한 姓氏를 기록하지 않고 있으나, 王曆篇은 金氏로 표기하고 있다.
54 新羅本記는 先妃인 摩耶夫人에 대해서만 기록을 하고 있으나, 王曆篇은 後妃 僧滿夫人의 존재와 姓氏인 孫氏까지 기록하고 있다. 新羅本記의 편찬태도로 보아 先妃와 後妃에 대한 기록 중 어느 한 부분을 누락시키는 것은 생각하기 어렵다.

4. 즉위년도 · 재위기간

　　卽位年度의 干支와 在位期間은 상호 밀접한 관련속에 놓여 있다. 前王의 재위년도 간지로부터 다음 王의 즉위년도 간지를 고려하면 재위기간이 밝혀지기 때문이다. 또한 간지가 잘못되었을 경우에도 재위기간을 통해 간지의 수정이 가능하다. 그러므로 위의 양자는 상호관련 속에서 각자가 갖고 있는 사료의 신뢰성에 대해 보완을 하고 있는 입장이다. 그러나 만일 어느 한쪽이 잘못되었을 경우 내부적으로 두 가지의 문제가 발생한다. 하나는 왕의 재위기간 또는 다음 왕의 즉위년에 대한 간지를 의심해야 하는 문제이다. 다음은 이들 사료에 대한 신뢰성 여부를 판단할 제3의 典據가 없을 경우 내부적으로 보아 자체 검증의 가능성을 상실하고 있다는 점이다.

　　그러면 과연 王曆篇에서는 즉위년도 간지가 재위기간과 유기적인 관계 속에서 합리성을 띠고 기록되었는지가 궁금해진다. 왜냐하면 왕력편의 다른 부분에 비추어 찬자의 수사태도에 대한 신뢰도를 가장 확연하게 판단하게 하는 기준을 제공하기 때문이다. 여타의 기록들이 제사료간에 유기적인 관련을 맺지 못하고 내부적으로 문제점들을 노출시키고 있는 것에 대한 원인으로 인용한 전거가 불충실한데서 찾을 수가 있다. 그러나 즉위년도와 재위기간 부분은 망실된 일부분을 제외하고는 기록이 남아 있어 일단은 관련자료를 모두 확보한 것으로 판단된다. 그러므로 이 부분에 있어서 편찬자의 노력이 내재되어 있을 경우 상호간의 모순은 있을 수가 없는 것이다. 앞서 언급한 바와같이 어느 한쪽이라도 기록이 가능하면 다른 한쪽은 여타의 典據없이도 기록이 가능하기 때문이다. 그리고 이 부분은 사서편찬에 대한 인식이 조금만 있어도 상호간에 일치성 여부 문제는 당연시되는 것이다. 그러므로 자체 내부에서 상호간에 모순점이 발견된다면 이는 중대한 문제가 될 수 있다. 그것은 왕력편 찬자가 撰述時에 갖고 있던 修史態度 및 典據에 대한 근본적인 불신을 초래할 수도 있기 때문이다.

오다쇼고(小田省吾)는 王曆篇의 稱元法에 대해 即位稱元法(踰月稱元法)이며 在位期間의 계산은 韓國史上에서 적용된 세 가지 방법중의 하나로, 즉위년 초년을 원년으로 하나 죽은해 전년까지를 재위기간으로 하는 방법이라고 설명한 바 있다. 그러나 왕력편의 경우 몇 명의 왕에 대해서만이라도 검토해 보면 위의 결론에 의문이 제기된다[55].

먼저 即位稱元法에 대해서 살펴보기로 하자. 왕력편에는 이를 확인할 자료가 없다. 삼국 공히 즉위년 간지와 재위기간만을 기록하고 있으나 타 사료와의 대조를 통하지 않고서 내부적으로 확인할 경우 '即位稱元法'인지 아니면 '翌年稱元法'(踰年稱元法)인지가 구분이 되지 않는다. 다만 신라의 경우 제45대 신무왕의 재위기간 기록란에는 '至十一月二十三日崩'으로, 제46대 문성왕은 '己未十一月立 理十九年'이라 하고, 제47대 헌안왕은 즉위년 간지를 '戊寅立'이라 하고 있다. 이 세왕의 기록을 통해서 문성왕의 경우를 살펴보면 그는 전왕인 신무왕이 11월에 薨한 뒤 바로 그 달에 즉위하였음을 알 수 있다. 그리고 그 해의 잔여기간인 1개월 7일을 재위기간 속에 포함시키고 있음을 다음왕의 즉위년 간지가 '戊寅年'임을

---

55 小田省吾 및 정구복은 即位稱元法으로, 김상현은 왕력편이 翌年稱元法을 적용하고 있다고 보았다(小田省吾, 1920,「三國史記の稱元法並に高麗以前 稱元法の研究」,『東洋學報』10-1·2, 東京, 東洋協會調查部 ; 김상현, 1985, 앞의 글, p.224 ; 정구복, 1987, 앞의 글, p.12의 註32). 특히 정구복은 삼국의 제2대 왕의 즉위년간지가『三國史記』年表와 일치함을 예로 들어 翌年이 아닌 即位稱元法이 틀림없다고 주장하고 있다. 이는 편협된 고찰로서 전체가 갖고 있는 사료의 성격을 미처 확인하지 못한 결과이다. 왕력편에서 即位稱元法 또는 翌年稱元法을 증명하기란 어렵다. 상술하겠지만 即位稱元法 또는 翌年稱元法을 왕력편의 記述原則으로 규정하고『三國史記』및 諸篇과의 비교를 통한 성격 규명에는 다소 검토의 여지가 있는 것으로 생각된다. 특히 유부현의 경우 왕력편 諸王의 在位期間校勘時『三國史記』및『三國遺事』제편의 내용을 적극적으로 이용하고 있다. 그러나 이는 왕력편의 성격을 이해하지 못한데서 오는 誤校일 가능성이 높다(유부현, 1993, 앞의 글, pp.15~34).

통해서 확인할 수가 있다. 즉 잔여기간을 포함하여야만 문성왕의 재위기간이 19년이 되기 때문이다. 또한 즉위년 초년을 원년으로 하나 죽은 해 전년까지를 재위기간이라고 한다는 설명과는 서로 모순되어 기존의 견해에는 문제가 있음을 알 수 있다.

翌年稱元法은 신라, 고구려, 백제의 2대 왕들의 즉위년도가 시조왕들의 재위년수에 포함되고 있지 않음으로 보아 문제가 있음을 알 수 있다[56].

정구복은 재위년수의 틀림이 여러 곳에서 산견되고 있음을 지적하고 있으나 그 이유는 설명하지 않고 있다[57]. 그것은 王曆篇이 기록자체의 모순으로 인하여 卽位稱元法과 翌年稱元法을 구분할 수가 없다는 점을 이해하지 못하였기 때문이다. 또한 「表2」에서 확인되듯이 왕력편에는 애당초 칭원법에 대한 개념 자체가 없이 관련자료를 배열하는 것으로 만족하였으므로 이에 대한 논의는 무의미할 수 밖에 없다.

또한 王曆篇의 즉위년도와 재위기간 기록상에서 문제점은 부분적으로 상호간에 정보교환이 이루어지지 않았다는데 있다. 즉 왕력편의 찬자가 정상적인 修史를 하였다면 편찬과정에서 충분히 막을 수 있는 오류를 범하고 있다는 것이다. 이러한 상황전개는 즉위년도와 재위기간에 대해 확보한 자료의 전재외에는 일체 기록하지 않는 태도를 견지하여야만 가능하다. 이 점은 다음의 몇가지 예를 통해서 확인할 수가 있다.

① 아달라니질금부터 조분니질금까지의 관련기록이 편찬때부터 없었를 경우, 제8대 아달라니질금 즉위년의 간지는 제7대 일성니질금의 재위기간 기록으로 미루어 계산하여 기록할 수 있음에도 불구하고 기록을 하지 않고 있다. 즉 왕력편의 찬자는 내부의 사료에서 확인할 수 있는 정보

---

56 정구복, 1987, 앞의 글, p.32의 註.32
57 정구복, 1987, 앞의 글, p.32

조차도 기록하고 있지 않는 있는 것이다.

② 제26대 진평왕은 재위기간을 누락시킨 경우이다. 이는 진평왕의 즉위간지인 '己亥'와 제27대 선덕왕의 즉위간지인 '仁平甲午'로 미루어 진평왕의 재위기간이 55년임을 알 수 있음에도 불구하고 누락시켜 마치 관련자료를 확보하지 못한 것처럼 되고 말았다.

③ 양자간의 기록은 공존하나 서로 모순이 발생한 경우로 이는 관련자료에 대한 상호간의 교환이나 2차적인 검증기능이 전혀 없었음을 보여주고 있는 부분이기도 하다. 즉 즉위년 간지가 전후에 기록되어 있음에도 불구하고 재위기간이 맞지 않는 경우로 제2대 남해차차웅, 제6대 지마니질금, 제14대 유례니질금, 제24대 진흥왕, 제25대 진지왕, 제27대 선덕왕, 제32대 효소왕, 제39대 소성왕, 제40대 애장왕, 제41대 헌덕왕 등 모두 10명이다. 이를 정리하면 다음과 같다.

「表3」 卽位年 干支와 在位期間 比較

代	王號·位號	卽位年度干支	記錄上의 在位期間	卽位年 干支를 통한 在位期間	備 考
2	南海次次雄 (弩禮尼叱今)	甲子(甲申)	理二十六年	20년	-6
6	祇摩尼叱今 (逸聖尼叱今)	壬子(甲戌)	理二十三年	22년	-1
14	儒禮尼叱今 (基臨尼叱今)	甲辰(戊午)	理十五年	14년	-1
24	眞興王 (眞智王)	庚申(丙申)	理三十七年	36년	-1
25	眞智王 (眞平王)	丙申(己亥)	理四年	3년	-1
27	善德王 (眞德王)	甲午(丁未)	理十四年	13년	-1
32	孝昭王 (聖德王)	壬辰(壬寅)	理十六年	10년	-6
39	昭聖王 (哀莊王)	己卯(辛卯)	而崩(1년)	12년	+11
40	哀莊王 (憲德王)	辛卯(己丑)	理十年	-2년	+8
41	憲德王 (興德王)	己丑(丙午)	理十九年	17년	-2

특히 제39대 소성왕의 경우는 즉위기간에다 '而崩'으로 표기하였는데 이는 '立即薨'의 의미로서 재위기간이 1년임을 시사하고 있다. 그러나 제40대 애장왕의 즉위년 간지는 辛卯年으로 이는 제41대 헌덕왕의 즉위년인 己丑年보다 오히려 2년 뒤의 간지로, 제39대 소성왕의 재위기간을 간지를 통해서 볼 때는 마치 12년인 것처럼 되어 있다. 여기서의 辛卯年은 소성왕의 薨年인 庚辰年의 誤記이다[58]. 그러나 왕력편 내부의 자료로 한정할 경우 소성왕의 薨月에 대한 기록이 남아 있지 않고 다음 왕의 즉위년 간지가 잘못 기록되어 있는 여건에서는 그의 죽음이 己卯年 12월이전일 가능성이 높아 庚申年이 되기는 어려운 점이 있다. 즉 소성왕이 기묘년에 즉위하여 기묘년에 薨하였기에 '而崩'으로 기록되었을 가능성이 가장 높은 것으로 판단할 수 밖에 없을 것이다. 그러나 애장왕의 재위기간이 10년인 점으로 미루어 애장왕의 薨年이자 헌덕왕의 즉위년도인 己丑年부터 역으로 소급하여 薨年인 기축년을 모두 재위기간에 포함할 경우면 애장왕의 즉위년은 庚辰年이 된다. 이때 만일 즉위칭원법을 적용하여 薨年을 재위기간에 포함시키지 않을 경우 애장왕의 즉위년은 기묘년이 된다. 익년칭원법을 적용할 경우도 마찬가지로 애장왕의 실제 즉위는 기묘년에 이루어져야 기축년까지 재위기간이 10년이 된다. 이 경우『三國史記』年表의 경진년과는 상치되는 것으로 어느 한쪽을 의심하여야 하는 경우가 발생하게 된다. 그러므로『三國史記』年表를 기준으로할 경우 즉위칭원법 및 익년칭원법 모두 적용하기가 어렵다는 것을 확인할 수가 있다.

이상의 10명과 기록이 누락된 4명의 왕을 제외한 42명의 왕들은 모두 即位稱元法을 적용하였으며 薨年을 재위기간에 포함시키지 않고 있다. 그러나「表2」에서 보듯이 기록과 간지상의 계산에서 1년의 차이를 보이고

---

58 新羅本記에서는 昭聖王의 薨年月이 庚辰年 2月로 기록되어 있다.

있는 5명은 卽位稱元法과 薨年을 모두 재위기간에 포함시키고 있어 찬자의 표기원칙이 의문시되고 있다. 나머지 5명은 즉위년 간지와 재위기간과의 상호관련에 있어서 난맥상을 면치 못하고 있는 부분이기도 하다[59].

④ 재위기간과 즉위년도의 간지를 신뢰할 경우 왕의 통치기간에 공백이 발생하는 경우로 제44대 민애왕과 제45대 신무왕 경우가 이에 해당한다. 즉 민애왕의 경우 '至己未正月二十二日崩'이라 하여 己未年 正月 22日 崩한 것으로 되어 신무왕은 제46대 문성왕의 경우로 미루어 당연히 己

---

59 이와 관련하여 고구려와 백제의 경우를 살펴보면 다음과 같다.

• 高句麗

代	王號·位號	卽位年度 干支	記錄上의 在位期間	卽位年干支를 통한 在位期間	備考
9	故國川王 (山上王)	己未(丁丑)	理二十年	18	-2
18	國壤王 (廣開土王)	甲申(壬辰)	治八年	8	(-1)
19	廣開土王 (長壽王)	壬辰(癸丑)	治二十一年	21	(+1)
26	嬰陽王 (榮留王)	庚戌(戊寅)	治三十八年	28	-10

산상왕의 즉위년 간지는 누락으로 인해 『三國史記』 고구려본기를 참조하였으며, 국양왕과 광개토왕은 왕력편 내부에서는 전혀 문제시 되고 있지 않으나 고구려본기와 1년의 차이를 보이고 있다. 즉 국양왕은 7년, 광개토왕은 22년으로 되어 있어 차이를 보이고 있어 재위기간에 대해 원칙적으로 칭원법 중 '즉위'와 '익년'을 정하지 않았음을 알 수 있다. 영양왕은 편찬 당시 또는 후대에 '二十八'을 '三十八'로 誤書내지 誤刻한 것으로 추정된다.

• 百濟

代	王號·位號	卽位年度 干支	記錄上의 在位期間	卽位年 干支를 통한 在位期間	備考
3	己婁王 (蓋婁王)	丁丑(戊辰)	理五十五年	51	-4
5	肖古王 (仇首王)	丙午(甲午)	理五十年	48	-2
6	仇首王 (沙泮王)	甲午(甲寅)	理二十一年	20	-1

사반왕의 경우는 '立卽廢'라고 기록하여 즉위년에 대한 간지가 보이지 않으나 고이왕의 즉위년 간지가 甲寅이므로 참고하였다. 결과적으로 고구려와 백제 역시 신라의 경우처럼 재위기간에 대해 해당 사료의 충분한 검토 및 칭원법에 대한 원칙을 정한 후 관련사료들을 기술하여 편찬한 것이 아니라 관련 사료들을 무원칙하게 보입한 것이다.

未年 正月에 즉위하여야 마땅하나 그렇지 않고 4월이 되어서야 즉위를 하고 있다. 즉 新羅本紀에서는 확인할 수 없는 2개월 9일에 가까운 기간 동안 왕이 부재하고 있다는 것은 민애왕이 김양과의 달구벌전투에서 패한후 후퇴하는 과정에서 戰死[60]한 것과 관련하여 정치적으로 매우 많은 것을 시사하고 있다고 보여진다.

⑤ 즉위년도 간지기록 방법상의 문제가 있는 경우는 시조 혁거세, 제27대 선덕왕, 제45대 신무왕, 제46대 문성왕 등 4명으로 이들은 기록이 남아 있는 52명의 왕 중 48명과 기록방법상에서 차이를 보이고 있다. 이들 중 시조혁거세의 경우는 비록 표기방법상에서 'ㅇㅇ 卽位'라 하고 있어 'ㅇㅇ 立'과는 차이를 보이고는 있으나 이는 시조라는 점에서 그렇게 표기한 것으로 보여 큰 문제가 되지는 않는다. 그러나 3명은 이례적인 경우로, 善德王은 신라의 독자적인 年號인 仁平(634~646)을 같이 쓰고 있으며[61] 신무왕과 문성왕의 경우는 모두 卽位年 干支 및 즉위한 月을 기록하고 있어 常例에서 벗어나고 있다.

⑥ 재위기간 표기방법 중 제39대 소성왕, 제44대 민애왕, 제45대 신무왕, 제49대 정강왕 등 4명의 왕의 경우 전례와는 다르게 '而崩' 또는 '至己

---

60 晝夜兼行 十九日至于達伐之丘---王軍死者過半 時王在西郊大樹之下 左右皆散---奔入月遊宅 兵士尋而害之 群臣以禮葬之 (신라본기, 민애왕 2년 춘정월조)

61 仁平이 여타의 연호와 字體의 크기가 같지 않으며, 사용이 시작된 년도의 간지가 없는 것으로 보아 즉위년 기록의 일부로 보여진다. 신라의 경우 그 이전부터 독자적인 年號인 建元, 開國, 大昌, 鴻濟, 建福 등이 있었으나 즉위년 기록부분에는 보이지 않고 있다. 그러므로 선덕왕의 경우 '仁平'을 사용한 것은 이례적이라 할 수 있다. 1904년 동경제국대학 소장『삼국유사』활자본에는 선덕여왕조에 나오는 '仁平甲午立'을 '仁平甲午十四'로 하여 마치 仁平이라는 年號가 왕력편에 있어 연호로 기록될 부분에 정상적으로 사용된 것처럼 하고 있으나 (坪井九馬三·日下寬校訂, 1904,『三國遺事』, 東京帝國大學藏版), 仁平이 사용된 年數인 '十四'는 원관본에 없는 것으로 교정자들이 임의로 가필한 것에 불과하다.

未正月二十二日崩'·'至十一月二十三日' 등으로 표기하고 있다는 점이다. 소성왕과 정강왕의 예인 '而崩'으로 표기된 것은 재위기간이 1年인 경우로 '理(治)一年'으로 기록하는 것이 가능하고, 민애왕은 '理(治)二年', 신무왕은 전자와 같이 표기하는 것이 가능함에도 불구하고 그렇지 못하고 '而崩' 또는 사망일자까지 정확한 기록을 하고 있어 다시한번 왕력편 찬자의 修史態度를 의문스럽게 하고 있다. 그런데 왕력편의 찬자는 누락된 4명의 왕 이외의 52명 중 48명은 재위년수만을 기록한 자료를 보유하고, 나머지 4명의 왕 중 2명은 즉위 당해년에 薨한 사실을 그리고 2명의 왕에 대해서는 사망일자까지 정확한 기록을 한 사료를 보유하고 있었다고 보여진다. 이 경우는 전술한 제45대 신무왕과 제46대 문성왕의 경우 즉위년도 부분에 干支 및 月을 기록한 사료와도 동일한 성격으로 보여진다.

⑦ 재위기간의 기록방법에는 '理○○年'와 '治○○年' 등으로 기록하고 있는 바 여기에서 혼용하고 있는 理와 治에 대한 것을 어떻게 볼 것인가 하는 문제이다. 기존의 연구에서는 治는 高麗 成宗의 諱이므로 이를 피하기 위하여 고려시대의 모든 판본에는 理라고 기록하였으나[62] 조선시대의 누차에 걸쳐 중간되는 과정에서 다시 治가 쓰여지기 시작한 것으로 보고 있다. 이에 더하여 理와 治는 서지학 측면에서 고려시대와 조선시대를 가늠하는 중요한 잣대로 사용되고 있다[63]. 그런데 왕력편에서는 理와 治가 혼용되어 나타나기는 하나 일정한 양상을 보이고 있어 주목된다. 이는 왕력편의 간행시 補刻板과 舊刻板을 구분할 수 있는 것과 관련하여 중요한 기준을 시사하고 있다고 여겨진다. 理와 治가 사용된데는 일정한 구분이

---

62 千惠鳳, 1981, 「麗刻本 東人之文四六에 대하여」, 『大東文化研究』14집, 성균관대, pp.147~149.
63 千惠鳳, 1982, 「새로 발견된 古板本 三國史記에 대하여」, 『대동문화연구』15집, p.137

가능하기 때문이다.

민족문화추진위원회에서 1982년에 간행한 서울대학교 중앙도서관 소장의 中宗壬申刊本을 기준으로할 때 '治'는 5장[64](10쪽:후면), 7장[65](13쪽~14쪽), 10장[66](19쪽~20쪽) 등에 한해서만 사용되고 있음을 알 수 있다[67]. 모두 5쪽에 달하는 면 가운데 10쪽면을 제외한 4쪽은 모두 '治'를 사용하고 있음에 비해 10쪽면만 고구려, 가야에 한해 부분적으로 혼용하여 대조를 보이고 있다. 그러나 5장의 후면인 10쪽면 역시 판각자가 '治'를 사

---

64 신라의 경우는 제14대 儒禮尼叱今부터 제16대 乞解尼叱今까지, 고구려는 제13대 西川王부터 제15대 美川王까지이다. 그러나 이 3명의 왕중 제14대 烽上王만 治를 사용하고 나머지 2명은 理를 쓰고 있다. 백제는 제9대 責稽王부터 제11대 比流王까지, 가야는 제3대 麻品王부터 제4대 居叱彌王까지로 제3대 마품왕은 理를 사용하고 있다. 10쪽의 경우로 보면 신라와 백제는 모두 治로 일치하게 기록을 하고 있으나 고구려나 가야는 부분적이기는 하나 양자를 혼용하여 사용하고 있어 이러한 기록이 가능하게 된 경위에 대한 설명이 필요하다.

65 신라는 제18대 實聖麻立干부터 제20대 慈悲麻立干까지, 고구려는 제18대 國壤王부터 제20대 長壽王까지, 백제는 제15대 枕流王부터 제21대 蓋鹵王까지, 가야는 제6대 坐知王부터 제8대 銍知王까지이다. 이 부분은 모두 治로 일치되게 기록하고 있어 동일인에 의한 판각으로 여겨지며 그 시기 또한 理로 표현한 판본과는 달리 朝鮮時代로 판단된다.

66 신라는 제27대 선덕왕부터 제30대 문무왕까지, 고구려는 제26대 영양왕부터 제28대 보장왕까지, 백제는 제28대 혜왕부터 제31대 의자왕까지이다. 이 부분 역시 13쪽~14쪽과 동일한 양상을 보이고 있다.

67 '理'와 '治'의 구분은 이미 현존하는 고판본 중 가장 이른 조선초기의 것으로 판단되고 있는 석남본에 이미 동일한 양상을 보이고 있다. 그러나 석남본에는 5장과 7장에서 23자에 한해서 '治'가 확인되고 있다. 중종임신본에서 확인 가능한 10장은 결락되고 없기 때문이다. 그러나 5장의 후면에 '理'와 '治'가 중복되어 나타나는 현상이 동일한 것으로 보아 석남본이 조선초기인 점을 고려한다면 이때 처음으로 부분적이기는 하지만 '治'가 복구되기 시작한 것으로 보여진다. 또한 석남본 역시 전면적인 복구가 아닌 부분적인 것으로써 간행할 당시 중종임신본처럼 여러명이 참여하는 '列邑分刊'의 형태를 취했을 가능성마저도 보인다. 그리고 석남본과 중종임신본의 행수, 자수 등의 체제가 동일함은 이미 지적된 바 있다(김상현, 1987, 「삼국유사의 서지학적 고찰」, 『삼국유사의 종합적 검토』, 한국정신문화연구원, p.51). 결과적으로 석남본이 중종임신본의 저본이었을 가능성을 시사하고 있다.

용하는 것을 원칙으로 하였으나 고구려와 가야부분에서 부분적으로 누락시켜 미처 일치되게 복원을 하지 못한 것으로 보여진다. 또한 고려 成宗의 避諱가 복구되고 있는 점으로 미루어 5쪽 모두는 조선시대 판본으로 여겨지는 것이다. 즉 조선초기 重刊時에 왕력편 전체인 15장 중 12장은 고려시대에 판각된 판본을 그대로 사용하였을 가능성이 있으며 나머지 3장은 補刻 및 改刻되었을 가능성이 있다고 보여진다[68]. 그때 '理'가 '治'로

---

68 柳鐸一, 1983, 앞의 글, pp.258~264에서 『삼국유사』의 總218장 가운데 178장이 補刻板이고 40장만이 舊刻板 그대로라고 하고 있다. 그는 『삼국유사』를 면밀히 검토한 결과 補刻板과 舊刻板의 비율을 다음과 같이 제시하였다.

篇　　　次	總　張　數	舊　刻　張　數	改　刻　張　數
王曆第一	15		15
紀異第一 三國遺事 卷第二 三國遺事 卷第三 三國遺事 卷第四 三國遺事 卷第五	37 49 56 31 30	8 24 4 2 2	29 25 52 29 28
	218	40(18%)	178(82%)

즉 왕력편에 한해서는 전면적으로 改刻이 이루어졌다는 것이다. 여기서 한가지 아쉬운 것은 金相鉉이 지적하였듯이 柳鐸一은 면밀히 검토할 때 기준한 내용들이 구체적으로 거론되지 않고 있다는 점이다. 확인한 바에 의하면 總15張의 왕력편중 조선시대에 補刻板 또는 改刻板이 이루어진 것은 3개의 張에 불과하다. 그 중 5張은 전면이 理로 후면이 治로 刻字하여 동일한 板本에서조차 상반된 결과를 초래하고 있으며, 또한 후면에서는 부분적인 혼용이 이루어지고 있어서 毀損으로 인한 難識한 字 및 部分에 한하여 補刻이 이루어졌을 가능성이 있다. 7장과 10장은 전·후면 모두 治로 통일되어 있어 이들은 改刻이 이루어졌을 가능성이 높다고 보여진다. 李繼福의 跋文에서 확인할 수 있듯이 正德年間에 慶州府에서 간행할시 택한 방법이 '列邑分刊'임은 주지의 사실이다. 유탁일은 당시 分刊方法으로는 列邑에다가 卷次順序에 따라 分配함이 順理였을 것이라고 하고 있다. 즉 이때 '列邑分刊'에서 그 板을 刻하는 刻者가 同一하지 않기 때문에 특정한 邑에서 改刻한 板本에 限해서 避諱代字의 復舊가 가능한 경우이다. 그러나 治의 復舊가 5장, 7장, 10장 등 불규칙하게 이루어졌을 뿐만 아니라 15장의 적은 수에 해당하는 왕력편을 몇명의 개인이 낱장으로 판각을 했다고 보기는 어렵다. 만일 경주부에서 原稿校勘을 통한 登梓本이 완성되어 '列邑에서는 판각만이 이루어졌다면 모든 판본에서는 동일한 양상을 보여야하나 그렇지 못하다. 이러한 점들은 앞서 언급한 바와 같이 석남본 또는 이전의 판각시 적용된 것으로 보이며, 원인에 대해서는 더 깊이 연구되어야 할 것이다.

改刻된 것이다[69].

⑧ 제47대 헌안왕은 왕력편 내부에서는 모순이 없으나 즉위년 간지를 戊寅年으로 하고 있어 실제의 즉위년인 丁丑年과는 1년의 차이를 보이고 있다는 점이다. 「表2」에서 언급한 5명의 왕들은 재위기간에 1년을 더하여 기록하고 있으나 헌안왕의 경우는 전례없이 즉위년보다 1년 늦게 기록하고 있다.

마지막으로 제56대 경순왕조에 기록되어 있는 '自五鳳甲子至乙未合九百九十二年'의 기록과 과연 재위기간에 기록된 재위년간의 합이 992년이 되느냐 하는 점이다. 물론 기록상에서 5명의 왕에 대한 재위년간의 기록이 누락되어 있어서 곤란한 점이 없지는 않으나 이 부분은 재위기간에 앞서 기록된 간지를 통해서 보완을 하면 가능할 것으로 본다. 그러한 작업 끝에 과연 즉위년 간지를 통한 신라의 존속기간과 재위기간의 합이 중간부분의 부분적으로 즉위년 간지와 재위기간의 모순된 기록과 상관없이 일치하는지가 궁금해진다.

현재 기록이 남아 있는 51명 왕의 재위기간을 합산해보면 862년이 된다. 즉 992년에서 130년이 부족한 것이다. 여기에서 上古期에 누락된 4명의 왕인 제8대 아달라니질금부터 제11대 조분니질금까지의 재위기간은 제7대 일성니질금의 즉위년도인 甲戌年(134)에서 재위기간 20년 뒤인 甲午年(154)으로부터 제12대 첨해니질금이 즉위하는 丁卯年(247)까지 모두 93년이 된다. 그리고 제26대 진평왕의 재위기간은 전왕인 진지왕과 후왕인 선덕왕의 경우로 미루어 55년임을 알 수 있다. 여기에서

---

69 조선시대 중간된 것으로 추정되는 3장 중 7장 전면의 卷首題 부분에 반드시 기입되는 羅·麗·濟·洛 등의 국가 표시가 보이지 않고 있다. 고려시대 초간본에는 있었으나 '治'字의 용례와 석남본에 동일한 양상이 확인되는 것으로 보아 조선초기 이전의 重刊時에 누락된 것으로 보인다.

다시한번 재위기간을 합하면 862+93+55=1010년으로 992년과는 18년의 차이를 보이고 있다. 즉 편찬자는 즉위년 간지를 통한 재위년수 계산, 재위년수의 기록을 통한 신라의 존속기간 등을 계산하여 경순왕조의 상기 기사와 비교·검토하는 등의 그 어떤 정보교환도 하지 않았음을 알 수 있다. 그렇다면 992년이라는 기록은, 즉위년 간지나 재위기간의 기록을 확인하지 않은 왕력편의 찬자가 신라의 건국기로부터 멸망에 이르기까지의 일반적인 간지 및 기간에 대한 자료를 바탕으로 기록하였을 가능성이 있는 것이다.

일연이 『삼국사기』를 참조했음은 주지의 사실이다. 당연히 年表도 참조하였을 것이다. 그러나 지금까지 살펴본 바에 의하면 왕력편이 新羅本紀를 참조한 자에 의한 편찬이라고는 볼 수 없는 誤記 및 漏落이 많이 등장하고 있다. 이 점은 양서가 상호 관련성이 없음을 말해주고 있다. 지금까지 왕력편 표기방법 분석을 통해서 살펴본 결과인 내부에서조차 확인할 수 있는 사료의 누락, 記述方法上의 차이, 동일한 대상의 표기에서조차 달리 표현한 점 등은 왕력편의 찬자가 전거로 삼은 기왕의 사료에서 발췌를 하면서 자신의 修史原則에 맞추어 기재를 하지 않고 轉載를 원칙으로 함에 기인한 것으로 생각된다. 그러므로 新羅本紀, 諸篇, 王曆篇의 편찬에 있어서 본으로 한 사료들이 각기 달랐을 가능성을 시사하고 있다고 생각된다.

Ⅲ. 王曆外 資料의 性格

王曆篇중에서 王曆과 관계없는, 즉 앞서 언급한 자료 외에 다양한 성격의 자료들이 등장하고 있어 논의의 대상이 되어 왔다.

여기에는 1.國號(2회) 2.築城(3회) 3.位號(2회) 4.葬禮(5회) 5.王陵의 位置(12회) 6.誕生說話(2회) 7.交聘(2회) 8.征服國家 및 戰爭(3회) 9.貯水池築造(1회) 10.時代區分(2회) 11.王의 登極(1회), 12.女王의 匹(2회) 13.王의 崩年日時(4회) 14.弑害事件(1회) 15.律令關係(1회) 16.年號使用時期(5회) 17.諡號使用時期(1회) 18.聖骨關聯(1회) 19.遜位(1회) 20.夫人之父(1회) 21.國家存續期間(1회) 22.性格未詳(1회)등 22개 항목 54개의 개별기사로 기존의 연구자들이 통치관련자료들이라고 성격규정을 한 이외에도 또다른 범주의 항목들이 다수 포함되어 있다[70].

---

70 22개 항목 중 4, 5, 12, 13, 등은 왕력의 성격이나 본고에서는 편의상 王曆外資料부분에서 논의하고자 한다.

「表4-1」王曆外 資料分析

區分	國號	築城	位號	葬法	王陵位置	誕生	資料交聘	性格分析 戰爭	貯水池	時代區分	其他
第一赫居世	國號徐羅伐又徐伐或斯羅或斯盧鷄林一說至脫解王時始置鷄林之號	申申築金城				卵生					
第二南解大雄			此王位居西干								
第三弩禮尼今			尼叱令作尼師今								
第四脫解尼今				王崩水葬末召井丘中塑骨安東岳今東岳大王							
第六祗磨尼今								是王代城音汁只國今安康及押梁國今○山			
第八阿達羅尼今											又與倭國相○○○嶺 ○○○立峴今彌勒大院東嶺是也
第十二理解尼今							始與倭國相聘				
第十三未鄒尼今											始立
第十四儒禮尼今		補築月城									
第十五基臨尼今	丁卯年定國號曰新羅新者德業日新羅者網羅四方之民或云系智證法興之世										
第十六乞解尼今								是王代百濟兵始來侵	已丑始築碧骨堤周○萬七千二十六步○百六十六步水田一萬四千七十○		
第十七奈勿麻立干					陵在占星臺西南						
第十八實聖麻立干											
第二十慈悲麻立干		始築明活城入堤					始與吳國通				
第二十二智訂麻立干								己未年始築城塞明活城入堤又置梁州二城不克而還		已上爲上古已下爲中古	王即位此之父

「표4-2」王曆外 資料 分析

區分	女王匹	崩年日時	葬法	王陵位置	弑害事件	時代區分	王配出家	律令關係	年號使用	其他
第二十一法興王				陵在哀公寺北			出家名法流住未興寺	始行律令始行十齊日禁殺度人爲僧尼	建元丙辰是年始置年號始此	法興諡始乎此
第二十四眞興王				墓在哀公寺北			移時亦剃髮而逝		開國辛未十七 大昌戊子四 鴻濟王辰十二	
第二十五眞智王										
第二十六眞平王									建福甲辰五十	
第二十七善德女王	王之匹飮飯葛文王									聖骨盡故女王立
第二十八眞德女王						已古中古聖骨已下古眞骨			大和戊申六	
第三十文武王			法流寺火葬骨散東海	陵在感恩寺東海中						
第三十一孝昭王				陵在望德寺東						
第三十二聖德王				陵在東村南云楊長谷						
第三十四孝成王			法流寺火葬骨散東海							
第三十五景德王			初葬頃只寺西岑鍊石 鄉陵後移葬楊長谷中	陵在毛祇寺今崇福寺有 也後移葬鍊所立碑						
第三十八元聖王					元和四年己丑七月十九日 王之叔父憲德興德二角干所害而崩					
第四十一憲德王				陵在泉林村北						
第四十二興德王				陵在安康北比火壤 與妃昌花合葬						
第四十四閔哀王		至己未正月二十二日崩								
第四十六文聖王		至十一月二十三日崩								
第五十眞聖女王	王之匹魏弘大角干追封惠成大王	十二月崩	火葬散骨于牟梁西岳 一作未黃山							丁巳遜位于小子恭王
第五十一孝恭王			火葬師子寺北骨藏于 仇知堤東山脇							

이 부분에서 검토의 대상이 되는 것은 이와같은 자료들을 기록으로 남긴 편찬자의 역사인식은 과연 무엇을 기저로 하였는가 하는 문제이다. 그것은 편찬자가 '四國'에 관한 제반자료들을 갖고 편찬에 임했다면 23개의 사료군에 대하여 나름대로의 역사적 안목하에서 형평성의 원칙을 지켜가며 서술에 임했느냐 하는 문제와 그렇지 아니한 경우 왜 이렇게 무원칙한 기록이 등장하게 되었는지 그 배경을 밝히는 일이 될 것이다. 내용의 이해를 돕기 위해 정리한 자료인「表4-1, 4-2」를 참고하면서 검토하고자 한다.

1. 三姓始祖관련 기사

新羅本紀와 紀異篇에서 중요하게 다루고 있는 부분중의 하나는 三姓始祖에 관한 기록들이다. 그러므로 다른 왕에 비해 신화적 요소가 많이 등장하며 용어나 내용면에서 윤색이 많이 가해지는 편에 속한다. 그러나 왕력편은 사정이 그렇지 않다. 오히려 諸王중 관련 사료가 부족한 경우에 속한다고도 보여진다. 여기에는 두 종류의 기록이 남아 있으나 소략한 편이다.

첫째, 三姓始祖의 神異한 탄생설화에 대해『삼국사기』는 모두를 기록하고 있음에 비해 왕력편은 혁거세에 관해서만 '卵生'이라고 하여 간략하게 기록하고 있다. 석탈해니질금과 관련하여 紀異篇 탈해왕조의 내용과 같은 관련설화가 기록된 사료를 접하지 못하였던 것으로 판단된다.

둘째, 三姓始祖의 王位 登極에 관한 문제에서 미추니질금에 한해서만 '始立'이라고 표현한 것은 혁거세와 석탈해니질금의 경우에 볼 수 없는 것으로 이례적인 표현이다. 즉 미추니질금에 대해서는 始立이라는 표현을 사용하여 강조함으로써 나머지 二姓 시조의 왕위계승에서 볼 수 없는 편찬자의 주관이 개입되고 있는듯한 암시를 주고 있다. 이는 왕력편 또는 그가 참고로 한 저본이 김씨 왕족의 후예에 의해 찬술되었을 가능성마저 시사하고 있다.

2. 統治관련 기사

1) 國號 · 位號 · 年號

첫째, 왕력편에는 第一赫居世條와 第十五基臨尼叱今條에는 신라 국호의 異稱과 국호가 갖고 있는 의미 그리고 제정된 시기에 관한 異說을 소개하고 있다.

전자의 경우 紀異篇 新羅始祖赫居世王條와 비교하여 보면 동일한 성격의 사료를 바탕으로 기술되었을 가능성이 있음을 알 수 있다[71]. 다만 기이편의 신라시조혁거세왕조에서는 '斯盧'라는 國名이 보이고 있는데 반해 왕력편에서는 보이지 않고 계림으로 대신하고 있으며, 新羅本紀는 혁거세거서간 즉위조에 '國號徐那伐'로 하고 있어 '羅'와 '那'의 차이를 보이고 있다. 후자의 경우 신라라는 국호가 제정된 시기에 대해서 왕력편은 세 가지 설을 제시하고 있다. 즉 1.기림니질금 10년설(307), 2.지증왕설, 3.법흥왕설 등으로 왕력편 찬자는 그 중 기림니질금 10년(丁卯年)說

---

71 國號徐羅伐又徐伐或云斯羅又斯盧--初王生於鷄井故或云鷄林國 -- 一說脫解王時 得金閼智而鷄鳴於林中乃改國號爲鷄林後世遂定新羅之號. (기이편, 신라시조혁거세왕조)

을 정설로서 취하고 있다. 이는 新羅本紀의 기림니사금 10년조[72], 지증마립간 4년조의 기록과[73] 성격상 相通하는 것이나 기림니사금대에 국호를 확정한 것이 아니라 다시 국호를 신라로 하였다고 하고 있으며, 국호확정 년간이 지증마립간 4년(癸未年)說로 상반되고 있어 다른 전거에 의하여 기록되었음을 알 수 있다. 이 점은 新羅本紀가 '羅者網羅四方'이라 한데 비해 王曆篇은 '羅者網羅四方之民'으로 표현한데서도 일단을 엿볼 수 있다. 新羅本紀가 '四方'이라고만 표현하여 그 의미가 공간적 개념인 영토 또는 이웃한 나라에 대한 정복적인 성격을 강조한데 비해, 왕력편은 '四方之民'이라고 표현하여 그 대상이 구체적으로 자국내의 민임을 강조하고 있다. 비록 양서가 동일한 전거에서 인용하였다고는 보여지나 그 의미는 다른 경우이다. 왕력편이 근원적으로 정확한 의미를 전달하고 있다고 보여지며, 新羅本紀의 생략된 표현은 고려시대의 국가관이 적용되었음을 보여주는 좋은 예라고 생각되어진다.

둘째, 왕력편이 갖고 있는 가장 큰 특징 중의 하나는 位號에 대한 기록일 것이다. 新羅本紀에서는 尼師今으로 기록된 位號를 왕력편은 물론 諸篇에서도 尼叱今, 齒叱今 등의 사용례가 尼師今의 사용례보다 많다는 점이다[74]. 王曆篇 第二南解次次雄條에는 '次王位亦云居西干'이라 하고, 居

---

72 復國號新羅 (신라본기, 기림니사금 10년조)

73 群臣上言 始祖創業以來 國名未定 或稱斯羅 或稱斯盧 或言新羅 臣等以爲新者 德業日新 羅者網羅四方之義 則其爲國號宣矣　　　(신라본기, 지증왕 4년 10월조)

74 1.『三國遺事』의 尼師今의 사용례
　① 尼叱今或作尼師今(왕력편 제3 노례니질금조)
　② -ⓐ按三國史云---遂稱尊長者爲慈充或云尼師今 (기이편 제2 남해왕조)
　　　ⓑ史論曰---尼師今者十六 (기이편 제2 남해왕조)
　③脫解齒叱今(一作吐解尼師今) (기이편 제4 탈해왕조)
　2.『三國遺事』의 尼叱今, 齒叱今의 사용례
　① 王曆篇 第三弩禮尼叱今부터 第十六乞解尼叱今까지 尼叱今으로 표현함.

西干에 대해 紀異篇 新羅始祖赫居世王條에서는 '位號'라고 표현한데 반해 왕력편은 '王位'라고 기록하고 있다. 또한 왕력편은 南解의 位號에 대해 '次次雄說'을 따르고 혹은 '居西干'이라고 한다고 표현한데 비해 紀異篇 南解王條에서는 '南解居西干亦云次次雄'이라하여 居西干說을 취하는 태도를 견지하고 있어 紀異篇과는 典據내지 認識이 다름을 보여주고 있다.

다음으로 주목하여야 할 것은 麻立干의 位號가 제17대 奈勿부터 사용되고 있다는 점이다. 일부 고고학 연구자중에서도 왕력편의 설을 취하는 경우가 있으며[75], 역사학에서도 신라본기의 눌지마립간설보다는 나물마립간설을 취하고 있는 실정이다[76]. 紀異篇의 경우 나물왕 또는 실성왕이라 하여 어느 位號를 칭하였는지는 알 수 없으나 일연이 第二南解王條에서 新羅本紀 智證麻立干條에 나오는 김부식의 史論을 재인용하여 '麻立干者四'라고 명시한 점은 마립간의 나물왕대설은 일연의 역사인식과는 거리가 먼 것임을 입증하고 있다. 또한 분주형식을 통하여 마립간의 나물

---

② 朴弩禮尼叱今---因名尼叱今 尼叱今之稱 自此王始 (기이편 제3 노례왕조)
③ 脫解齒叱今(一作吐解尼師今) (기이편 제4 탈해왕조)
④ 第十三未鄒尼叱今 (기이편 미추왕죽엽군조)
이상의 例에서『三國遺事』의 王曆篇 및 諸篇에서는 尼叱今이 尼師今에 대하여 보다 方言에 가까운 개념임을 알 수 있다. 1.-2)의 경우 '按三國史', '史論曰' 등에서 알 수 있이 일연이『三國史記』를 참조로 해서 재인용하고 있어 1차 사료적인 의미는 없다. 그러나 이를 통해 김부식이『三國史記』를 편찬함에 있어 尼叱今, 齒叱今 등의 용례를 모두 尼師今으로 일치시켜 기록하였음을 보여 주고 있다. 즉 김부식이『삼국사기』지증마립간조에서 '羅末名儒崔致遠作帝王 年代曆 皆稱某王 不言居西干等豈以言鄙野不足稱也 ---- 今記新羅史 其存方 言亦宜矣'라고 하여 마치 居西干, 次次雄, 尼師今, 麻立干 등이 모두 方言인 것처럼 언급한 것과는 달리 居西干은 '居瑟邯', 次次雄은 '慈充', 尼師今은 '尼叱今', 麻立干은 '麻袖干'의 한자화된 位號임을 알 수 있다. 麻袖干은 기이편 남해왕조의 '麻立干(立一作袖)'에서 유추해석이 가능하다. 다만 次次雄과 慈充은 차차웅이 방언에 가까운 표기일 가능성이 많다고 보여진다.
75 최병현, 1992,『신라고분연구』, 일지사, pp429-433
76 이병도, 1993,『국역삼국사기』, 을유문화사, p.37의 註1

왕대설을 언급하고 있지 않은 점은 일연이 이 분야의 사료를 접하지 못했기 때문이기도 할 것이다.

셋째, 법흥왕 23년 병진년의 건원 이래로 사용되던 신라의 독자적인 연호를 기록하고 있다. 기록방법은 연호, 간지, 연호가 사용된 年數 등의 순이다. 建元, 開國, 大昌, 鴻濟, 大和 등은 사용이 시작되던 해의 간지 및 사용 年數에서는 『三國史記』의 年表와 일치하고 있다. 여기서 주의하여야 할 것은 '建元丙辰' 다음에 연호를 사용한 年數가 빠진 점과 『三國史記』 年表에서 진평왕 6년부터 50년간 사용된 建福과, 선덕여왕 3년부터 13년간 사용된 仁平이라는 年號가 보이지 않고 있다는 점이다. 일연은 이 年號의 존재에 대해서 알고 있었으며[77], 만일 기록된 年數만큼 年號가 사용되었다면 왕력편의 '鴻濟壬辰十二'의 '十二'는 建福 및 仁平의 사용년수를 포함하여 大和의 年號가 사용되기 시작한 진덕여왕 2년까지인 '七十五'로 수정되어져야 마땅할 것이다. 이러한 사실은 「왕력편」 찬자의 사료에 대한 편찬 태도가 저본에 충실하였음을 보여 주는 또 하나의 예인 것이다. 大和를 왕력편에서는 6년간 사용하였다고 되어 있으나 『三國史記』 年表에서는 大和 4년인 650년에 '始行中國正朔'이라 하여 중국식의 연호가 사용되었음을 말해 주고 있어 연호가 3년간 사용되었음을 알 수 있다.

즉 왕력편의 찬자는 年號와 年號 사이의 유기적인 관계를 고려한 뒤에

---

77 『三國遺事』 諸篇에서 建福과 仁平이 사용된 예는 다음과 같다.
　　A. 建福
　　　　①別本云 建福八年辛亥 築南山城 (기이편 문호왕법민조)
　　　　②國史云 建福三十一年 永興寺塑像自壞 (홍법편 원종흥법·염촉멸신조)
　　　　③以彼建福五十八年 少覺不念 經于七日 (의해편 원광서학조)
　　　　④又建福三十年癸酉(卽眞平王卽位三十五年也)秋 (의해편 원광서학조)
　　B. 仁平
　　　　①以仁平三年丙申歲(卽貞觀十年也) (의해편 자장정률조)

간지 및 사용 年數 등을 확인하는 작업을 하지 않은채 저본에서 개별 年號 가 갖고 있던 고정된 史實을 검토 · 수정없이 기록하고 있음을 알 수 있다.

2) 律令

중고기의 왕권확립에 매우 중요한 기능을 담당했던 세 가지의 율령에 관한 내용을 기록하고 있다. 첫째는 법제도인 율령의 시행, 둘째는 법흥왕대에 불교에서 계율로 정한 十齋日[78]에 禁殺할 것을 명한 것과, 마지막은 국가에 의해서 불교가 법제적으로 공인되는 사실[79]을 기록하고 있다. 첫째와 둘째의 경우는 新羅本紀의 法興王 7년[80]과 16년[81]의 내용을 의미한다고 보여진다. 그러나 新羅本紀에서는 十齋日에 대한 언급이 없으며, 불교의 공인문제에 와서는 왕력편은 법흥왕대[82], 新羅本紀는 眞興王代[83]로 서로 다른 입장을 보이고 있어 양서가 서로 다른 전거에 의존했음을 보여주고 있다.

3) 築城

관련기록이 3회에 걸쳐 등장하고 있는데 기록의 대상은 金城, 月城, 明活城 등으로 모두 일시 王城으로 사용되었다는 점에서 공통점이 있다. 그

---

78 불교에서 매월 齋戒하여 災殃과 罪罰을 피하는 날로 1, 8, 14, 15, 18, 23, 24, 28, 29, 30 등이며 十日에 이른다. 諸篇 및 新羅本紀에는 관련기사가 없다.

79 최광식, 1991, 「신라의 불교 전래, 수용 및 공인」, 『신라사상의 재조명』 (신라문화제학술회의논문집 12집), 신라문화선양회

80 頒示律令 始制百官公服朱紫之秩 (신라본기, 법흥왕 7년 춘정월조)

81 下令禁殺生 (신라본기, 법흥왕 16년조)

82 度人爲僧尼 (왕력편, 제23대 법흥왕조)

83 興輪寺成 三月許人出家爲僧尼奉佛 (신라본기, 진흥왕 5년 춘2월조)

사진 1 월성

러나 기록 내용의 성격들은 築城, 補築, 始築 및 入避 등으로 각기 다르다. 오히려 명활성의 경우 '始築'보다는 '入避'의 성격이 강하다. 그러므로 세 사료는 각기 다른 성격을 갖고 있다고 하겠다.

첫째, 金城의 축성시기는 赫居世 21년(BC37)으로 新羅本紀의 기록과 일치하고 있다. 둘째, 月城의 경우 新羅本紀의 기록에 보이는 월성의 初築에 관한 기사를 기록하지 아니하고 의미가 반감되는 '補築'에 관한 기록을 하였을까 하는 점이 의문시된다. 또한 新羅本紀에서는 소지마립간 9년(487) 秋七月條에 '葺月城'의 기사가 보일뿐 유례니사금대에는 修葺에 대한 기사는 보이지 않고 있다. 역시 서로 다른 전거에 의하여 각기 다른 사실이 기록되었다고 보여진다.

사진 2 명활성

　왕력편에서 언급한 明活城의 始築年代는 倭國兵이 來侵하던 己未年
(479)으로 자비마립간 22년 또는 소지마립간 원년에 해당한다. 그러나
신라본기에서 최초의 명활성 기록은 실성니사금 4년조[84]이며 뒤이어 눌
지왕대에도 관련기사가 보이고 있어 초축의 시기는 이보다 앞설 개연성
이 크며[85], 자비마립간 16년(473)조의 '葺明活城'과 18년(475)조의 '王移
居明活城'과는 시기가 다르게 기록되어 있다. 즉 자비마립간대의 기미년
을 왕력편이 始築年代라고 표현한데 비해 신라본기는 실성니사금대에 침
공 당한 사실이 있음과 자비마립간대에 葺이라고 하여 당시에는 이미 명

84　倭兵來攻明活城 不克而歸(신라본기, 실성니사금 4년 하4월조)
85　박방룡, 1990, 「문헌으로 본 명활성의 제문제」, 『明活城』(긴급발굴조사보고서), 경주고
　　적발굴조사단, p.15에서 "실성니사금 4년(A.D. 405) 당시의 명활성은 토성이었으며 이
　　시기가 初築의 下限이 된다"고 하였다.

활성이 존재했음을 말해주고 있어 初築의 시기에 대해 차이를 보여주고 있다. 또한 明活城에의 移居에 대해 왕력편에서는 왜국병의 침입이 직접적인 원인이 되었다고 하나 신라본기는 오히려 그 원인이 고구려의 남하정책과 관련이 있는 것처럼 기록하고 있어 상반된 입장을 보이고 있다[86].

4) 對外關係(交聘 · 戰爭)

첫째, 제12대 理解(沾解)尼叱今代에 高句麗와 제20대 慈悲麻立干代(458~479)에 중국의 吳國(222~280)과 처음으로 교빙한 사실을 기록하고 있다. 관련기사의 모순[87]도 문제지만 주의하여야할 점은 대내적으로는 백제 및 가야, 대외적으로는 중국의 諸王朝와의 교빙관련 기사가 등장하고 있지 않다는 것이다. 이 점은 통사류의 사료가 확보되지 않은 상태에서 단편적인 사료만 확보하여 편찬에 임하였을때 가능하다고 보여진다.

둘째, 전쟁관련 기사로서 사로국시대 소국가 정복기사, 백제 및 왜의 침입기사로 대별할 수 있다. 내용을 살펴보면 제6대 祇摩尼叱今代의 音汁只國과 押梁國을 멸하였다고 하고 있으나, 新羅本紀에서는 제5대 파사니질금 23년의 사실로 기록하고 있다. 또한 제16대 乞解尼叱今代에 최초의 백제병來侵記事가 보인다. 그러나 新羅本紀에서는 이전인 탈해니사금 8년에 백제가 와산성 및 구양성을 공격하고 있다. 마지막으로 자비마립간 22년(479)에 있었던 倭兵侵入記事는 新羅本紀에서는 전혀 보이지 않고 있다.

이들은 확인한 바와 같이 新羅本紀와는 다르며 修史의 원칙 또한 발견되

---

86 高句麗王巨連 親率兵攻百濟 百濟王慶 遣子文周求援 王出兵救之 未至百濟已陷 慶亦
　被害 (신라본기, 자비마립간 17년 추7월조)
87 김상현, 1985, 앞의 글, p.233

지 않고 있다는 점은 앞의 교빙관련 기사와 동일하다. 또한 신라본기에 보이고 있는 사로국시대의 정복과정에서 있었던 실직곡국, 골화국, 이서국 등에 관한 정복기사 및 고구려, 가야와의 전쟁관련기사 등이 보이지 않고 있다.

5) 貯水池築造

전북 김제의 碧骨堤에 대한 기록이다. 이기백이 지적하였듯이 왕력과는 전혀 무관한 예외적인 성격의 것으로[88], 기록한 의도가 밝혀지지 않은 경우이다. 이 점은 왕력편의 저술의도를 흐리게 하는 것으로도 볼 수 있다. 찬자는 보유한 자료에 의거하여 왕력을 중심으로 표기하되 관계가 없는 내용도 표기한 것으로 사료의 선별에 문제가 있음을 시사하고 있다[89].

왕력편은 碧骨堤가 己丑年인 訖解王 20년(329)에 처음으로 축조되었음을 알려주고 있다. 新羅本紀 訖解尼師今 21년조의 '始開碧骨池 岸長 一千八百步'와는 1년간의 시차와 岸長에서 약간의 차이를 보이고 있을 뿐이다. 양서가 동일한 내용을 각기 다른 전거에 의해 기록한 결과에 기인한다. 그러나 여기에서 한가지 주목해야 하는 사실은 신라본기와 왕력편이 각기 별개의 사료에 의존하여 기록하였음이 분명한데도 불구하고 신라의 기사로 인정하고 있다는 점일 것이다. 현재 백제의 사실로 모두 인정하고 있어 백제의 성격이 강한 것으로 보이지만 충분한 검토가 요망된다 하겠다.

---

88 이기백, 1985, 앞의 글, 역사학회 : 물론 당시의 저수지 축조가 통치권자에게 있어 정치적으로 매우 중요한 치적일 수가 있어 찬자가 의도적으로 기록하였을 가능성은 배제하기 힘들다. 그러나 이 역시 정치적 성격의 중요성보다는 앞서 논의한 바와 같이 동일한 성격일 것이다.

89 제8대 아달라니질금의 기사 가운데 '○○又與倭國相○○○○嶺立峴今彌勒大院 東嶺 是也'의 결자부분이 확인이 되어야만 기사의 성격이 명확하게 밝혀지겠지만, 현재의 내용으로 판단하건데 특정한 지명과 관련된 내용이지 왕력과는 무관한 것으로 보여진다.

사진 3 김제 벽골제

3. 女王 · 王妃관련 기사

1) 王妃出家

四國에서 왕비의 출가는 신라의 중고기에 3명의 왕비에 의해서 그 존재를 확인할 수 있다. 法興王妃, 眞興王의 母, 眞興王妃의 出家는 王曆篇, 『三國遺事』의 興法篇 및 新羅本紀에서도 확인되고 있는데 다소의 차이를 보이고 있다.

  A. 法興王妃

    ① 妃巴刀夫人 出家名法流 住永興寺(「王曆篇」第二十三法興王條)

② 册府元龜云「姓募名泰 初興役之乙卯歲 王妃亦創永興寺 慕史氏之遺風 同 王落彩爲尼名妙法 亦住永興寺 有年而終」(興法篇, 原宗興法 厭髑滅身條)

B. 眞興王 母

① 母只召夫人一作息道夫人 朴氏 车梁里 英失角干之女 終時亦剃髮而逝

(王曆篇, 眞興王條)

② 第二十四眞興王 卽位時年十五歲 太后攝政 太后乃法興王之女子 立宗葛 文 王之妃 終時削髮被 法衣而逝 (紀異篇, 眞興王條)

C. 眞興王妃

① 眞興王---前王姓金氏 出家法雲 字法空(僧傳與諸說亦以王妃出家 名法雲 又眞 興王爲法雲 又以爲眞興之妃名法雲 頗多疑混)

② 國史云「建福三十一年 永興寺朔像自壞 未幾 眞興王妃比丘尼卒」

③ 按眞興乃法興之姪子 妃思刀夫人朴氏 车梁里英失角干之女 亦出家爲尼 而非永 興寺之創主也 則恐眞字當作法 謂法興之妃巴刀夫人爲尼者之卒也 乃創 寺立像 之主故也 二興捨位出家 史不書 非經世之訓也 (興法篇, 原宗興 法 厭髑滅身條)

④ 三十七年--- 秋八月--- 王幼年卽位 一心奉佛 至末年祝髮被僧衣 自號法 雲 以 終其身 王妃亦效之爲尼 住永興寺 及其薨也 國人以禮葬之

(新羅本紀, 眞興王條)

⑤ 三十六年春二月-永興寺塑佛自壞 未幾 眞興王妃比丘尼死

(新羅本記, 眞平王條)

사료A의 경우 王曆篇과 『册府元龜』는 '住永興寺'와 '王妃亦創永興寺'에서 알 수 있듯이 내용을 달리하고 있어 사료 성격상 구분이 가능하다.

사료B의 경우, ①의 '終時亦剃髮而逝'와 ②의 '終時削髮被法衣而逝'가 표기순서 및 내용면에서 보아 양자는 동일한 성격의 사료일 가능성이 높

사진 4 추정 영흥사 석물(국립경주박물관 소장)

은 것처럼 보인다. 그러나 ①은 진흥왕 母의 출신지를 모량리 英失角干의 女로, ②에는 비록 동일한 내용이 없으나 C-③에서 B-①과는 달리 진흥왕비를 英失角干의 女로 표기하고 있어 역시 성격이 다른 사료로서 구분이 가능하다. 즉 일연은 眞興王條에서는 母의 출신에 대해서 언급은 하지 않았지만 原宗興法厭髑滅身條에서는 眞興王妃의 출신에 대해서 언급을 하면서도 '英失角干之女'의 異說에 대해 分註를 가하지 않아 왕력편에서 언급하고 있는 眞興王 母의 '英失角干之女'에 대한 사료는 접하지 않은 것으로 보인다. 또한 진흥왕비가 영흥사의 創主가 아니라 법흥왕비가 창주라고 한 『册府元龜』의 견해를 따르고 있어 '住永興寺'라고 한 「왕력편」의 견해와는 상반된 입장을 견지하고 있다.

　사료C-①은 일연이 법흥왕의 法名이 法雲임을 거론하는 과정에서 법홍왕비, 진흥왕, 진흥왕비의 法名이 역시 法雲임을『僧傳』및 '諸說' 등을 들어 언급하고 있어 최소한 4종류의 사료를 이용하였음을 알 수 있다. 諸說을 인용한 書名이 무엇인지 구체적으로 확인할 길은 없지만『삼국사기』의 내용도 포함되어 있음을 C-④의 기록으로 미루어 알 수 있다. C-②와 C-⑤는 동일한 사료로서 일연이 C-⑤의 내용을 C-②의 형태로 전환한 것이다. 여기에서 주목하여야 할 것은 C-②의 일연의 표기방법이다. 그는 書名까지 밝히면서 진평왕 36년의 기사를 전재하고 있다. 그러나 '建福三十一年'이라는 표현으로 달리하면서도 年代는 정확하게 셈하고 있는 것이다. 이는 그의 저술태도에서 年代의 정확성에 대한 인식의 정도가 높음을 말해주고 있다고 볼 수 있다. 이는 왕력편의 찬자가 즉위년 간지 및 재위기간에서 보여 주던 저술태도와는 사뭇 다른 것으로 주목된다고 하겠다. 그리고 어디에도 왕력편과 관계되는 내용을 언급하지는 않아『삼국유사』와 왕력편은 다른 성격의 사료를 통해 편찬하였음을 알 수 있다.

2) 善德女王

선덕여왕은 즉위배경과 匹에 대해 관련기록이 보인다. 첫째, 즉위에 대해서는 신라본기는 國人에 의해 추대 되었다고 하고 있으나 왕력편은 '聖骨男盡 故女王立'이라 하고 있다. 즉 즉위 배경에 대해 신라본기는 정치적 요소를, 왕력편은 골품에 의한 가계를 중요시 하였다. 이는 시대구분법에서 기준으로 작용하였던 골품제도와 일맥상통하는 것으로 중요한 의미를 지니고 있다. 둘째,『三國史記』에 관련기록이 없다는 이유로 관심조차 갖지 아니한 사료중의 하나는 善德王에게 飮葛文王이라는 匹이 있었다는 기록이다[90]. 사

---

90 昌寧曺氏의 始祖인 曺繼龍이 眞平王의 女婿, 즉 善德王의 匹이 되었다는 기록이 世寶

료의 신빙성 문제를 떠나 양서에는 관련기록이 보이지 않는다.

3) 眞聖女王

왕력편에는 역대왕들 중 정치적 상황의 어려움으로 인하여 어린 태자에게 양위한 제51대 진성여왕의 사실에 대하여 기록을 남기고 있다. 신라본기는 진성여왕 11년에 太子 嶢에게 禪位한 것으로 되어 있다. 그러나 왕력편은 太子를 小子로, 嶢를 孝恭王으로 표기하고 있다. 이는 史實에 대한 시차를 고려하지 않은 불합리한 서술 방법으로 구성되어 있다. 이를 통해 신라본기 진성여왕 11년조의 기사가 당대 사료의 성격을 띠고, 왕력편이 史實과 일정한 시차가 인정되는 후대의 사료임을 알 수 있다. 이 부분은 대부분 왕력편의 내용이 당대의 사료적 성격이 강한 것과 상치되고 있다. 아울러 찬자의 修史에 대한 인식의 정도가 합리적이지 못하였음을 보여주는 부분이다. 왜냐하면 앞서 언급한 사료 구성상의 문제점도 있지만 다음 왕인 제52대 효공왕조의 王名에 嶢가 보이므로 小子 다음의 표기는 嶢라고 함이 분명한데도 그렇지 못하고 있다.

4) 神德王 夫人

제53대 신덕왕에 한해 夫人의 父名, 追封諡號, 祖名 및 系譜 등을 남기고 있는데 母名 앞 부분에 있어야 할 父名이 母名 뒷 부분에 위치하고 있어 常例에서 벗어나고 있다. 여기에 祖名, 義父의 存在 등을 덧붙이고 있

에 전하고 있다. 현재 경주시 안강읍 노당리에 飮葛文王墓와 그 아래에 朝鮮 英祖33년 (1757)에 건립한 墓閣인 種德齋正堂이 있다.

다. 이는 이례적인 경우이다. 물론 기왕에는 김씨의 가계에 의해 왕위가 계승되다가 이때에 와서 박씨에 의한 왕위계승이 이루어진 까닭에 왕위계승의 당위성을 입증하기 위하여 阿達羅王의 遠孫인 夫人의 家系를 적기할 필요를 느꼈을 것이다[91].

그러나 제37대 선덕왕의 경우도 정변으로 정권을 탈취하였으며 왕위계승의 가계도 무열계에서 나물계 10세손으로 바뀌는 극히 중요한 사건이었으나 선덕왕의 가계에 대한 것은 전혀 기록을 남기지 않고 있다. 그러므로 신덕왕의 경우는 다행히 왕력편의 찬자가 夫人의 家系에 대한 사료를 갖고 있었다는 점에서 채록된 것이지 왕위계승의 변동에 따른 정치적 중요성으로 말미암아 여타 왕들의 夫人에 대한 가계에 우선하여 유일하게 기록이 남은 것으로는 볼 수 없다.

4. 葬法·王陵관련 기사

1) 弑害事件

『삼국사기』및『삼국유사』의 내용을 기준으로 했을 때 신라사 상에서 왕위 계승 문제로 있었던 弑害·廢位·自盡 등은 모두 7명[92]으로 이들의

---

91 新羅本記에서는 夫人이 아닌 신덕왕을 아달라왕의 원손으로, 父名의 경우 乂兼(一作 銳謙)으로, 妃의 姓氏는 憲康大王之女인 金氏임을 의미하고 있다. 전자에 대해서는 義父, 후자에 대해서는 朴氏로 하고 있는 왕력편의 내용과 대조를 보이고 있다. 즉 신라본기와 왕력편은 다른 성격의 사료에 의거하여 편찬된 것이다.

92 1. 弑害:제18대 실성마립간, 제36대 혜공왕, 제40대 애장왕, 제44대 민애왕.
    2. 廢位:제25대 진지왕.
    3. 自盡:제43대 희강왕, 제55대 경애왕.

죽음은 중대한 정치적 사건임에는 틀림이 없다. 특히 제36대 혜공왕의 죽음은 중대와 하대를 구분하는 중요한 정치적 사건이었음은 주지의 사실이다. 그럼에도 불구하고 왕력편은 정치적으로 크게 비중이 높지 않은 제40대 애장왕의 시해사건만을 기록하고 있다. 그 원인은 마찬가지로 관련 사료의 부족이 원인이었을 것이다. 애장왕의 죽음에 대해 왕력편 및 신라본기는 다음과 같이 기록하고 있다.

A. 元和四年 己丑七月十九日 王之叔父憲德興德伊干 所害而崩

(王曆篇, 第四十哀莊王條)

B. 十年秋七月---王叔父彦昇與弟伊湌悌邕 將兵入內 作亂弑王

(新羅本紀, 哀莊王條)

C. 憲德王立---哀莊王元年爲角干 二年爲御龍省私臣 未幾爲上大等 至是卽位

(新羅本紀, 憲德王 元年條)

사료A는 중국 唐의 年號인 元和(806~820)와 干支·月·日 등과 왕의 숙부인 憲德·興德伊干 등이 왕을 시해했다는 내용을 담고 있다. 신라본기의 사료인 B와 C에서도 확인이 되듯이 사건 당시의 전말을 상세하게 기록하고 있어 동시대의 사료임을 직감케 하고 있다. 그러나 사료 A의 경우는 대체적인 윤곽으로 미루어 신라본기의 저본사료가 기록된 시점보다는 좀 늦은 시기일 것으로 짐작된다. 그것은 作亂의 주체를 언급함에 신라본기처럼 彦昇[헌덕] 및 悌邕[흥덕]으로 하지 않고 諡號인 憲德·興德이 사용된 것으로 보아 흥덕왕 薨年인 835년 이후이며 하한선은 '崩'字의 용례로 보아 대체로 신라가 고려에 納土하기 이전까지로 생각된다[93]. 이

---

93 崩의 용례는 『삼국사기』에서는 일례도 보이지 않고 있다. 모두 薨으로 표기하고 있다.

는 사료 C에서도 확인 되듯이 憲德의 경우 興德伊干처럼 官位인 上大等
이 기록되지 않아 시기적으로 시해당시의 상세한 사건전말을 기록한 자
료는 아니라는 점에서도 방증되고 있다.

2) 崩年日時

이에 대해서는 4명의 왕에 대해 사망 月·日 또는 干支를 기록하고 있
다. 제44대 민애왕은 재위기간 대신 干支·月·日을 기록한 것이며 제45
대 신무왕의 경우는 재위기간 대신에 月·日을, 제51대 진성여왕은 崩月
을, 제56대 경순왕은 干支를 기록하고 있다. 특히 진성여왕과 경순왕은
재위기간을 기록으로 남겼음에도 불구하고 다시 기사가 등장하고 있다
는 점이 특징이다. 즉 54명의 왕들과는 다른 성격의 기록인 셈이다. 관련
내용을 검토해 보면 52명의 왕에 대해서는 기록을 하지 않은 같은 성격의
崩年日時를 기록하면서 干支·月·日 중 하나로 일치시킬 수 있음에도
불구하고 서로 다른 내용을 남겼을까 하는 의문이 남는다. 그 원인은 관
련사료의 부족으로 다른 왕들의 崩年日時에 관한 정보를 갖고 있지 못했
다고 보이기 때문이다.

한편 新羅本記에는 56명의 諸王중 薨年日時에 대해서 정확하게 기록
이 남아 있는 경우는 沾解尼師今, 慈悲麻立干, 眞智王, 善德王, 文武王,

그것은 김부식 등의 『삼국사기』 修史者들의 인식에서는 중국 천자의 죽음에만 사용되
던 字였기 때문일 것이다. 그러나 이와는 반대로 諸篇 및 왕력편에서는 대부분 崩으로
표기하였으며 薨의 경우는 극히 일부만 표기하고 있어 좋은 대조를 이루고 있다. 원인
또한 김부식등이 사료를 수집한 후 일정한 원칙에 의해 修史를 하였지만 일연과 왕력편
의 편찬자들은 채집한 사료에다 修史를 가하지 않은 상태로 작업을 하였기 때문이다.
그러므로 崩의 표기는 대체적으로 보아 통일신라 당시의 사료임을 증빙하는 하나의 근
거가 될 수 있을 가능성이 높다.

宣德王, 元聖王, 神武王, 憲安王, 眞聖王 등 모두 10명에 이른다. 王曆篇에는 閔哀王, 神武王, 眞聖王 등 3명에 한하고 있다. 그나마 月日까지 기록이 남아 있는 경우는 신무왕 1인에 한하며 신라본기는 秋7月 23日로, 왕력은 11월 23일로, 閔哀王은 新羅本記는 春閏正月로, 王曆篇은 正月로, 眞聖王은 新羅本記에서는 12월과 乙巳日이라 하여 간지가 정확하게 남아 있는 반면 王曆篇은 12월만 기록되어 있다.

3) 葬法 · 王陵關聯 記事

왕력편의 일반자료들 중에 동일한 주제로는 가장 많은 비중을 차지하고 있는 부분이 왕의 사후에 이루어진 장법과 왕릉의 위치에 관한 내용이다. 전체 54개의 개별기사중 양자의 기사가 17회나 차지하고 있는 것으로 보아 그 비중의 중요성을 짐작케 한다. 이에 대해서는 IV장에서 검토하고자 한다.

5. 기 타

1) 時代區分

제22대 지증마립간조와 제28대 진덕여왕조에 나누어 기록하고 있다. 이 내용을『삼국사기』와 비교 구분하여 표로 만들면 다음과 같다[94].

---

94 김철준 및 이기백은 표의 典據부분에서『三國史記』와 대비되는 것으로『三國遺事』를 적기하고 있다(김철준, 1975,「신라 고대국가의 발달과 그 지배체제」,『한국고대국가발

「表5」新羅의 時代區分 對照表

王代	赫居世王~智證王	法興王~眞德王	武烈王~惠恭王	宣德王~敬順王
「王曆篇」	上古	中古	下古	
		聖骨王	眞骨王	
『三國史記』	上代		中代	下代
	聖骨王		眞骨王	

「表5」에서 중요한 것은 『三國史記』의 김부식과 왕력편의 찬자가 구분한 시대 구분법 중 어느 것이 더 역사해석에 합리적인 것인가를 살피는 것이 아니라, 무엇으로 시대 구분의 잣대로 사용하였는가를 통해 그 성격을 규명하는 작업일 것이다. 왕력편은 골품제를 시대구분법에 적용하여 中古期와 下古期에 대해서는 聖骨과 眞骨로서 명확한 성격규정을 하고 있으나 上古期와 中古期의 구분에 대해서는 성격규명을 하고 있지 않다. 『三國史記』에서는 上代를 聖骨王으로 中代와 下代를 眞骨王으로 규정은 하고 있으나 진골왕시대를 중대와 하대로 다시 세분화함으로써 시대구분이 골품에 의해 나누어진 것이 아니라 武烈系에서 奈勿系로 왕위계승이 바뀌는 것을 기준으로 하고 있음을 알 수 있다. 즉 정치적 상황에 기

달사」(춘추문고1), 한국일보사 : 1990, 『한국고대사연구』, 서울대재수록, pp.50~53 ; 이기백·이기동공저, 1982, 『한국사강좌』 I (고대편), 일조각, p.306의 「表 5-1」). 그러나 왕력편의 찬자가 일연이 아니며 왕력편의 편찬이 『삼국사기』와 『삼국유사』보다 앞설 가능성과 시기구분의 기준과 사료의 내용으로 보아 1차 사료적인 성격이 짙다고 생각하는 필자로서는 김철준·이기백의 표기에 쉽게 동의할 수 없다. 그것은 기왕에 제시된 도표에 적기된 『삼국유사』라는 것은 왕력편이 일연에 의한 저술이며 시대구분조차 일연의 역사인식임을 강조하고 있다고 보여지기 때문이다. 김철준·이기백은 『삼국사기』와 『삼국유사』의 편찬년대에 의거하여 『삼국사기』, 『삼국유사』의 순으로 하였으나, 당대의 시기구분으로 보아 어느 것이 우선하느냐에 따라 결정하여야 한다고 생각한다. 表의 전거 순서 역시 왕력편과 『삼국유사』가 별개의 사서임이 밝혀질 경우 왕력편으로 대신하여야 하며 순서 또한 우선하여야 한다고 생각한다.

준을 두고 구분을 시도한 것이다. 그러므로 兩書를 통해서 볼 때 왕력편은 골품제도로서[95], 『삼국사기』는 상대와 중대의 구분은 골품제도, 중대와 하대의 구분은 政治的 盛衰 또는 왕위계승의 家系를 중요시한 구분법임을 알 수 있다. 이로 미루어 볼때 골품제도로써 시기를 中古와 下古로 구분한 왕력편의 경우가 『三國史記』보다는 앞선 것이며 신라인의 시대에 대한 인식이 반영되어 있음을 짐작할 수 있다. 또한 시대구분으로 사용한 용어에서도 '古'가 '代'보다는 앞선 개념일 것이다.

2) 鵄述嶺說話

제18대 실성마립간을 '鵄述之父'라고 설명한 것으로, 왕력편이 갖고 있는 사료의 성격을 엿볼 수 있는 좋은 자료이다. 紀異篇 奈勿王金堤上條에서는 鵄述說話가 전개된 시간적 배경을 訥祇王代로 하고 있으며, 金堤上夫人을 鵄述神母라고 기록하고 있어 샤건의 원인 제공자인 實聖麻立干과 鵄述之父는 사실과는 무관한 별개의 성격임을 알 수 있다. 그러면 왜 김제상사건과 시간적으로 전혀 관계없는 인물인 실성마립간을 김제상의 夫人과 三娘子와 관련이 있는 鵄述嶺說話와 관련을 짓고 있느냐 하는 점이 문제이다. 이는 찬자가 잘못 기록된 사료를 저본으로 하였을 가능성과 저본이 없었을 경우, 찬자가 취한 口傳 등의 전하는 바 내용이 잘못되었을 경우이다. 즉 왕력편의 사료는 개별기사를 중심으로 충분한 검토가 이루어져야함을 시사하고 있다.

---

95 이 점은 왕력편 第二十七善德女王條에 보이는 '聖骨男盡故女王立'의 표현에서 확인되듯이 中古期의 정치적 성격은 골품제도에 의해 결정되고 있음을 알 수 있다.

사진 5 치술령

3) 新羅의 納土 · 治世期間

이에는 별다른 특기사항이 발견되지 않고 있다. 다만 앞의 재위기간을 언급할 때 이미 지적하였듯이 재위기간의 합한 년수와 이에서 기록하고 있는 992년이라는 수치상의 문제가 일치하지 않고 있다는 점만 강조하고자 한다. 그러므로 이의 992년이라는 신라의 존속기간은 史實에 대한 찬자의 일반적인 개념에 불과한 것이지 왕력편의 修史 및 편찬과정에서 얻어진 합리적 結論은 아니라는 점이다.

지금까지 살펴본 바와 같이 기타자료부분에서 확인되는 문제점들은 대부분 관련사실에 대한 사료의 부족을 원인으로 생각할 수 있으며 이러한 사료의 부족은 왕력편이『三國史』나『三國史記』등의 사서를 접하지 못한 것을 의미한다고 볼 수 있다. 이는 사료의 빈곤속에서 소수의 관련 자료만을 가지고 왕력편을 저술했음을 시사하고 있다.

Ⅳ. 葬法 및 王陵 관련기사 검토

1. 記事分析

三國의 葬法 및 왕릉에 관한 기사는 현재 新羅本紀 및 王曆篇, 諸篇에 각각 성격을 달리하면서 남아 있다. 가야의 경우는『三國遺事』紀異篇 駕洛國記條에 수로왕과 허황후에 대해서만 기록이 남아 있다. 고구려의 경우는『三國史記』高句麗本紀에는 다수의 관련사료를 갖고 있으나 왕력편에는 존재하지 않는다는 사실을 확인할 수 있다. 또한 왕력편은 신라만이 장지기록과 왕릉의 위치를 알려주는 기사를 갖고 있다는 점이 특징이다.

신라의 경우『삼국사기』新羅本紀에 보이는 장지관련 기사의 내용 중 일부분은 이미 史實과는 달리 변형된 내용으로 남아 있음을 느낄 수 있어 사료비판이 요구된다. 그러나『삼국유사』紀異篇은 부분적으로 신라 당대의 관련 사료 및 일연이 직접 답사한 왕릉에 대해서만 기록을 한 결과 특정한 왕릉에 대해서는 고려때의 傳하는 바를 연구하는데 중요한 역할을 하고 있다. 이에 반해 왕력편은 兩書보다 신라 당대의 史實을 원형 그대로 보여주고 있으며 일부는『삼국사기』新羅本紀 및『삼국유사』諸篇과는 달리 기록되어 있다. 그러므로 왕릉연구에서 출발은 王曆篇의 사료에 대한 비판의 토대를 마련한 다음에야 비로소 가능하리라 생각된다.

　王曆篇은 葬法의 종류 및 장소 그리고 왕릉의 위치에 대해 17명의 왕에 대한 기록을 남기고 있다. 이를 다시 세분화하면 장법 및 장소에 대해서는 7명, 왕릉의 위치에 대해서는 10명의 왕들에 대해 언급하고 있다. 장법에 관한 기록들은 新羅本紀 및 諸篇보다 선행하는 사료로서의 성격이 짙으며, 왕릉의 위치를 명시한 사료들은 2차적인 성격이 강하다. 이를 시기적으로 구분하면 다음과 같다.

「表6」王曆篇의 新羅 王陵關聯 記事

區分			葬法의 種類 및 場所	王陵의 位置
時期	代	王名		
上古期	4	脫解尼叱今	王崩水葬於末召疏井丘中塑骨 安東岳今東岳大王	
	17	奈勿麻立干		陵在占星臺西南
中古期	23	法興王		陵在哀公寺北
	25	眞智王		墓在哀公寺北
中 代	30	文武王		陵在感恩寺東海中
	32	孝昭王		陵在望德寺東
	33	聖德王		陵在東村南一云楊長谷
	34	孝成王	法流寺火葬散骨東海	
	35	景德王	初葬頃只寺西岑鍊石爲陵後移葬楊長谷中	

	38	元聖王		陵在鵠寺今崇福寺有崔致遠所○碑
	41	憲德王		陵在泉林村北
	42	興德王		陵在安康北比火壤
下 代	51	眞聖王	火葬散骨于车梁西岳一作未黃山	
	52	孝恭王	火葬師子寺北骨藏于仇知堤東山脇	
	53	神德王	火葬藏骨于箴峴南	
	54	景明王	火葬皇福寺散骨于省等仍山西	
	56	敬順王		陵○○○東向洞

「表6」을 통해 알 수 있듯이 新羅本紀에서는 확인할 수 없었던 水葬, 塑像, 初葬, 移葬, 散骨, 藏骨 등 여러 종류의 葬法에 대해 기록을 남기고 있어 신라 왕실의 死後世界에 대한 인식을 엿볼 수 있다.

王曆篇의 왕릉관련 기사부분의 특징은 제23대, 제30대, 제32대, 제34대 등 4명의 왕을 제외하고는 새롭게 등장하거나 아니면 신라본기와는 다르게 기록되어 있다는 점이다. 특히 신라하대의 諸王에 대해 신라본기가 모두 왕릉을 조영한 것으로 기록한데 반해 왕력편은 제51대, 제52대, 제54대에 이르는 3명의 왕은 화장을 한후 산골한 것으로, 제53대 신덕왕은 화장 후 藏骨한 것으로 하고 있어 왕릉의 존재 또한 의심하게 한다[96]. 兩書 중 어느 쪽의 사료를 더 신뢰할 것인가 하는 문제는 개별사료와 현지에 남아 있는 왕릉에 대한 연구가 충분히 진전된 후에 상호 보완 속에

---

96 강인구는 왕력의 편찬자가 일연이 아닐 가능성이 있지만 그 역시 佛僧임은 분명하다하여 기왕에 제시된 4명의 왕에 대해 葬法과 葬地, 왕릉의 위치 등에 대한 차이를 金富軾과 佛僧의 사생관 및 역사관에 기인한 것으로 보고자 하였다 (강인구, 1987, 「신라왕릉의 재검토(3)」, 『삼국유사의 종합적 검토』, 한국정신문화원, pp. 400~402). 그는 저본으로한 전거 역시 달랐을 가능성을 추정하면서도 찬자의 修史態度가 더 중요한 것으로 보았다. 기사의 신빙성에 대해서는 왕력편이 사실에 가깝다고 하였다. 그러나 왕력편의 찬자를 佛僧으로 추정할만한 정확한 근거는 없다고 생각된다.

서 만이 가능할 것이다.

또한 17명의 왕에 대한 기록을 남기고 있는 점으로 보아 왕력편의 찬자는 왕의 장법과 왕릉의 위치에 대해 상당한 관심을 가졌던 것이 틀림없다고 하겠다. 그러나 그는 역대왕들에 대한 종합적인 사료를 갖고 있지 못했던 관계로 하여 각 시대별로 정치적 비중 또는 왕위계승 면에서 중요성, 왕릉봉분의 호석 및 능전의 석물배치로 인한 陵域의 화려함과는 전혀 관계 없는 불규칙적인 기록을 남기고 있는 것이다.

한편, 新羅本紀에서 上古期의 경우 의도적으로 3성의 시조릉에 대해 기록하고 있는 것[97]과는 대조적으로 三姓始祖에 대해서 왕력편은 탈해니질금의 기록만을 남기고 있고 아울러 신라본기에 없는 제17대 나물마립간의 왕릉위치 관련 기사가 보이고 있다. 신라본기는 중고기인 제23대 법흥왕 이후부터는 반란 등의 정치적 사건에 연루된 5명의 왕을 제외하고는 34명의 왕에 대해 기록이 누락되는 일이 거의 없으나 왕력편은 15명에 한하여 부정기적으로 관련기사가 등장하고 있다. 즉 왕력편의 찬자는 『삼국사기』 내용을 전혀 참조하지 않았으며 장법이나 왕릉의 위치 또한 다른 성격의 자료에 의해 편찬하였음을 알 수 있다. 『三國遺事』紀異篇에 남아 있는 왕릉 관련기사를 확인하면 다음과 같다.

史料 A.--各葬五體爲五陵亦名蛇陵曇巖寺北陵是也 (신라시조혁거세왕조)

　　 B.-①--葬䟽川丘中--碎爲塑像安闕內--神又報云我骨置於東岳故令安之

　　　　②一云-日我是脫解也拔我骨於䖟川丘塑像安於土含山王從其言--卽東

　　　　岳神也云 (탈해왕조)

---

97 이근직, 1986, 「신라 왕릉관계 기사의 검토」(삼국사기 초기기록을 중심으로), 『경주사학』5집, 동국대 국사학회

C. 在位二十三年而崩陵在興輪寺東---因號竹現陵 (미추왕죽엽군조)

D. --葬我於忉利天中--狼山南也--群臣葬於狼山之陽-- (선덕왕지기삼사조)

E. --葬於哀公寺東 有碑 (태종춘추공조)

F. 大王御國二十一年--遺詔葬於東海中大巖上 (문호왕법민조)

G. 王之陵在吐含岳西洞鵠寺(今崇福寺)有崔致遠撰碑 (원성대왕조)

위의 사료 중 A, C, G 등은 일연이 직접 현장을 답사한 후 기록을 남긴 것으로 보여지며 나머지 B, D, F 등은 일연이 저본으로 한 사료에 있던 것을 그대로 채록한데 지나지 않는다. 사료 E의 경우 분명한 판단을 내리기는 어렵지만 기록상 葬, 寺名, 方向의 방법을 취하고 있어 당대 사료의 성격이 강하다고 보여지나 有碑라는 표현으로 미루어 후대의 기록임을 알 수 있다. 만일 당대의 기록이라면 '立碑' 또는 '樹碑'라는 표현을 사용하였을 것이다.

사진 6 무열왕릉 귀부

사진 7 원성왕릉

위의 7명의 왕 중[98] 王曆篇의 기록과 중복되는 왕은 탈해니질금, 문무왕, 원성왕 등 3명에 불과하며 그나마 사료의 기록을 대비하여 보면 비록 동일한 내용을 뜻하고는 있지만 각기 다른 사료임을 알 수 있다. 『三國遺事』紀異篇에 보이는 미추니질금, 태종무열왕 등 2명은 신라사에서 매우 중요한 위치를 점하고 있으면서도 상대적으로 중요하지 않은 왕들에 대해 장지 기록이 남아 있는 반면 이들의 기록은 누락되어 주목된다. 또한 紀異篇에 나오는 왕릉관련 기록을 다 포함하지 않은 점으로 미루어 상호 유기적인 체계내에서 작업이 되지 않았음을 증명하고 있다. 결과적으로 왕력편의 찬자가 이용할 수 있는 사료군은 매우 다양하였으나 누락된 부

---

98 강인구, 1987, 앞의 글, p.393에서 춘추공조에 보이는 태종무열왕의 릉에 대한 위치를 확인하지 못하여 『삼국유사』에서 확인이 가능한 왕은 6명이라고 하였으며, 김유신조에 보이는 묘의 위치에 기사를 왕력편의 기사로 편입시켜 놓았다.

분이 많았음을 보여 주고 있다.

2. 記事의 성격

장법 및 왕릉사료에서 중요한 것은 이들 사료의 성격을 분명히 함으로써 각 왕릉의 '存在有無'에 관한 성격을 분명히 하는 것이다. 왕력편이 김부식 및 일연의 인식과는 전혀 다른 내용임은 앞서 이야기한 바와 같다. 그러면 과연 新羅本紀, 王曆篇, 諸篇 중에 어느 사료가 가장 이른 시기의 것으로 당대의 사실을 정확하게 전해 주고 있는지를 구분하는 것은 중요한 문제이다. 그러나 여기에서 사료의 진실성 여부를 기왕의 경주 현지에 남아 있는 왕릉들과 비교·검토하여 가리고자 하는 것은 아니다. 다만 각각의 사료가 갖고 있는 표기방법과 내용 등을 통해 기록된 시기에 대한 구분을 시도함으로써 객관적인 신빙성을 확보하고자 할 따름이다. 이러한 연구과정은 왕릉연구의 출발점인 피장자 진위문제를 규명하는데 도움이 될 것으로 기대된다.

첫째, 葬法 및 場所에 관해서는 모두 7명의 왕에 대해 기록을 남기고 있는 바 新羅本紀 및 諸篇의 기록과 내용상 일치하는 왕은 제4대 탈해니질금과 제34대 효성왕 등 2명에 불과하다. 나머지 5명의 왕 중 제35대 경덕왕에 대해 왕력편은 初葬 및 楊長谷에의 移葬한 것으로 하고 있으나 新羅本紀는 毛祇寺西岑에 왕릉을 조영한 것으로 하고 있어 주목되며, 下代의 4명의 왕은 신라본기가 화장 및 산골이 아닌 왕릉을 조영한 것으로 기록하고 있는 것과는 상치되게 기록을 남기고 있다. 4명의 경우 내용의 상이함으로 인해 양자가 병립할 수 없을 것으로 여겨지기까지 한다. 그러나 여기에서 흥미를 가지게 하는 것이 한가지 있다. 그것은 김부식이『삼국

사진 8 전탈해왕릉

사기』편찬시에 가졌던 修史態度가 양자의 비교를 통해 확인할 수 있다는
것이다. 또한 이를 통해 어느 사료가 더 객관적으로 신뢰할 수 있는 것인
지 판단이 가능하다고 생각된다.

「表7」王曆篇과 新羅本記 葬法關聯 記事 比較

區 分			王 曆	新 羅 本 紀
時代	代	王號·位號		
中代	35	景 德 王	初葬頃只寺西岑 鍊石爲陵 後移葬楊長谷中	葬毛祇寺西岑
下代	51	眞聖女王	火葬 散骨于车梁西岳 一作未黃山	葬于黃山
	52	孝 恭 王	火葬師子寺北 骨藏于仇知堤東山脇	葬于師子寺北
	53	神 德 王	火葬 藏骨于箴峴南	葬于竹城
	54	景 明 王	火葬皇福寺 散骨于省等仍山西	葬于皇福寺北

「表7」에서 상이한 부분은 왕력편에서 火葬 또는 散骨이 이루어진 場所
가 新羅本紀에서는 왕릉이 조영되어 있는 것처럼 기록되어 있다는 점이
다. 이는 葬法면에서 차이를 보이는 것으로써 왕릉의 존재유무와 관련하

사진 9 경덕왕릉

여 중요한 것으로 많은 의미를 시사하고 있다.

첫째, 경덕왕은 頃과 毛, 只와 祇의 차이만 없으면 표기방법과 내용이 동일함을 직시할 수가 있다. 初葬과 鍊石爲陵後 移葬한 것만 다를 뿐 왕력편의 내용을 略記한 것처럼 보인다. 또한 頃只寺와 毛只寺에 대해서는 일연이 직접 경주를 답사한 후에 남긴 기록으로 추정되는 것에 毛只寺의 존재가 보인다[99]. 그러므로 毛只寺가 맞으며 頃只寺의 頃은 권상로의 지

---

99 至五十四景明王追封公爲興虎大王 陵在西山毛只寺之北東向走峰(紀異篇, 金庾信條)
　위의 기록은 비록 제42대 興德王時에 興武大王으로 追封된 史實을 제54대 景明王으로 誤認하고는 있지만 陵의 존재에 대한 위치기록은 현장에 대한 이해없이는 남길 수 없는 사실적인 기록임이 분명하다. 그러므로 毛只寺의 존재는 고려시대 당시까지 분명히 존재하였으며 그 史實이 일연에 의해 기록되어진 것이다. 필자는 傳金庾信墓에 대해서는 다른 원고를 준비하고 있지만 결과적으로는 毛只寺의 존재로 인해 제35대 景德王陵일 가능성이 높다고 본다. 다만 문제시 되는 것은 毛只寺로부터 陵이 존재하는 방향일 것이다. 西峈과 北의 차이를 어떻게 설명하느냐 하는 문제일 것이다. 또한 현재 경주지역에서 확인 가능한 왕릉중 '東向走峰'에 필적할만한 왕릉이 없음은 물론이요, 일연 자신이 정확하게 '西山'이라고 표기하였음은 전김유신묘의 위치가 분명하

적과 같은 변화 양상을 거쳤거나[100] 왕력편 편찬시 이미 저본으로 한 사료의 難識으로 인하여 誤認했을 가능성과 후대에 중간되는 과정에서 誤刻의 여지가 있는 것으로 판단된다.

둘째, 新羅本紀에는 下代 4명의 왕릉에 대해서는 景德王의 경우와 마찬가지로 왕력편과 다르게 남아 있다. 즉 진성여왕은 散骨의 장소인 黃山에, 효공왕은 火葬한 장소인 師子寺에, 신덕왕은 장골한 箴峴과 동일한 지명으로 추정되는 竹城에, 경명왕은 화장한 장소인 皇福寺에 각각 왕릉이 위치하는 것처럼 略記하고 있다. 화장을 모두 왕릉조영으로 처리한 것이다. 신라본기의 편찬자들이 왕력편을 참조하지 않았음은 이미 살펴본 바와 같다. 그러므로 이를 저본으로 한 것이 아니라 서로가 저본이 다르더라도 비슷한 내용을 가지고 있었음이 분명하다. 이로 미루어 신라본기의 저본은 이미 상당 부분 역사적 사실이 와전되어 있었거나 사료의 원형을 이미 잃어버렸을 가능성마저도 배제하기 힘들다. 新羅本紀에서 제왕릉에 대한 관련기사를 미루어 짐작하건대 가능성은 충분하다고 생각된다.

결과적으로 보아 장법 및 위치관련 기사부분은 제 I 장의 왕력부분과

며, 西山은 당시의 山名이 부정확함에 원인이 있는 것으로 오늘날과 같이 松花山이 아니었음을 말해주고 있다고 보여진다.

강인구는 경덕왕의 경우 왕력의 '後移葬楊長谷中'에 근거하여 양장곡을 현재의 남산동으로 비정하여 전헌강왕릉을 경덕왕릉으로 보고 있다(강인구, 1987, 앞의 글, p.380). 그러나 양장곡이 성덕왕과 경덕왕조에 같이 보이고 있는 점과 현지의 여건을 고려한 결과 경덕왕조에 보이는 관련기사는 부왕인 성덕왕릉에 대한 경덕왕의 생전에 행한 일련의 행위로 해석하고자 한다. 이 문제는 간단치 않으므로 후일를 기약하고자 한다.

100 權相老, 1994, 「頂只寺」 「毛只寺」, 『韓國寺刹全書』(上), 退耕堂權相老博士全書刊行委員會, p.101, p.551에서 '頂字似是項字之誤 項字之訓爲 「목」 則與毛字之音相 近 以是致誤也'라 하여 '頂'이 '項'의 誤字임과 '項'과 '毛'가 동일한 의미라고 해석하였다. '只'와 '祗' 역시 訓과 音에서 동일한 의미를 갖고 있다. 즉 "원래는 項只寺였던 것이 후대에 音借로 하여 毛只寺로 개칭하였을 것이다." 라고 하였다.

같이 양서가 대부분 동일한 내용을 전하고 있다. 즉 저본으로한 사료군이 각기 달랐음에도 불구하고 부분적으로 내용이 동일하다는 것은 사료의 객관적 신뢰를 높이는 결과를 갖는다. 다만 지금처럼 성격이 양분될 경우 신중한 사료비판을 거친 후에 입장을 정리할 필요가 있는 것이다.

둘째, 王陵位置에 관해 모두 10명의 왕에 대한 기록이 남아 있는데 제17대 나물마립간, 제25대 진지왕, 제33대 성덕왕, 제38대 원성왕, 제42대 흥덕왕 등 5명의 기록이 新羅本紀와 차이를 보이고 있다.

「表8」王曆篇과 新羅本紀의 王陵位置 關聯記事 比較

區分			王曆篇	新羅本紀
時期	代	王號 · 位號		
上古期	17	奈勿麻立干	陵在占星臺西南	
中古期	25	眞智王	墓在哀公寺北	葬於永敬寺北
中代	33	聖德王	陵在東村南一云楊長谷	葬移車寺南
	38	元聖王	陵在鵠寺今崇福寺有也崔致遠所立碑	以遺命擧柩燒於奉德寺南
	42	興德王	陵在安康北比火壤	朝廷以遺言合葬章和王妃之陵

① 나물마립간의 '占星臺西南'은[101] 기록의 성격으로 보아 경주지역을 직접 답사한 자에 의해 기록된 사료를 왕력편의 찬자가 참조하였던 것으로 보인다. 그리고 진지왕의 陵을 墓라고 표기한 점은 두가지 경우를 생각해 볼 수 있다[102]. 나물마립간과 진지왕의 경우 어떤 연유와 기록을 근거로 관련

---

101 諸篇에는 瞻星臺라고 표기하고 있어 '占'과 '瞻'의 차이를 보이고 있다(김상현, 1985, 앞의 글).
102 '墓'라는 표현에는 두가지 의미가 공존한다. 첫째, 왕릉의 규모면에서 다른 왕릉과의 차이남에 기인한 표기일 수가 있다. 둘째, 『삼국유사』기이편 도화녀·비형랑조의 기록으로 미루어 폐위된 사실과 관련하여 기록 당시에는 진지왕의 존재가 왕이 아니었다

사진 10 나물왕릉

기록이 전해졌는지는 알 길이 없다. 다만 新羅本紀와 諸篇에서는 보이지 않고 있으므로 兩書가 참조하지 못한 사료를 갖고 있었던 점으로 생각된다.

② 성덕왕은 왕력편이 마을과 계곡, 新羅本紀가 사찰을 기준으로 왕릉의 위치에 대한 기록을 남기고 있어 사료의 구분이 가능하다.

③ 新羅本紀에서는 왕릉의 존재는 물론이고 화장후 산골과 장골마저도 구분하기 힘든 원성왕과 왕릉의 존재는 확인이 되지만 위치에 대해서는 전혀 알 길이 없는 홍덕왕의 陵에 대해 왕력편은 보다 정확한 기록을 남

는 인식이 내재되어 있었을 경우를 생각할 수 있다. 그러나 왕력편에서 廢位·弑害·自盡한 왕들에 대한 陵관계 기사가 진지왕의 경우가 유일하여 비교 검토가 불가하다. 전자일 경우, 비록 시기는 알 수 없으나 기록 당시에 경주지역의 왕릉을 답사한 연후에 남긴 기록이므로 진지왕릉에 대한 위치 및 규모에 대한 인식의 일면을 엿 볼 수 있는 자료가 된다. 후자일 경우 『삼국유사』 기이편과 왕력편의 기록이 내용면에서 동일한 성격을 갖고 있음을 알 수 있다.

사진 11 홍덕왕릉

기고 있다. 특히 원성왕의 경우는 『三國遺事』紀異篇의 元聖大王條의 기
사와 동일한 저본으로 판단된다. 물론 이 사료의 최초 기록자는 숭복사를
방문한 후에 이 기록을 남겼을 것이다.

④ 敬順王은 신라가 高麗에 納土된 후에 조영된 왕릉이며 新羅本紀에
보이지 않고 있어 양서의 비교는 의미가 없다.

결과적으로 왕릉관련 기사의 경우 신라본기에 비해 왕력편의 사료적 가
치가 높은 것으로 판단된다. 특히 좀 더 검토가 요망되는 부분이기는 하나
차이를 보이고 있는 왕 중 제35대, 제51대, 제52대, 제53대, 제54대 등 5명
에 관한 王曆篇은 당대 사료의 성격이 짙은데 비해 新羅本紀는 이미 사료의
원형을 잃어버린 2차 사료를 저본으로한 3차 사료로서 사실을 訛傳하고 있
다고 보여진다. 아울러 제38대, 제42대의 경우도 新羅本紀의 편찬자들이 미
처 입수하지 못한 사료들을 王曆篇의 찬자는 참고한 것으로 확인이 된다.

V. 王曆篇의 편찬시기

1. 避諱와 引用書名으로 본 상한시기

고려시대 사서의 제판본에는 高麗歷代王의 避諱缺畫과 避諱代字가 나타나고 있어 편찬시기를 확인할 수 있는 기준을 제공하기도 한다. 諱 또는 廟諱를 피하는 避諱의 예는 통일신라부터 부분적으로 왕실내부 職官의 名稱에 적용된 경우[103]와 金石文에서 확인[104]이 되고 있다. 그러나 제도적인 장치가 마련되고 광범위하게 국가적인 차원에서 적용된 것은 고

---

103 ① 司正府--孝成王元年 爲犯大王諱 凡丞皆稱佐 景德王改爲評事 後復稱佐---
　　(『삼국 사기』 권제38 잡지 제7 직관 상)
　② 左理方府 眞德王五年置 孝昭王元年 避大王諱 改爲議方府
　　(『삼국사기』 권제38 잡지 제7 직관 상)
104 雙谿寺 眞鑑禪師碑銘에는 廟諱를 피하는 例가 확인된다(金知見, 1994, 「眞鑑碑의 避諱例」, 『四山碑銘 集註를 위한 研究』(研究論叢94-7), 韓國精神文化研 究院, pp.31~32)

려때로 추정되고 있다[105]. 避諱缺劃은 王의 이름 字가 문장에 나타나는 경우 한 劃을 缺하여 徹避하는 것을 말하는데, 고려시대는 建(太祖諱), 武(惠宗諱), 賦(惠宗諱 兼避字), 堯(定宗諱), 嶢·燒(定宗諱 兼避字), 照(光宗諱), 治(成宗諱), 欽(德宗諱), 運(宣宗諱), 貞(忠惠王諱 兼避字) 등의 諸字가 마지막 한 劃이 闕筆되고 있다[106]. 避諱代字는 王의 이름 字가 문장에 나타나는 경우 뜻이 같은 다른 字로 바꾸어 徹避한 것을 말하는 것으로, 대표적인 것이 虎(惠宗諱)와 理(成宗諱) 등이다[107]. 위의 내용을 중심으로 王曆篇에 적용된 예들을 통하여 이의 편찬시기를 가늠해보고자 한다. 마지막인 충혜왕의 諱인 貞은 모두 12회에 걸쳐 등장하고 있지만 피휘흔적이 확인되지 않고 있으며, 또한『三國遺事』의 초간연대(1310년대)보다 늦은 시기이므로 대상에서 제외한다. 최근에 정구복은 왕력편의 내용중 피휘대상자인 혜종의 휘인 武(虎로 개칭)와 성종의 휘인 治(理로 개칭)가 避諱代字하지 않고 일부분에서 집중적으로 나타나는 현상을 보이고 있음에 주목한 바 있다. 그러나 그는 이 현상이 고려시대 및 조선시대에서 왕력편의 판각문제와 깊숙히 관련되어 있음을 고려하지 않은 까닭에 차후의 과제로만 제시하고 말았다[108]. 왕력편에 보이는 피휘대자 및 피휘결획의 대상자를 정리하면 다음과 같다.

A. 建 (太祖 : AD 918~943)

ⓐ 又建武 (고구려 제27대 영류왕조 王名 異稱부분)

---

105 정구복, 1994,「고려시대 피휘법 연구」,『이기백교수정년퇴임기념한국사학논총』(상), 일조각,
106 정구복, 1994, 앞의 글, p.661
107 千惠鳳, 1981,「麗刻本 東人之文四六에 대하여」,『대동문화연구』14집, 성균관대
108 정구복, 1994, 앞의 글, p.674

ⓑ 中國 年號에서 모두 17회가 사용

B. 武 (惠宗 : AD 943~945)

　　ⓐ 第二十九代太宗武烈王 (신라 제29대 무열왕)

　　ⓑ 第三十代文武王 (신라 제30대 문무왕)

　　ⓒ 父文虎王 (신라 제31대 신문왕조 父名부분)

　　ⓓ 第四十五神虎王 (신라 제45대 신무왕)

　　ⓔ 父神虎王 (신라 제46대 문성왕조 父名부분)

　　ⓕ 神虎王之弟 (신라 제47대 헌안왕조 父名부분)

　　ⓖ 母神虎王之女 (신라 제48대 경문왕조 母名부분)

　　ⓗ 追諡成虎大王 (제53대 신덕왕조 資料B 부분)

　　ⓘ 第三代大虎神王 (고구려 제3대 대무신왕조)

　　ⓙ 大虎之子 (고구려 제4대 민중왕 父名부분)

　　ⓚ 名南虎 (고구려 제9대 고국천왕조 王名부분)

　　ⓛ 又建武 (고구려 제27대 영류왕조 異稱부분)

　　ⓜ 第二十五虎寧王 (백제 제25대 무녕왕조)

　　ⓝ 虎寧王子 (백제 제26대 성왕조 父名부분)

　　ⓞ 第三 十武王 (백제 제30대 무왕조)

　　ⓟ 或云武康 (백제 제30대 무왕조 王號 異稱부분)

　　ⓠ 武王子 (백제 제31대 의자왕 父名부분)

　　ⓡ 中國 年號 부분에서 모두 9회 사용 (武-2회)

C. 賦 (惠宗 : AD 943~945) : 없음

D. 堯 (定宗 : AD 945~949) : 없음

E. 嶢·燒 (定宗 : AD 945~949)

　　ⓐ 名嶢 (신라 제52대 효공왕조 王名부분)

F. 照 (光宗 : AD 949~975) : 없음

G. 治 (成宗 : AD981~997) : 재위기간을 의미하는 理○○年은 모두 避諱
代字한 것임

H. 欽 (德宗 : AD 1031~1034) : 없음

I. 運 (宣宗 : AD 1083~1094)

ⓐ 金運公之女 (신라 제31대 신문왕조 妃名부분)

ⓑ 名乾運 (신라 제36대 혜공왕조 王名부분)

　이상 열거한 예들을 살펴보면 A, B, E, G, I 등이 왕력편의 본문 내용 중에 避諱의 대상이 되는 부분이다. 즉, 고려시대 6명의 왕에 대해 避諱가 가능한 것이다. 나머지 4명의 왕에 대해서는 避諱對象의 字가 없는 것이다. 그러면 과연 5명의 대상이 모두 避諱를 하였는지 아니면 비록 대상 속에는 포함이 되지만 적용이 되지 않았는지를 밝히면 대체로 왕력편이 편찬된 시기에 대한 단서를 제공받을 수 있을 것으로 기대된다.

　① 태조의 경우 18회에 한하여 避諱對象 字가 보이고 있다. 그러나 A-ⓐ 및 A-ⓑ의 경우 모두 避諱對象임에도 불구하고 적용을 받지 않고 있다. 그러나 앞에서 살펴본 바와 같이 『三國史記』에서 부분적으로 적용되고 있어 조선시대 중간시에 복원되었을 가능성이 있다[109].

　② 제2대 혜종인 B의 경우 모두 26회에 걸쳐 대상 字가 발견되고 있다. 그 중 B-ⓐ, B-ⓑ, B-①, B-ⓞ, B-ⓟ, B-ⓠ, B-ⓡ(2회) 등 8회에 한하여는 적용을 받지 않고 있다. 이 적용 받지 않는 8회는 모두 앞서 언급한 바 있는 13, 19~20쪽에 속해 있는 내용들로서 고려시대에는 모두 避諱의 대상이었으나 조선시대 중간시에 복구된 字들이다.

　③ 제3대 정종은 D와 E로 구분된다. D의 경우 왕력편에는 그 대상자가

109　정구복, 1994, 앞의 글, p.671

없어 확인이 어렵지만 諸篇에서는 避諱代字가 적용되고 있다. E-ⓐ의 경우 避諱의 대상이나 적용을 받지 않고 있다. 이 부분은 재위기간 부분에 아직도 理○○年이 여전히 사용되고 있어 避諱의 대상에는 적용되는 것이 원칙이나 嶢의 경우 적용되지 않은 것이다[110].

④ 제6대 성종의 경우인 G는 王曆篇 전반에 걸쳐 모두 적용되었으나 앞서 언급한 바 있는 5쪽에 한하여 조선시대 중간시에 다시 治로 복구된 바 있다.

⑤ 제13대 선종인 I의 경우는 2회에 한하여 나타나고 있다. 역시 A, E와 마찬가지로 적용되지 않고 있다. 그러나 I-ⓑ의 경우 ⓐ와 달리 ⻍의 좌측부분과 아랫부분에서 연결되지 않고 떨어져 있음을 알 수 있다. 이는 마지막 획을 결하는 避諱缺劃이었으나 그 후에 복구되었을 가능성을 시사하고 있다[111]. 이 점은 왕력편 및 諸篇에서 '武'와 '治'의 경우는 避諱代字를 하였고 나머지는 避諱缺劃을 한 결과 조선시대 개각시 缺劃을 보완하여 확인이 어려울 수도 있다[112].

---

110 정구복, 1994, 앞의 글, pp.672~673에서 『三國遺事』紀異篇의 古朝鮮條에 定宗의 諱인 堯가 『魏書』를 인용한 본문에서는 避諱代字하였으나 一然이 分註한 곳에서는 避諱하고 있지 않음을 고려하여 "一然은 避諱의 改字法을 쓰지 않았다고 할 수 있다"고 했다. 또한 본문의 피휘대자는 일연이 저본으로 한 것에 이미 나타난 현상으로 전재한 것에 불과하다고 본 것이다. 그러나 정구복은 왕력편이 避諱代字하고 있음을 스스로 밝혔음에도 불구하고 王曆篇을 諸篇과 구분하지 않고 있다.

111 調査報告書에 따르면 麗刻本인 誠庵古書博物館所藏의 『三國史記』卷44~50의 경우 避諱缺劃은 建(9회), 武(35회), 運(15회) 등에 한해 모두 59회가 등장하고 있음을 알 수 있다. 이 가운데 運字의 경우 11회에 걸쳐 避諱缺劃이 적용되고 있어 宣宗의 諱인 運字가 피휘의 대상이 되었음을 확인할 수 있다. 또한 부분적으로는 朝鮮時代 中宗本부터 建(5회)과 武(4회)가 피휘결획의 마지막 획이 복원되기 시작하는 것이 확인되고 있다(千惠鳳·黃天午, 1981, 『三國史記調査報告書』, pp.11~32의 『三國史記』卷44~50의 文字異同對校表 參照).

112 『삼국사기』中宗壬申刊本(正德本)을 1973년 영인한 민족문화추진회본의 경우 年表

결과적으로 왕력편에서 惠宗, 成宗, 宣宗의 諱에 한해서는 避諱가 적용되었음을 확인할 수 있었다. 그러나 宣宗(1083~1094)의 경우는 『三國史記』 年表와 王曆篇의 例로 보아 避諱缺劃이어서 고려시대에는 적용이 되었으나 조선시대 중간되면서 복구되었을 가능성 또한 배제하기 어려워 피휘를 통한 상한시기 추정은 다소 유동적이라 할 수 있다. 그러나 宣宗의 諱가 피휘되었을 개연성이 높아 재위기간인 1083~1094년보다 늦은 시기 일 가능성이 높다고 보여진다.

또한 인용서중 『開皇曆』, 『南史』, 『後漢書』, 『唐書』 『册府元龜』 등이 보이고 있는데, 이 중 가장 늦은 시기의 史書인 『册府元龜』의 고려유입 및 간행시기가 문제시 되고 있다. 김상현은 『책부원구』 1000권이 마지막으로 완성된 1013년(고려 현종 4년)을 올라갈 수 없다고 지적한 바가 있다[113]. 그러나 1013년은 중국 송에서의 편찬이 완료된 시점이므로 고려에의 유입은 이보다 다소 늦은 시기일 것으로 보인다. 또한 만일 왕력편 찬자가 인용하고 있는 『開皇曆』, 『唐書』, 『南史』, 『後漢書』, 『册府元龜』 등의 國內外史書를 직접 탐독하고 관련된 내용을 인용하는 태도를 견지하였다면 이처럼 소략할 수 없을 뿐만 아니라 인용한 사료의 착오 및 내용상의

(上)중 중국 연호부분 建昭元年(A.D.36), 建安元年(A.D.196)의 建에서는 동일한 현상이 보이고 있다. 또한 年表(上)중 중국 연호부분 辛丑年(A.D.221)의 建元章武와 年表(中)의 建興元年(A.D.313)의 建에서는 마지막 획을 결하는 避諱缺劃의 잔존하고 있음으로 미루어 辶의 좌측변과 하단부분이 연결되어 있지 않음은 중간시에 있은 마지막 획의 보각 흔적이라고 판단된다. 비록 『三國遺事』에서 확인되는 字가 거의 없지만 『三國史記』의 예로 보아 運字 역시 피휘되었음을 짐작할 수 있다. 이는 高麗本 『詳校正本慈悲道場懺法』에서 建, 武, 運 등이 避諱缺劃되고 있으므로 확인이 된다.

113 김상현은 최치원의 숭복사비관계 기사를 근거로, 강인구는 경순왕릉의 기사를 근거로 하여 편찬의 상한시기는 978년을 올라갈 수 없다고 하였다(김상현, 1985, 앞의 글, p.235 ; 강인구, 1987, 앞의 글, p.404).

오류가 발생하지는 않았을 것이다[114]. 또한 여기서 한걸음 더나아가 왕력편의 찬자는 기왕에 인용되어 있는 사서들을 직접 참고하여 분주를 기재한 것이 아니라 이부분 역시 기존의 저본에 인용되어 있는 것을 비교·검토없이 전재한 것을 의미한다고 생각된다. 즉 최초의 引用書가 世傳되는 가운데『南史』와『唐書』에서 인용된 부분과 吳國과의 通聘時期 등은 와전되었으며 그 내용이 왕력편에 채록된 것으로 보여진다. 그러한 경우『冊府元龜』등에 대해서는 2차에 걸친 재인용[115]이 되므로 1013년보다는 상당기간 늦은 시기일 것으로 추정된다. 그러나 정구복은 중국에서 편찬된 시기가 1005년(고려 목종 8년)이며, 기록부재로 정확한 연대는 알 수 없으나 고려유입은 그 보다 훨씬 뒤이며, 고려사에 보이는 첫기록이 의종 5년(1151년)이므로 예종(1105~1122)·인종(1122~1146)년간으로 이해된다고 했다[116]. 중국에서의 편찬이 있은지 최소 100년, 최대 141년 뒤에 고려에 유입되었다고 보는 것이다. 이런 점에서 다음의 사료는 주목된다 하겠다.

元祐----七年遣黃宗愨來獻黃帝鍼經 請市書甚衆 禮部尙書蘇軾言 高麗入貢無
絲髮利 而有五害 今請諸書與收買金箔 皆宜勿許 詔許買金箔 然卒市冊府元龜

---

114 김상현, 1985, 앞의 글, pp233~234에서 지적한 내용외에도 新羅本紀에서는 제33대 성덕왕의 諱가 국내의 저본에서 언급하고 있는 隆基와는 달리 唐書에는 金志誠이라고 되어 있음을 분주하고 있다. 만일 왕력편의 찬자가 唐書를 탐독하였다면 원성왕의 경우에는 誤記를 하면서까지 인용하면서 성덕왕 관련 기록은 왜 누락시켰느냐 하는 점이 우선 밝혀져야 할 것이다. 또한 新羅本紀 元聖王의 기록에서는『唐書』의 인용부분이 없다.
115 法興王의 경우 新羅本記와 王曆篇 모두『冊府元龜』를 인용하여 王姓과 王名의 異稱을 기록하고 있다. 왕력편이『冊府元龜』또는 新羅本記의 참조후에 인용하였을 가능성도 있으나 앞서 살핀 바와 같이 직접 인용하였을 가능성은 없다고 보여진다.
116 鄭求福, 1993,「高麗初期의『三國史』編纂에 대한 一考」,『國史館論叢』45, 國史編 纂 委員會, p.170의 주29

以歸[117]

즉 고려의 求書에 대해서 宋側에서는 그다지 탐탁치 않게 여기어 禮部
尙書의 蘇軾같은 사람은 고려의 사신이 와서 아주 많은 책을 구하려 하므
로 이를 반대하였다고 한다. 그러나 이러한 반대에도 불구하고 宋의 哲宗
은 金箔을 사는 것을 허락하였고 또한 卒然히 『冊府元龜』를 사가지고 고
려로 돌아 갔다고 기록하고 있다. 이때가 高麗 宣宗 9년인 1092년에 해당
한다. 『冊府元龜』가 완성된 후 79년 뒤의 일이다[118]. 또한 1092년 이전인
元豊年間(1078~1085)에 宋은 契丹에 대하여는 좀처럼 割與하기를 禁忌
한 禁輪書籍을 宋이 契丹과 與國關係에 있다고 보는 高麗에 대해서는 高
麗가 요청한 書目대로 書籍을 나누어 주었다는 사실[119]은 위의 내용을 뒷
받침하고 있다.

한편 宋商人의 來航 횟수는 고려 顯宗 3년(1012)부터 忠烈王 4년
(1278)까지 약 70여회로 商人 수는 2500명을 넘고 있으며, 高麗 商人의
경우는 관련기록이 소략하여 정확한 규모를 파악하기는 어려우나 예성강
을 중심으로 활발히 진행되었다고 여겨진다[120]. 이러한 시대적 분위기를
고려할 때 朝貢貿易은 물론 民間貿易에 의해서도 高麗로 유입되었을 가

---

117 『宋史』卷487, 列傳246, 外國3, 高麗 元祐七年條(景仁文化社編, 『宋史』卷6, p.539)
118 『資治通鑑』의 경우 宋 哲宗 元祐七年(1092)에 初刻되나 국내의 史書인 고려사와 증
　　보문헌비고에는 100년 뒤인 1192년에 관련 기록이 등장하고 있다. 그러나 『三國史記』
　　에서 김부식 등이 인용하고 있는바 빠르게는 20년 늦게는 50년이내에 東傳되었다고
　　추정하고 있어 유입에 따른 시간적 차이는 書冊마다 달랐다고 보여진다(권중달, 1979,
　　「자치통감의 동전에 대하여」, 『문리대학보』38, 중앙대, pp.47~48)
119 徐炳國, 1973, 「高麗·宋·遼의 三角貿易攷」, 『白山學報』15, 백산학회, pp.88~89
120 김상기, 1959, 「해상의 활동과 문물의 교류」, 『국사상의 제문제』4집, 국사편찬위원회, ;
　　1984, 『東方史論叢』, 서울대출판부에 재수록, pp.447~451의 宋商來航表와 pp.459~
　　461

능성 또한 배제하기 어렵다. 그러나 선종(1083~1094)의 피휘문제와『宋史』의 기록 그리고 高麗內에서의 流布에 필요한 기간,『冊府元龜』가 두번에 걸쳐 재인용되었을 가능성 등을 고려해보면 상한시기는 대체로 1100년을 전후한 시기가 될 것으로 짐작된다.

2. 高麗時代 引用地名으로 본 하한시기

왕력편에서 확인 가능한 지명으로는 다음과 같다. 1. 安康((신라 경덕왕~), 2. 梁山[121](미확인), 3. 彌勒大院(고려초 추정), 4. 稷山(940~), 5, 廣州(940~), 6. 金州(971~1000 · 1012~1271 · 1308~1310), 7. 東州(919~1309) 등이다. 이 중 편찬시기 추정에 도움을 주고 있는 것은 鐵原과 金海의 옛 지명인 東州와 金州이다.

東州는 王曆篇 편찬의 하한시기를 알려 준다[122]. 아무리 늦어도 東州牧에서 충선왕 2년(1310년)에 鐵原府로 개편된 시점을 넘지 않는다는 점이다. 이는 적어도『三國遺事』의 初刊보다는 앞서 왕력편이 저술되었음을 알려 주는 것이다. 그러므로 누차 추정을 하였듯이 왕력편의 찬자와 일연

---

121 梁山이란 지명은 현 경상남도 양산군을 고려태조23년(940)시 梁州로 한 것을 조선 태
    종13년(1413~)에 양산군으로 개칭한 것이 처음이다. 押梁國을 梁山으로 하였다는 기
    록은 왕력편이외에서는 확인이 어렵다. 이는 鮮初本의 闕字가 壬申本에서도 답습된
    것인데 최남선 및 민추본은 '梁'으로, 이병도는 '慶'으로 교정했으며, 三品彰英의『三國
    遺事考證』에서는 미확인 字로 했다(柳富鉉, 1992, 앞의 글, pp.67~68). 최남선의 경
    우 판본에 충실하여 판독한 것으로 보이나 사실과 거리가 있으며, 이병도의 경우 판본
    에 충실하여 판독한 것이 아니고 史實에 근거하여 補入하고 있는 것으로 정확한 사료
    는 되지 못한다.
122 김상현, 1985, 앞의 글, p.236에서 양지명의 사용연대가 1310년 이전이므로 왕력편 저
    술의 하한년대는 이때를 넘지 않는다고 하였다.

이 동일인이 아닐 경우 상호간에 자료의 열람은 불가능하였을 것이다. 일연이 晩年에『三國遺事』를 편찬했다고 하면 거의 동시대에 작업이 이루어진 셈이다.

　　金州의 경우 고려시대에 세번에 걸쳐 김해의 옛지명으로 사용되었다[123]. 최초는 성종 14년(995)에 臨海郡에서 金州安東都護府로 개칭 되었다[124]. 두번째는 17년 뒤인 현종 3년(1012)에 금주로 개칭하고 방어사를 두

---

[123] 『삼국유사』諸篇에서의 김해의 고려시대 지명에 대한 사용예에는 2회에 걸쳐 확인이 가능하다. 첫째는 金官으로서 紀異篇 가락국기조 題下에 일연이 '文宗朝 大康年間金官知州史 文人所撰也 今略而載之'라고 略記한 것이다. 둘째는 塔像篇 三所觀音衆生寺條에서 '金州'라고 표기한 것이다. 전자는 고려 문종(1046~1083)때인 大康年間(1075~1084)에 김해의 옛 지명으로 金官이 사용되었음을 보여 주고 있다. 김해의 옛 지명으로 금관이 사용된 것은 금관가야가 멸망된 해인 法興王 19년(532)에 金官郡을 설치한 것이 최초이다. 문무왕 20년에는 금관소경으로, 경덕왕16년에는 김해소경으로 개칭된 이후에는 한번도 金官으로 再稱된 적은 없었다. 특히 문종을 전후하여서는 金州로 되어 있었으며 金官은 사용되지 않았다. 그러면 왜 이러한 기록이 등장하게 되었는가에 의문이 간다. 이는 一然이 金州知州事를 誤認하여 金官으로 하였을 가능성과 重刊하는 과정에서 가락국을 지칭하는 것으로 금주보다는 가락국과 금관가야를 동일시하는 의미에서 개각시에 史實과 관계없는 金官으로 하였을 가능성이 있다. 후자는 '又統和十三月---後十三日---我等是金州界人'이라 하여 統和十年(992)에 이미 金州라는 지명이 사용되었음을 입증하고 있다.

[124] 成宗十四年金州安東都護府(『高麗史』卷57 志 第11 地理2 金州條) 금주의 최초 사용예에 대해서는 각기 그 시기를 달리하고 있어 재고를 요한다. 박경원은 김해시 年表에서 광종22년(971)에 금주도호부로 승격되었다고 하고 있으며(박경원, 1991,「김해시」,『한국민족문화대백과사전』5, p.71, 김해시연혁표참조), 이병태는 두번째 사용시기인 현종3년(1012)에 처음으로 금주로 개칭하고 방어사를 두었다고 한다(이병태, 1986,「고려시대」,『김해지명변천사』, 김해문화원, p.24). 둘다 전거를 제시하지 않았다. 그러나 고려사지리지에 분명히 성종14년(995)에 금주라는 명칭이 보이므로 상한시기는 971년 과 995년 중의 하나일 것이다. 그러나 앞서 언급한 바와 같이 三所觀音衆生寺條에서 확인이 되듯이 統和十年(992)에 이미 금주라는 지명이 사용되고 있음을 보아전자일 가능성이 높다. 하한시기에 대해서는 고려사 지리지에는 언급하지 않았으나박경원은 목종3년(1000)에 안동대도호부로 개칭되었다고 하였다.

었다가 원종 12년(1271)에 金寧都護府로 개칭되었다[125]. 마지막은 충렬왕 34(1308)에 金州牧으로 승격된 후 3년만인 충선왕 2년(1310)에 金海府로 개칭되어[126] 금주라는 지명은 다시 사용되지 않았다. 그러면 과연 이 중 어느 시기의 金州를 왕력편 찬자는 지칭하고 있을까 하는 점이다. 『册府元龜』의 예로 보아 첫번째의 시기는 아닐듯하다. 마지막 시기는 東州의 사용시기로 보아 2년간인 1308년, 1309년에 양쪽 지명이 동시에 사용됨을 알 수 있다. 즉 2년간의 짧은 시기에 한해서 왕력편이 편찬되어야 하는 것이다. 마지막 시기일 가능성도 배제하기는 어렵지만 두번째 시기 중 『册府元龜』가 유입된 1092년에서 1271년 사이인 179년 동안의 어느 시기에 편찬되었을 개연성이 높다고 본다. 그리고 이러한 추정이 가능하다면 왕력편은 仁興社에서 1278년에 완성된 歷代年表보다 최소한 7년 또는 그보다 수십년 앞서 완성되었음을 알 수 있게 한다. 즉 채상식과 정구복의 견해처럼 歷代年表를 참조하여 일연 또는 그 문도들에 의해 왕력편을 완성된 것이 아니라 오히려 이보다 앞서며 편찬자가 전혀 다른, 또한 비록 書名을 잃어버렸지만 帝王年代曆과 같은 독립된 사서로서의 位相을 확보하는 것이다.

또한 왕력편의 내용으로 저술시기를 살펴본 바와 같이 사료의 내용면에서 편찬환경이 『三國史記』와 무관하다는 결론이 가능하다면 『三國史記』가 초간된 시기인 1149~1174년[127]보다 앞설 가능성마저 배제하기 힘든 상황이 된다. 즉 1092년부터 『三國史記』가 初刊되어 流布되는 시기

---

125 顯宗三年更今名元宗十一年以防禦使金晅平密城之亂又拒三別抄有功陞爲金寧都 護府
   (『高麗史』卷57 志第11 地理2 金州條)
126 忠烈王三十四年陞爲金州牧忠宣王二年汰諸牧復爲金海府
   (『高麗史』卷57 志第11 地理2 金州條)
127 田中俊明, 1980,「三國史記の板刻と流通」『東洋史硏究』39-1

(1149~1174년)보다 앞선 것으로 57년에서 82년의 기간중에 편찬되었을 가능성도 있다. 그러나 고려초기에 편찬된『三國史』의 존재로 보아『三國史記』보다 늦은 시기에 편찬되었을 가능성 역시 부정할 수 없다[128]. 그러므로 여기에서 제시할 수 있는 가장 안전한 하한에 대한 시기 설정은 金州의 두번째 사용시기의 끝인 1271년이 될 것이다.

결론적으로 말해 왕력편의 찬술시기는 앞서 살핀 바와 같이 상한은 1100년 전후한 시기이며 하한은 1271년이 될 것이다. 즉 최대폭은 170여년이 되는 것이다. 현재까지『삼국유사』의 저술시기는 대체로 충렬왕 10년(1285)에 조정에서 인각사를 下安의 사원으로 하여 일연을 주석시킨 해부터 입적할 때까지인 1285년부터 1289년까지로 알려져 있다[129]. 만일 일연이 왕력편을 찬술했거나, 정구복과 채상식의 견해처럼 일연의 문도들에 의해 인홍사에서 간행하였다면 김해는 당시의 지명인 金寧(1271~1308)으로 기록되어 마땅하다. 즉 왕력편은『三國遺事』가 저술된 13세기말보다 수년 또는 1세기나 앞선 시기에 저술된 것으로 생각된다.

---

128 만일 왕력편이『삼국사기』의 초간이 이루어진 다음에 이를 참고로 하여 저술된 것이라면 이처럼 내용상의 괴리가 심하지는 않았을 것이다. 강인구 역시 만일 왕력편이『삼국사기』이후에 편찬이 되었다면 이를 모방하거나 참고로 하였을 것은 자명한 일이나 관련기사가 없는 것으로 보아 왕력편의 저술이 선행한다고 하였다. 즉 저술의 下限時期를『삼국사기』가 초간된 시기인 1145년으로 보고자 했다(강인구, 1987, 앞의 글, p.404). 그러나『삼국사기』보다 앞서 편찬된『삼국사』의 편찬시기를 末松保和는 1010년 이전으로(末松保和, 1966,「舊三國史と三國史記」,『青丘史草』2, pp.1~2), 김석형은 1091년으로(김석형, 1981,「『구삼국사』와『삼국사기』」,『력사과학』4호, p.56), 정구복은 고려 광종 년간(950~975)으로(정구복, 1993, 앞의 글, p.189) 추정하고 있어『冊府元龜』가 편찬된 1013년 이전에 이미 통사류의『삼국사』가 간행되어 있었음을 확인할 수가 있다. 그러나 왕력편의 찬자는 이를 참조하지 않았음이 분명하다. 다시말해『삼국사기』를 기준으로 하한시기를 1145년 이전으로 보는 견해에는 재고의 여지가 있다고 보여진다.

129 김상현, 1987,「삼국유사의 서지학적 고찰」,『삼국유사의 종합적 검토』, 한국정신문화연구원, p.33

VI. 맺음말

왕력편은 주지하는 바와 같이 諸王의 世系와 紀年, 神話의 片鱗, 治蹟 및 歷史的 事實 등 韓國古代史의 규명에서 없어서는 안될 중요한 내용들을 간략하게 적고 있다. 왕력편의 중요성은 국내외학자들이 끊임없이 제기하여 왔음에도 불구하고 종합적이고 체계적인 연구는 없었다고 할 수 있다. 다행히 근자에 와서 왕력편의 體制, 諸篇과의 기록상에 있어서의 相異함, 王曆篇과 歷代年表 및 帝王年代曆, 일연의 서술태도와 왕력 등에 대해서는 이미 상세한 고증과 함께 성격의 일단이 밝혀진 바 있다.

그러나 본고는 선학들이 행한 외부적인 검증보다는 내부적인 문제, 즉 사료의 표기방법 및 기사의 빈도, 『三國史記』와 『三國遺事』諸篇 등과 비교·고찰함으로써 왕력편이 갖고 있는 編纂者의 敍述態度, 書紙學上의 문제, 史書로서의 특징 등을 유기적인 체계 속에서 확인하려고 노력하였다. 그 결과 대체로 다음과 같은 결론을 얻을 수 있게 되었다.

첫째, 왕력의 편찬자는 표기대상 항목들만 정해 놓고 계통이 다른 각종 사료들 중 해당 부분만을 전재한 것이다. 또한 '述而不作'의 원칙을 일관되게 고수한 나머지 동일한 내용을 기재하면서도 표기방법에서 차이를 보이는 등 다양한 형태의 사료들을 남기게 된 것이다[130]. 그 결과 왕력편에서 四國의 고유한 사료기재 방식의 일면을 엿볼 수 있게 되었으며, 전재를 원칙으로 한 까닭에 일부분을 제외한 대부분 사료들이 당대의 원형을 간직하고 있음을 알 수 있었다. 왕력에 관한 기록방법면에서는 신라는 가야와, 백제는 고구려와 비슷한 형식의 방법을 취하고 있음을 알 수 있게 되었다. 또한 즉위년 간지 및 재위기간에서 확인하였듯이 전재한 사료들에 대한 검토작업은 일체하지 않았음을 알 수 있다. 이점은 편자가 참고로 한 사료들에 대해 전혀 비판의 능력이 없었거나 비판의 준거가 될 다른 전거가 없었음을 말해준다고 볼 수 있다.

또한 『南史』, 『唐書』 등의 전거를 제시한 부분이 誤引으로 밝혀짐에 따라 이 부분의 성격에 대한 재검토가 요구되기도 하였다. 그 결과 처음 인용된 이후에 소전되는 과정에서 판각의 문제 또는 다른 이유로 해서 와전된 내용이 채록되었을 가능성이 높다고 보았다. 이는 편찬자가 내용상 상충되는 자료를 동시에 갖고 있었던 것이 아니라, 분주 역시 재인용되었음을 의미한다. 즉 當代의 地名에 대한 引用과는 달리 편찬자는 史實에 대해서는 분주작업은 하지 않는 것을 원칙으로 하였을 가능성이 높다고 보여지는 부분이다.

---

130 邊太燮, 1984, 『高麗史』의 性格, 『梨花史學研究』15, 梨花女大, p.4에서 "東洋의 傳統的인 史書編纂法은 原史料의 충실한 再現을 원칙으로 한다고 하고 있다. 즉 傳統社會에 있어서 歷史의 編纂은 개인의 創作物이 아니며, 그것은 旣存文獻의 再編輯으로서, 대부분 旣存 文獻의 轉載에 不過하다고 밝히고 있다. 또한 이와 비슷한 년료로 추정되고 있는 최치원의 『帝王年代曆』도 「述而不作」의 태도에 입각하여 쓰여졌다고 본 견해는 참고가 된다(조인성, 1982, 「최치원의 역사서술」, 『역사학보』94·95합집, 역사학회, 59쪽).

둘째, 신라의 제8대 아달라니질금부터 제11대 조분니질금까지와 고구려의 산상왕과 중천왕의 기록이 누락된 원인이 편찬 당시의 사실이 아닌 고려 또는 조선시대에 있은『三國遺事』重刊 즈음에 판본의 결실로 인해 생긴 2차적인 원인에 기인하였을 가능성이 높음을 알 수 있었다.

셋째, 신라의 母名과 妃名의 표기방법으로 미루어, 왕력편 편자가 이용한 사료군은 대체로 5개 그룹으로 나눌 수 있으나, 이러한 표기방법의 분류가 저본으로 한 전거의 수를 뜻하는지는 앞으로의 연구대상이라 할 수 있다. 그러나 이는 동일한 체계 내에서 작성된 왕력의 기록이 아닌 것으로 볼 수 있으며, 이로 미루어 다양한 형태의 왕력이 신라사회에 존재했을 가능성을 제시하고 있다고 보여진다. 또한 문무왕 父名의 기록 방법에서 확인되듯이 신라측의 내용이라도 사료가 누락되고 없을 경우 고구려, 백제관계 사료들을 최대한 활용하여 기록하고 있다는 점을 확인할 수 있었다.

네째, 즉위년 간지 및 재위기간의 검토를 통해 왕력편에서는 卽位稱元法과 踰年稱元法중 어느 한쪽을 적용하여 기록한 것이 아니라 저본으로 한 사료에 있는 것을 검토없이 전재하였음을 알 수 있었다. 그 결과 많은 왕들의 재위기간이 誤記 및 漏落된 원인을 밝히게 되었다. 아울러 王曆外資料의 성격을 통치관련 자료라 하여 편자의 일정한 의도아래 선별하여 기록한 것으로 이해하여 왔으나 사실은 그렇지 않았으며, 이들 사료군은 편자가 저본으로 한 사료들의 내용중에서 왕력을 제외한 나머지 사료들을 전재한 것에 불과함을 알 수 있었다. 또한 내용들 중에는 통치와 관련이 없는 사료들이 대부분이어서 기존의 견해처럼 통치관련자료라는 막연한 성격규정은 수정되어야 할 것이다.

다섯째, 葬法 및 王陵의 位置에 관한 사료는『三國史記』및『三國遺事』의 기록과는 내용과 수적인면에서 일정한 거리가 있으며, 서로 공존하는 왕보다는 누락된 기사가 왕력편에서 많음을 알 수 있었다. 특히 중요한 제13대 미추니질금과 제29대 태종무열왕의 경우는 양서에 나란히 기재되어 있으나 왕력편에서는 누락되었으며, 양서에는 보이지 않는 제17대 나물마립간의 경우는 관련기록이 보이고 있다. 또한 中·下代 5명의 관련기사는 왕력편이 내용면에서 보다 사실적으로 표현되어 있어 『三國史記』의 관련기사보다 시기적으로 앞서며 신빙성 또한 높음을 알 수 있었다. 결과적으로 『三國史記』에 와서 史實이 많이 변형되어 있음을 밝힐 수 있었다.

여섯째, 저술시기에 대해서는 선종의 避諱缺劃 및 『册府元龜』의 引用예의 경우와 사료의 내용면에서 편찬환경이 『三國史記』와 무관하다는 결론이 가능하다면, 즉 선종의 재위기간(1083~1094) 및 高麗流入의 시점인 1092년 이후인 1100년을 전후한 시기부터 『三國史記』가 初刊되어 流布되는 시기(1149~1174년)보다 앞선 것으로 1100년부터 1149~1174년까지인 49년에서 74년의 기간중에 편찬되었을 수도 있으나 『三國史』의 존재로 보아 『三國史記』보다 늦은 시기에 편찬되었을 가능성이 있음을 알 수 있었다. 그리하여 편찬연대에 대한 적절한 시기설정은 1100년에서 金州의 두번째 사용시기의 끝인 1271년 사이인 171년간이 될 수 있음을 밝혔다. 즉 해인사 소장의 「역대연표」는 『三國史記』를 참조한 이후인 1278년이며, 『三國遺事』의 저술시기는 1285년부터 1289년까지로 알려져 있어, 王曆篇은 歷代年表 또는 『三國遺事』가 저술된 13세기말보다 수년 또는 1세기나 앞설 가능성이 있음을 밝혀 보았다.

일곱째, 王曆外 資料의 분석에서 확인되듯이 왕력편 찬자가 이용한 사료는 통사적인 역사서가 아니라 단편적인 사실들을 기록한 것으로 간략하며 개별적인 사료라고 볼 수 있다. 만일 통사적인 성격의 『三國史』나 『三國史記』을 참고하여 서술했다면 이렇듯 간략하거나 소략한 사실들만

불규칙하게 남아 있게 되었다고는 보기가 어렵다. 또한 이러한 편찬방법으로 볼 때 왕력편이 신라중심이라는 해석은 옳지 않다고 생각된다.

신라중심설은 사료의 수적인 양과 위치에 의존하여 판단한 것에 불과한 것으로 내용의 분석을 통한 결론이 아니며, 신라가 개국의 순서에 입각하여 상위에 위치한다 하여 중심이 될 수 없음은 물론이다. 백제·고구려·가야 관련사료가 신라에 비해 소략한 것은 관련사료의 부족에 기인한다. 즉 신라는 물론 삼국 공히 기사의 전재에는 찬자가 처한 사료환경 면에서 이미 한계가 있었다고 보여진다. 이는 왕력편의 성격이 다름아닌 찬자가 소유하고 있던 각종 사료의 종합적인 재구성에 불과한 것을 말하고 있다. 왕력편 내용중에서 편찬자의 의도가 내포되어 있는 부분은 거의 확인이 되지 않고 있음을 통해서도 알 수 있다. 다시말해 결코 작위적으로 신라를 중심으로 저술된 것이 아님을 증명하는 것이다.

혹자는 편찬자가 의도적으로 東明王을 '壇君之子'로 표현함으로써 고려가 고구려를 계승한데 대한 정통성을 부여하였을 가능성을 들어 고구려 중심으로 볼 수도 있을 것이다. 그러나 논의된 바와 같이 'ㅇㅇ之子'라는 표현은 고구려 및 백제 당대의 기술이며 왕력편의 편자는 전재를 원칙으로 하였기 때문에 동명성왕이 壇君의 子라는 인식은 고구려에서부터 있어 왔던 것으로 판단되어 진다[131]. 즉 고구려 중심도 아닌 것이다.

---

131 壇(檀)君의 壇(檀)字에 대해서『三國遺事』의 王曆 및 紀異篇은 壇,『帝王韻紀』(1287),
『牧隱集』(1328~1396),『高麗史』(1451) 등에서는 檀으로 하고 있어 시기 구분이 가능하다. 전자의 壇字는 채록한 사료에 의거하여 왕력편의 찬자 및 일연이 전재한 것이다. 후자인 이승휴와 이색, 고려사의 편찬자들은 고려시대의 인식을 반영하고 있는데 모두 檀字를 쓰고 있다. 특히 일연(1206~1289)과 이승휴(1224~1301)는 동시대의 인물임에도 불구하고 이처럼 상이하게 표현하고 있음은 전자의 壇字가 일연의 인식과는 무관한 고려이전의 인식일 가능성이 높음을 보여준다. 또한 목은집과 고려사에서도 모두 후자를 취하고 있음은 고려시대는 이전과는 달리 어떤 형태로든 인식의 변화를

마지막으로『三國遺事』는 冊名이 보여주듯이 일연은 어디까지나 三國의 이야기를 중심으로 기술하고자 하였으며, 비록 駕洛國記는 一篇目속의 하나의 항목으로 자리매김을 하였으나 어디까지나 국가의 실체로서 정당한 인정을 받지 못하는 입장이었다. 그러나 왕력편의 가야는 四國중의 한 국가로서 정당한 위치에서 자리매김을 하고 있다. 이는 일연이 왕력편을 편찬하지 않았다는 또 하나의 증거이다[132]. 三國과 四國과는 역사인식에서 차이를 동반하기 때문이다. 또한 書名과 내용면에서『三國遺事』가『三國史記』를 참조하였으므로 두 사서의 관계는 상호 밀접한 관련속에 있다. 그러나 확인한 바와 같이 王曆篇은 重刊되는 과정인 中宗壬申本의 간행시까지 한번도『三國史記』와『三國遺事』의 諸篇을 통해 補入이 이루어지는 경우가 없었음을 알 수 있었다.

　결론적으로 왕력편은 양서와 내용면에서는 무관하나『三國史記』와는 거의 비슷한 시기에,『三國遺事』보다는 앞선 시기에 편찬된 사서일 것으로 생각된다. 또한 왕력편은 비록 편찬자의 정확한 목적과 人名, 書名이 무엇인지는 확인할 수가 없으나 일연이 三國에 대한 遺事를 기술한다는 역사적 인식과는 성격이 다른 또하나의 역사서이며, 그 성격은 최치원의『帝王年代曆』,「新羅年代曆」과 같은 것으로 그 자체가 독립적인 성격을 띠고 있다 하겠다. 독립된 史書로서의 位相 또한『三國史記』와『三國遺事』의 諸篇에서 확인할 수 없는 다수의 사료와 내용이 당대의 성격을 내포하고 있는 것으로 확인되므로 그 중요성은 재평가되어야 할 것이다.

　가졌으며 후자가 일반적이었음을 보여주고 있다고 생각된다.

132 참고자료인「表14」에서 확인이 되듯이, 왕력편의 가락과 紀異篇의 가락국기와는 부분적인 내용면에서는 다소 일치를 보일지는 모르나 표기방법, 표기순서, 사료의 채록 등에서 확인이 되는 바 전혀 다른 별개의 史料群임을 알 수 있다.

부 록

「表9」高句麗王曆 關聯記事 分析

區分	異稱(王曆)	名	異稱	姓	父名	卽位年度	在位期間	資料 A	資料 B
第一東明王						甲申立	理十八	姓高名朱蒙一作鄒蒙檀君之子　姓解氏	
第二瑠璃王	一作累利又孺留		一作味留		東明子	壬寅立	理三十六年		癸亥移都國內城亦云不而城
第三大虎神王		名無恤		姓解氏		戊寅立	理二十六年		
第四閔中王		名色朱		姓解氏	瑠璃王第三子	甲辰立	理四年		
第五慕本王	閔中之兄	名愛留	一作憂		大虎之子	戊申立	理五年		
第六國祖王		名宮	亦云大祖王			癸丑立	理九十三年		後漢傳云初用目能觀後遜位于母弟大王
第七次大王		名遂				丙戌立	理十九年		乙巳國祖王年百十九歲兄弟二王俱見弑于新王
第八新大王		名○○	一作伯句			乙巳立	理十四年		
第九故國川王		名南虎	或云夷襄			己未立	理二十年		國川亦曰國襄乃葬地名
第十○○○王									
第十一東川王									
○○○○○○									
第十三西川王		名藥盧	又若友			庚寅立	理二十年		
第十四烽上王	一云雉葛王	名相夫	又名弗			壬子立	治八年		
第十五美川王	一云好攘	名乙弗				庚申立	理三十一年		
第十六國原王	一云岡上王	名釗	又名斯由或云岡上王			辛卯立	理四十年		甲午築平壤城壬寅入移都安市城即丸都城
第十七小獸林王		名丘夫				辛未立	理十三年		
第十八國壤王		名伊連				甲申立	治八年		
第十九廣開土王		名談德	又於只支			壬辰立	治二十一年		
第二十長壽王		名巨○				癸丑立	治七十九年		丁卯移都平壤城
第二十一文咨明王		名明理好	又字又高雲			壬申立	理二十七年		
第二十二安藏王		名安				己亥立	理十四年		
第二十三安原王		名寶迎				辛亥立	理十四年		
第二十四陽原王	一云陽崗	名平成				乙丑立	理十四年		
第二十五平原王	一云平崗	名陽城	南史云高陽			己卯立	治三十一年		
第二十六嬰陽王	一云平陽	名元				庚戌立	治二十八年		
第二十七榮留王		名○○				戊寅立	治二十四年		
第二十八寶藏王	云○○	名○○	又建成			壬寅立	治二十七年		戊辰國除自東明甲申至寶藏戊辰合七百五年

「表10」百済王暦 関聯記事 分析

區分	異稱(王曆)	名	異名	資料A	父名	卽位年度	資料B	在位期間	資料C
第一溫祚王					東明第三子一云第二	癸卯立		在位四十五	都慰禮城一云忠川今稷山又稷山今櫻州
第二多婁王					溫祚第二子	戊子立		理四十九年	
第三己婁王					多婁子	丁丑立		理五十五年	
第四蓋婁王	一作素古				己婁子	戊辰立		理三十八年	
第五肖古王					蓋婁子	丙午立		理五十年	
第六仇首王	一作貴須				肖古之子	甲午立		理二十一年	
第七沙沸王	一作沙○○				○○○之子	立卽廢			
第八古爾王					肖古之母弟	甲申立		理五十二年	辛未移都北漢山
第九責稽王					古爾子一作青替澮	丙午立		治十二年	
第十汾西王					責稽子	戊午立		治六年	
第十一契王					仇首第二子沙伴之弟也	甲子立		治四十年	
第十二近肖古王					汾西元子	甲申立		理二年	
第十三近仇首王					比流第二子也	丙午立		理二十九年	
第十四枕流王					近古古子也	乙亥立		理九年	
第十五辰斯王					近仇首子	甲申立			
第十六阿莘王	一作阿芳		名映		枕流王弟	乙酉立		治七年	
第十七腆支王	一作直支		名映		辰斯子	壬辰立		治十三年	
第十八久爾辛王	一作眞支	名映			阿莘子	乙巳立		治五年	
第十九毗有王					鵬支子	庚申立		治七年	
第二十蓋鹵王		名慶司			久爾子	丁卯立		治二十八年	
第二十一文周王	一云蓋鹵南王	名牟大			蓋鹵子	乙未立		治二十年	移都熊川
第二十二三斤王		名三斤			文周子	乙卯立		理二年	
第二十三東城王	一作牟州	名牟大	一云餘結又餘大		三斤之堂第	丁巳立		理二十六年	南史云名扶餘隆誤扶餘隆乃子之太子見唐史
第二十四武寧王	一作乞王	名斯摩	又明		卽東城第二子	己亥立		理三十一年	戊午移都泗沘稱南扶餘
第二十五聖王		名明襛		一云獻王	虎寧王子	辛巳立		理三十一年	
第二十六威德王		名昌			聖德子	癸巳立		理四十四年	
第二十七惠王		名季			威德子	甲寅立		理二年	
第二十八法王		名孝順			又宣惠子	戊午立		理四十四年	
第二十九武王	或云武康	讖丙	或小名一者德		己亥立			治四十一年	
第三十一義慈王					武王子	辛酉立		治二十年	唐申國除自號稱祭卯至咸申六百七十八年

「表11」駕洛國 王曆 關聯記事 分析

區分	異稱[王號]	置生	父名	母名	卽位年度	在位期間	姓	資料
駕洛國								駕洛國一作伽耶今金州
首露王		壬寅三月卵生		母許皇后	是月卽位	理一百五十八年	姓金氏	因金卵而生故姓金氏開皇曆載
第二居登王			父首露子	母泉府卿申輔之女慕貞夫人	己卯立	理五十五年		
第三麻品王			父居登王	母好仇	己卯立	理三十二年		
第四居叱彌王	一作今勿		父麻品	母阿志	辛亥立	治五十五年		
第五伊品王			父居叱彌	母阿志	丙午立	理六十年		
第六坐知王	云金吐王		父伊品	母白信	丁未立	治三十年		
第七吹希王	云金喜		父坐知王	母福壽	辛酉立	治二十六年		
第八銍知王	云金銍		父吹希	母仁德	辛卯立	治三十六年		
第九鉗知王			父/叱王	母邦媛	壬申立	理三十九年		
第十仇衡王			鉗知子	母○女	辛丑立	理十二年		中大通四年壬子納土投羅自首露王壬寅至壬子合四百九十年王子國除

「表12」後高句麗 王曆 關聯記事 分析

區分	庚戌年/戊寅年	丙辰年/己卯年	丁巳年/庚辰年	辛酉年/壬午年	甲子年/甲申年	甲戌年/丁亥年	己丑年	庚寅年	丙申年
弓裔	大順庚戌始投北原賊良吉屯	丙辰都鐵圓城(今東州也)	丁巳移都松岳郡	辛酉稱高麗	甲子改國號摩震置元虎泰	甲戌還鐵原			
太祖	戊寅六月裔死太祖卽位于鐵原京	己卯移都松岳郡是年創法王慈雲等十寺王輪內帝釋舍那又創彌勒即普濟新興文殊圓通地藏前十大寺是年兵剏	庚辰乳岩下立油市因往卸往云孔十月創大興寺或系中祖庚	壬午又創日寺或系來辛巳	甲申創外帝釋神衆院興國寺	丁亥選議寺	己丑創龜山	庚寅安(以下缺失)	丙申祐三

「表13」後百濟 王曆 關聯記事 分析

區分	庚子年	壬子年	乙未年
甄萱	庚子始都於光州		乙未萱子神劍纂父自立是年國除
			自庚子至此四十四年而亡

「表14」駕洛國記・駕洛王曆 關聯記事 對比

區分	篇	異稱(諡號)	姓	父名	母名	卽位年度	在位期間	姓	妃의父名	妃名	太子名	資料
首露王	王曆				壬寅三月卵生	是月卽位	理一百五十八年					駕洛國 一作伽耶即今金州
	駕洛國記				漢世祖光武帝建武十八年壬寅三月——有黄金卵——其於月望日卽位(也如現故故諱首露或云首陵首陵是崩後諡也)		壽一百五十八歲			姓許名黄玉		因金卵而生故姓金氏開皇曆載
第二居登王	王曆		姓氏	首露子	母許皇后		理三十九年					
	駕洛國記		姓金氏	父首露王	母許王后	立安四年己卯三月十三日卽位	治三十九年	姓金氏	泉府卿申輔女	慕貞	生太子麻品	
第三麻品王	王曆	一云馬品	金氏	父登王			理三十二年					
	駕洛國記				母泉府卿申輔之女慕貞夫人	己卯立			宗正監趙匡孫女	好仇	生太子居叱彌	
第四居叱彌王	王曆	一作今勿	金氏	父麻品			治三十九年					
	駕洛國記	一云今勿		父麻品王	母好仇	永平五年癸酉即位 辛亥年即位	治五十五年		阿躬阿干孫女	阿志	生王子伊品	
第五伊品王	王曆	伊尸品王	金氏	父居叱彌王			理六十年					
	駕洛國記	一云伊品		父居叱彌王	母阿志	永平十年即位 丙午立	治六十二年		司農卿克忠女	貞信	生王子坐知	
第六坐知王	王曆	一云金叱	金氏	父伊品王			治十四年					
	駕洛國記				母貞信	永和二年即位 丁未立	治十五年		道寧大阿干女	福壽	生子吹希	
第七吹希王	王曆	一云金喜	金氏	父坐知王			治三十年					
	駕洛國記				母福壽	襄三年即位 辛酉立	治十五年		進思角干女	仁德	生王子銍知	
第八銍知王	王曆	一云金銍	金氏	父吹希王			治三十六年					
	駕洛國記				母仁德	永初十年即位 辛酉立	治四十二年		金相沙干女	邦媛	生王子鉗知	
第九鉗知王	王曆	一云金鉗王	金氏	父銍知王			理二十九年					
	駕洛國記				母邦媛	永明十年即位 辛丑正月卽位	理三十年		出忠角干女	淑	生子仇衡	
第十仇衡王	王曆		金氏	鉗知子	母○女		治四十二年					中大通四年壬子納土投羅自首露王至壬子合四百九十年國除
	駕洛國記					正光二年即位			分叱水爾叱女	桂花	生三子 一世宗角干二茂刀角干三茂得角干	保定二年壬午九月新羅第二十四君真興王 王子上率卒公等降入新羅 梁中大通四年壬子降于新羅

讓王案三國史及本朝史文皆以梁中大通四年壬子納土投羅則計自首露初即位東漢建武十八年壬寅至梁中大通四年壬子得四百九十年矣若以此記考之納土在元魏保定二年壬午則更三十年總五百二十年矣今兩存之

開皇錄 開皇曆

參考文獻

1. 史料

『三國遺事』·『三國史記』·『三國史節要』·『高麗史』·『東國李相國集』·『帝王韻紀』·『後漢書』·『舊唐書』·『新唐書』·『册府元龜』·『海東高僧傳』·『宋史』·『增補文獻備考』·『東國輿地勝覽』

2.『三國遺事』·『三國史記』影印本 및 譯註本

李東歡校勘・李丙燾監修, 1982,『校勘三國遺事』(韓國古典叢書1), 民族文化推進委員會

圖書出版民族文化, 1984,『三國遺事』(順庵手澤本 影印本)

坪井九馬三・日下寬校訂, 1904,『三國遺事』, 東京帝國大學藏版

朝鮮史學會本, 1973,『三國遺事』, 國書刊行會

晩松文庫本, 1983,『三國遺事』(高麗大 中央圖書館 圖書影印 第12號), 旿晟社

權相老譯註, 1978,『三國遺事』, 東西文化社

崔南善編, 1990,『三國遺事』, 瑞文文化社

李載浩譯註, 1993,『三國遺事』, 光信出版社

李丙燾譯註, 1992,『三國遺事』, 明文堂

李民樹譯註, 1985,『三國遺事』, 乙酉文化社

리상호역주, 1960,『삼국유사』, 조선과학원(1990, 신서원)

李家源譯註, 1991,『三國遺事新譯』, 太學社

金貞培・李丙燾, 1973,『校勘 三國史記』, 民族文化推進委員會

李丙燾譯註, 1994,『三國史記』, 乙酉文化社

3. 著書

慶州市, 1981,『新羅文化祭學術發表會論文集』1集(三國遺事의 新研究)

———, 1990,『新羅文化祭學術發表會論文集』11集(三國遺事의 現場的 研究)

慶州古蹟發掘調査團, 1990,『明活城』(緊急發掘調査報告書)

國史編纂委員會, 1981,『韓國史論』6(韓國史의 意識과 敍述)

權相老, 1994,『韓國寺刹全書』(上), 退耕堂權相老博士全書刊行委員會

金福順, 1990,『新羅華嚴宗研究』, 民族社

金相鉉, 1991,『新羅華嚴思想史研究』, 民族社

金容沃, 1990,『三國遺事引得』, 통나무

金烈圭·金東旭編, 1982,『三國遺事의 文藝的 價值解明』, 새문사

金烈圭, 1983,『三國遺事와 韓國文學』, 학연사

金知見, 1994,『四山碑銘 集註를 위한 研究』(研究論叢94-7), 韓國精神文化研究院

金哲埈, 1975,『韓國古代社會研究』, 知識產業社

———, 1994,『韓國古代史研究』, 서울대출판부

東北亞細亞研究會編著, 1982,『三國遺事의 研究』, 中央出版印刷株式會社

文暻鉉, 1983,『新羅史研究』, 경북대출판부

民族文化研究所編, 1983,『三國遺事研究(上)』, 嶺南大學校

宋孝燮, 1990,『三國遺事說話와 記號學』, 一朝閣

辛鍾遠, 1992,『新羅初期佛教史研究』, 民族社

申瀅植, 1981,『三國史記研究』, 一朝閣

———, 1984,『韓國古代史의 新研究』, 一朝閣

白山資料院, 1986,『三國遺事研究論選集(1)』

李基白·李基東共著, 1982,『韓國史講座』(古代篇), 一朝閣

李基東, 1984,『新羅骨品制社會와 花郎徒』, 一朝閣

李基白, 1974,『新羅政治社會史研究』, 一朝閣

李丙燾, 1993,『國譯 三國史記』, 乙酉文化社

───, 1976,『韓國古代史研究』, 博英社

李炳泰, 1986,『金海地名變遷史』, 金海文化院

李佑成・姜萬吉編, 1983,『韓國의 歷史認識』(上・下), 創作과批評社

李鍾旭, 1980,『新羅上代王位繼承研究』, 영남대출판부

───, 1982,『新羅國家形成史研究』, 一朝閣

震檀學會編, 1980,『韓國古典심포지움(1)』(三國遺事), 一朝閣

千惠鳳・黃天午, 1981,『三國史記調査報告書』

千惠鳳, 1991,『韓國書紙學』(대우학술총서58), 민음사

崔光植, 1994,『古代韓國의 國家와 祭祀』, 한길사

崔秉鉉, 1992,『新羅古墳研究』, 一志社

韓國精神文化研究院編, 1987,『三國遺事의 綜合的 檢討』

─────────, 1993,『三國史記의 史料的 檢討』

韓國史研究會編, 1985,『韓國史學史의 研究』, 乙酉文化社

한철우, 1992,『三國遺事의 說話研究』, 韓國佛敎文化院

洪潤植, 1985,『三國遺事와 韓國古代文化』, 圓光大出版部

今西龍, 1933,『新羅史研究』, 近澤書店

末松保和, 1954,『新羅史의 諸問題』, 東洋文庫

三品彰英, 1975,『三國遺事考證(上)』, 塙書房

───, 1979,『三國遺事考證(中)』, 塙書房

井上秀雄, 1974,『新羅史基礎研究』, 東出版

齋藤忠, 1973,『新羅文化論攷』, 吉川弘文館

村上四男, 1994,『三國遺事考證(下之一)』, 塙書房

4. 論文

姜仁求, 1987,「新羅王陵의 再檢討」(三國遺事의 記事를 中心으로),『三國遺事의 綜合的 檢討』, 韓國精神文化研究院

———, 1987,「新羅王陵의 再檢討(3)」,『三國遺事의 綜合的 檢討』, 韓國精神文化研究院

———, 1990,「新羅王陵槪觀」,『新羅五陵』, 韓國精神文化研究院

강인숙, 1984,「구삼국사의 본기와 지」,『력사과학』4호

高翊晉, 1982,「三國遺事撰述攷」,『韓國史研究』38, 韓國史研究會

權重達, 1979,「資治通鑑의 東傳에 대하여」,『文理大學報』38, 중앙대

金光洙, 1973,「新羅 上古世系의 再構成 試圖」,『東洋學』3, 檀國大學校 東洋學研究所

金東賢, 1987,「三國遺事와 皇龍寺址」,『三國遺事의 綜合的 檢討』, 韓國精神文化研究院

金斗鍾, 1962,「高麗板本에 대하여」,『古文化』1, 韓國大學博物館協會

金杜珍, 1988,「三國遺事의 綜合的 檢討(書評)」,『精神文化研究』11, 韓國精神文化研究院

金福順, 1980,「孤雲崔致遠의 思想研究」,『史叢』24, 高麗大學校

———, 1983,「崔致遠의 佛敎關係 著述에 대한 檢討」,『韓國史研究』43, 韓國史研究會

———, 1987,「崔致遠의「法藏和尙傳」檢討」,『韓國史研究』57, 韓國史研究會

金相鉉, 1978,「三國遺事에 나타난 一然의 佛敎史觀」,『韓國史研究』20, 韓國史研究會

———, 1982,「三國遺事의 刊行과 流通」,『韓國史研究』38, 韓國史研究會

———, 1984,「海東高僧傳의 史學史的 性格」,『藍史鄭在覺博士古稀紀念東洋學論叢』, 高麗院

———, 1985,「高麗後期의 歷史認識」,『韓國史學史의 研究』, 乙酉文化社

———, 1985,「三國遺事 王曆篇의 檢討」,『東洋學』15, 檀國大學校 東洋學研究所

———, 1987,「三國遺事의 書誌學的 考察」,『三國遺事의 綜合的 檢討』, 韓國精
神文化研究院

———, 1991,「麟角寺 普覺國師碑陰記」,『韓國學報』62, 一志社

———, 1993,「三國遺事의 歷史方法論的 考察」,『東洋學』23, 檀國大學校 東洋
學研究所

김석형, 1981,「구삼국사와 삼국사기」,『력사과학』4호

김영경, 1984,「『삼국사기』와『삼국유사』에 보이는「고기」에 대하여」,『력사과
학』2호

金煐泰, 1974,「三國遺事 體制와 그 性格」,『論文集』13集, 東國大學校

———, 1974,「三國遺事에 보이는 一然의 歷史認識에 대하여」,『慶熙史學』5集,
慶熙大學校

金毅圭, 1982,「高麗前期의 歷史認識」,『韓國史論』6, 國史編纂委員會

金正基, 1980,「皇龍寺址發掘과 三國遺事記錄」,『新羅文化祭學術發表會論文集
』1集(三國遺事의 新研究), 慶州市

金貞培, 1987,「檀君記事와 관련된『古記』의 性格」,『韓國上古史의 諸問題』,韓
國精神文化研究院

金知見, 1988,「義相의 法諱考」,『曉城趙明基博士追慕 佛教史學論文集』, 東國大
出版部

———, 1989,「法界圖 圓通記의 텍스터再考」,『東洋學』19, 檀國大 東洋學研究所

金昌鎬, 1994,「六世紀 新羅 金石文의 釋讀과 그 分析」, 경북대박사학위논문

金哲俊, 1962,「新羅 上古世系와 그 紀年」,『歷史學報』17·18合集, 歷史學會

———, 1975,「新羅 古代國家의 發達과 그 支配體制」,『韓國古代國家發達史』
(春秋文庫1), 韓國日報社

———, 1973,「高麗中期의 文化意識과 史學의 性格」,『韓國史研究』9, 한국사연
구회

———, 1976,「高麗時代 歷史意識의 變遷」,『韓國文化史論』, 知識產業社

金泰植, 1976,「三國遺事에 나타난 一然의 高麗時代認識」,『蔚山史學』1, 蔚山大

金義滿, 1990,「迎日冷水碑와 新羅의 官等制」,『慶州史學』9, 동국대 경주사학회

———, 1992,「新羅 神文王代의 政治狀況과 兵制」,『新羅文化』9, 東國大新羅文化研究所

———, 1994,「新羅 六部支配勢力의 動向과 官等制」,『芝邨金甲周教授華甲紀念史學論叢』, 慶州

南權熙, 1990,「泥山本『三國遺事』의 書誌的 考察」,『書誌學研究』5·6합집, 書誌學會

羅鐘宇, 1984,「高麗時代의 對宋關係」,『圓光史學』3, 圓光大學校 史學會

리상호, 1960,「三國遺事解題」,『三國遺事』조선과학원

李鍾旭, 1980,「新羅 上古時代의 六村·六部」,「震檀學報』49, 震檀學會

文暻鉉, 1983,「三國遺事 所在 未鄒王攷」,『三國遺事研究(上)』, 嶺南大 民族文化研究所

朴敬源, 1991,「金海市年表」,『韓國民族文化大百科辭典』권5, 韓國精神文化研究院

朴方龍, 1988,「明活山城作成碑의 檢討」,『美術資料』41, 國立中央博物館

———, 1994,「慶州南山新城考」,『考古歷史學誌』10, 동아대박물관

朴性鳳, 1986,「三國遺事의 再評價」,『金剛』6월호

朴承吉, 1985,「三國遺事에 나타나는 카리스마의 理解와 一然의 歷史認識」, 韓國傳統文化研究』1, 曉星女大 傳統文化研究所

邊太燮, 1984,「『高麗史』의 性格」,『梨花史學研究』15, 梨花女大

徐炳國, 1973,「高麗·宋·遼의 三角貿易攷」,『白山學報』15, 白山學會

成校珍, 1986,「三國遺事讀法」,『韓國傳統文化研究』2, 曉星女大 傳統文化研究所

孫晋泰, 1981,「三國遺事의 장인」,『손진태선생전집』6, 태학사

辛鍾遠, 1994,「斷石山神仙寺 造像銘記에보이는 彌勒信仰集團에 대하여 -新羅中古期의 王妃族 岑喙部-」,『歷史學報』143, 歷史學會

辛兌鉉, 1961, 「三國王名位號考」, 『文理學叢』1, 慶熙大學校

申瀅植, 1977, 「新羅史의 時代區分」, 『韓國史研究』18, 韓國史研究會

———, 1984, 「三國史記의 性格」, 『梨花史學研究』15, 梨花女大

———, 1985, 「高麗前期의 歷史認識」, 『韓國史學史의 研究』, 乙酉文化社

———, 1987, 「新羅人의 歷史認識과 그 編纂」, 『白山學報』34, 白山學會

沈喁俊, 1972, 「三國史節要에 대한 編史考」, 『論文集』17, 中央大學校

———, 1977, 「一然의 三國遺事에 대하여」, 『韓國學』13, 中央大

梁基伯, 1967, 「三國遺事所在書名索引」, 『國會圖書館報』4-1

柳富鉉, 1991, 「『東京雜記』의 書誌學的 研究」, 『書誌學研究』7집, 書誌學會

———, 1992, 「『三國遺事』王曆 校勘考」, 『史學研究』43·44合集, 韓國史學會

———, 1992, 「『三國遺事』卷二에 대한 書誌學的 考察」, 『東方學志』76, 延世大
　　　國學研究院

———, 1992, 「『三國遺事』王曆에 대한 書誌學的 考察」(제1차 학술발표회발표
　　　요지), 『書誌學研究』8집, 書誌學會

———, 1993, 「『三國遺事』의 校勘學的 研究」, 中央大學校 博士學位論文

柳鐸一, 1983, 「三國遺事의 文獻變化 樣相과 變因」, 『三國遺事研究(上)』, 嶺南
　　　大 民族文化研究所

李康來, 1993, 「三國史記典據論 研究」, 高麗大 博士學位論文

李根直, 1986, 「新羅王陵關係記事의 檢討」(三國史記初期 記錄을 中心으로), 『慶
　　　州史學』5集, 東國大 國史學會

李基東, 1972, 「新羅 奈勿王系의 血緣意識」, 『歷史學報』53·54合集, 歷史學會

———, 1987, 「三國遺事에 의한 新羅史研究와 敍述」, 『三國遺事의 綜合的 檢討
　　　』, 韓國精神文化研究院

———, 1982, 「古代國家의 歷史認識」, 『韓國史論』6, 國史編纂委員會

李基白, 1973, 「三國遺事의 史學史的 意義」, 震檀學報 36, 震檀學會

———, 1976, 「三國遺事의 史學史的 意義」, 『韓國의 歷史認識(上)』, 創作과批評社

———, 1978,「金大問과 그의 史學」,『歷史學報』77, 역사학회

———, 1984,「三國遺事 紀異篇의 考察」,『新羅文化』1, 東國大 新羅文化研究所

———, 1985,「三國遺事의 王曆篇 檢討」,『歷史學報』107, 歷史學會

———, 1987,「三國遺事 記錄의 信憑性問題」,『아시아문화』2, 翰林大 아시아문화연구소

———, 1987,「三國遺事 塔象篇의 意義」,『斗溪李丙燾博士九旬紀念韓國史學史論叢』, 知識産業社

———, 1987,「三國遺事의 篇目構成」,『佛教와 諸科學』, 東國大出版部

李楠永, 1973,「三國遺事와 僧一然과의 關係」,『哲學研究』2, 서울대

李文基, 1980,「新羅中古의 六部에 관한 一考察」,『歷史教育論集』1, 경북대

———, 1981,「金石文資料를 통하여 본 新羅의 六部」,『歷史教育論集』2, 경북대

———, 1987,「新羅中古의 六部와 王統」,『新羅文化祭學術會議論文集』8, 경주시

———, 1989,「蔚珍鳳坪新羅碑와 中古期의 六部問題」,『韓國古代史研究』2, 知識産業社

李純根, 1980,「新羅時代 姓氏取得과 그 意味」,『韓國史論』6, 서울대 국사학과

李泳鎬, 1983,「新羅中代 王室寺院의 官寺的 機能」,『韓國史研究』43, 韓國史研究會

李炳銑, 1973,「駕洛國의 國名·王名·姓氏名·人名의 表記와 金海地名考」,『論文集』15, 釜山大

李在云, 1983,「三國史記와 三國遺事의 比較考察」, 忠南大 碩士學位論文

———, 1985,「三國遺事 始祖說話에 나타난 一然의 歷史認識」,『全北史學』8 全北大

李在重, 1991,「中國과 韓國 古代墳墓美術品에 보이는 有翼獸」, 홍익대 석사학위논문

李賢惠, 1983,「崔致遠의 歷史認識」,『明知史論』創刊號, 明知大 國史學科

全德在, 1995,「新羅六部體制研究」, 서울대박사학위청구논문

鄭求福, 1975,「三國史節要에 대한 史學史的 考察」,『歷史敎育』18, 歷史敎育會

———, 1977,「高麗時代의 編纂文化」,『韓國史論』2, 國史編纂委員會

———, 1981, 高麗後期의 歷史認識과 歷史敍述,『韓國史論』6, 國史編纂委員會

———, 1984,「高麗時代의 史觀과 實錄編纂」,『第3回國際學術大會論文集』, 韓國精神文化研究院

———, 1985,「高麗時代史學史研究」, 成均館大學校 博士學位請求論文

———, 1987,「三國遺事의 史學史的 考察」,『三國遺事의 綜合的 檢討』, 韓國精神文化研究院

———, 1993,「高麗初期『三國史』編纂에 관한 一考」,『國史館論叢』45, 國史編纂委員會

———, 1994,「高麗時代 避諱法 研究」,『李基白敎授停年退任紀念韓國史學論叢』(上), 一朝閣

趙仁成, 1982,「崔致遠의 歷史敍述」,『歷史學報』94·95合集, 歷史學會

———, 1985,「三國 및 統一新羅의 歷史敍述」,『韓國史學史의 研究』, 乙酉文化社

趙法鍾, 1995,「廣開土王陵碑文에 나타난 守墓制研究」,『中世와 古代-韓國史의 時代區分-』, 韓國古代史研究會編

震檀學會, 1973,「三國遺事에 대한 綜合的 檢討」,『震檀學報』36, 震檀學會

蔡尙植, 1980,「麟角寺 普覺國尊一然碑 陰記에 대하여」,『語文研究』25·26合集, 一朝閣

———, 1984,「新羅統一期의 成典寺院의 構造와 機能」,『釜山史學』8, 부산사학회

———, 1986,「普覺國尊 一然에 대한 研究」,『韓國史研究』26, 韓國史研究會

———, 1986,「至元15年(1278) 仁興社刊「歷代年表」와『三國遺事』」,『高麗史의 諸問題』(邊太燮編著), 三英社

———, 1988,「一然」,『韓國史市民講座』2, 一朝閣

千惠鳳, 1981,「麗刻本 東人之文四六에 대하여」,『大同文化研究』14, 成均館大 大同文化研究院

———, 1982, 「새로 發見된 古版本 三國史記에 對하여」, 『大同文化研究』15, 成均館大 大同文化研究院

崔光植, 1983, 「新羅의 新宮設置에 대한 新考察」, 『韓國史研究』43, 韓國史研究會

———, 1985, 「異次頓說話에 대한 新考察」, 『韓國傳統文化研究』創刊號, 曉星女大 傳統文化研究所

———, 1989, 「三國의 始祖廟와 그 祭祀」, 『大邱史學』38, 大邱史學會

———, 1990, 「迎日冷水里新羅碑의 釋文과 內容分析」, 『新羅文化祭學術發表會論文集』11集(三國遺事의 現場的 研究), 慶州市

———, 1991, 「新羅의 佛教傳來 受容 및 公認」, 『新羅文化祭學術發表會論文集』12集(新羅思想의 再照明), 慶州市

———, 1994, 「韓國 古代國家의 支配이데올로기」, 『中世와 古代』(韓國史의 時代區分), 韓國古代史研究會編

———, 1994, 「新羅 中祀·大祀·小祀의 祭場」, 『歷史民俗學』4, 圖書出版寶林

———, 1994, 「新羅上代 王京의 祭場」, 『新羅文化祭學術發表會論文集』16集(新羅王京研究), 慶州市

崔在錫, 1987, 「古代三國의 王號와 社會」, 『三佛金元龍先生停年退任紀念論叢 II』, 一志社

河炫綱, 1975, 「高麗時代의 歷史意識繼承」, 『梨花史學研究』8, 梨花女大

———, 1976, 三國史記와 三國遺事의 史觀」, 『讀書生活』6, 三星出版社

韓國史研究會, 1982, 「三國遺事의 研究史的 檢討」, 『韓國史研究』38, 韓國史研究會

洪淳昶, 1983, 「金冠國의 世系에 대하여」, 『三國遺事研究(上)』, 嶺南大 民族文化研究所

洪潤植, 1987, 「三國遺事에 있어 舊三國史의 諸問題」, 『韓國思想史學』1, 韓國思想史學會

田中俊明, 1980, 「三國史記の板刻と流通」, 『東洋史研究』39-1

———, 1982,「『三國史記』中國史書引用記事の再檢討」,『朝鮮學報』104, 朝鮮
　　學會

———, 1982,「誠庵古書博物館所藏『三國史記』について」,『韓國文化』29, 2月號

———, 1982,「『三國史記』撰進と『舊三國史記』」,『朝鮮學報』83, 朝鮮學會

———, 1982,「『三國史記』板刻考再再論」,『韓國文化』38

末松保和, 1966,「舊三國史と三國史記」,『朝鮮學報』39·40, 朝鮮學會

宮本長二郎, 1987,「三國遺事と 韓·日建築交流」,『三國遺事의 綜合的 檢討』, 韓
　　國精神文化研究院

笠井倭人, 1962,「『三國遺事』百濟王曆と『日本書紀』」,『朝鮮學報』24집, 朝鮮學會

小田省吾, 1920,「三國史記の稱元法並に高麗以前 稱元法の研究」,『東洋學報』
　　10-1·2, 東京, 東洋協會調査部

井上秀雄, 1968,「『三國史記』の原典をもとめて」,『朝鮮學報』48, 朝鮮學會

———, 1980,「『三國遺事』と『三國史記』-その時代的背景と構成-」,『アシア
　　公論』9-5

津田左右吉, 1964,「三國史記高句麗紀の批判」,『津田左右吉全集』12, 岩波書店

坂元義種, 1973,「『三國史記』百濟本紀の史料批判-中國正史との交渉記事を中心
　　に-」,『朝鮮學報』48, 朝鮮學會

———, 1978,「『三國史記』分註の檢討-『三國遺事』と中國史書を中心として-」,
　　『古代東アシア史論集』(上), 吉川弘文館

3

『삼국유사』 왕력의 편찬성격과 시기

Ⅰ. 머리말

『三國遺事』의 王曆第一(이하 王曆이라 略記함)은 中國 歷代王朝의 國名·帝名·年號와 그 사용기간을 기준으로 하여 머리에 두고 그 아래에 新羅·高句麗·百濟·伽耶의 王室系譜 및 史實, 이어서 後三國의 史實들을 고려 태조가 통일을 완성하는 936년에 이르기까지의 해당 年代를 고려하여 기록한 것으로 年表의 성격을 띤다. 때문에 일찍이 崔致遠(857~?)의 『帝王年代曆』과 비교하여 성격의 일단이 논의된 바 있다. 그러나 『삼국유사』의 왕력에 대한 연구는 다른 여러 편목(이하 諸篇이라 略記함)과의 성격 차이를 충분히 분석하지 못한 상황에서 진행되었다. 그 결과 왕력의 사학사적 성격 및 제반 사료에 대한 인식은 『제왕연대력』의 연장선상에 서 있게 되었다.[1] 즉, 편찬시기·편찬의도·편찬배경 등 사학사

※경주대학교 문화재학과 겸임교수
1 「제왕연대력」이 왕력의 완성에 영향을 끼쳤다는 최남선의 견해는(최남선, 1927, 「삼국유

적인 성격에 대한 검토 역시 왕력이『삼국유사』의 일부분라는 기존의 견해를 그대로 수용하면서 진행되어져 온 것이다. 그 결과 왕력을 제편과 분리시켜 독자적인 자료로 인정하거나 또는 연구대상으로 삼으려는 노력은 시도조차 되지 않았다. 따라서 왕력의 내용 가운데 제편과 일치하지 않는 부분이 다수 확인되어도 이는 일연의 특별한 의도아래 편찬된 것으로 달리 의심을 하지 않았다.

80년대에 들어서면서 왕력의 내용이『삼국사기』또는『삼국유사』제편의 기록과 차이나는 것에 주목하여 왕력의 찬자 및 原典의 성격에 대한 이기백·김상현·채상식 등의 논고가 발표되었다. 이기백은 왕력이『三國史記』가 의거한 것과는 다른 자료를 참고하여 편찬된 것이 분명하다고 지적함으로써 원전의 성격에 대한 새로운 시각을 제공하였다. 그러나 왕력과 제편의 관계 여부에 대한 분석이 미흡했던 까닭에 최남선이래의 통설인 '一然에 의한 編纂說'이 다시 한번 강조되었다.[2] 이에 반해 김상현은 제편과 왕력을 비교·검토한 후 사료의 표기방법이나 내용, 그리고 사료를 기록하는 撰者의 인식면에서 懸隔한 차이를 확인하였다. 그리하여 왕력의 찬자가 일연이 아닐 가능성을 제기함과 아울러 독자적인 성격의 사서임을 밝히고자 하였다.[3] 이후 찬자에 대한 김상현의 견해는 왕력에 대한 학계의 인식을 변화시키는 단초를 제공했으나 학계는 유보적인 입장을 견지하고 있는 실정이다. 채상식은 해인사에 소장되어 있는『역대연표』가 왕력을 찬술하기 위한 전단계 작업이었음을 강조한 후,『歷代年表』가 包山의 仁興社에서 일연과 그의 문도들에 의해 완성되는 1278년 이후,

---

사해제」,『삼국유사』(계명제18호), 계명구락부, 18쪽) 뒤에 이기동과 이기백에 의해 더욱 확대된다(이기백, 1985,「삼국유사 왕력편 검토」,『역사학보』107, 역사학회, 註7참조)
2 이기백, 1985, 앞글
3 김상현, 1985,「삼국유사 왕력편의 검토」,『동양학』15, 단국대

즉 일연의 나이 73~76세 때에 운문사에 주석하면서부터『삼국유사』가 본격적으로 찬술되었다고 지적하였다.[4]

그러므로 본고는 기존의 연구 성과에서 논의의 쟁점이 되고 있는 왕력의 편찬시기를 살펴보고자 한다. 지금까지는 왕력의 내용가운데 확인되는 특정한 자료들을 중심으로 편찬시기를 밝힘으로써 이 문제를 해결하고자 노력하였다. 그러나 결과적으로 제편과 구분되는 왕력편찬의 구체적인 시기를 이끌어 내는데는 성공하지 못함으로서 재론의 여지를 남겨놓게 되었다. 사실 그 동안 왕력의 찬자 및 편찬시기를 밝히는 문제가 간단하지 않았던 것은 왕력의 내용을 구성하였던 찬자의 편찬태도와 밀접한 관련이 있었기 때문이다. 따라서 지금까지 언급된 내용들을 검토하면서 기왕의 연구에서 제외되었던 鐵圓・鐵原・金海・金州 등과 諸篇에 등장하는 鐵原・溟州・江陵 등의 지명연혁 문제를 통해 왕력의 편찬성격과 시기 등에 대해 새롭게 접근함으로써 답보 상태에 머물고 있는 이 분야의 연구에 도움이 되고자 한다.

---

4 채상식, 1986,「至元 15年(1278) 仁興社刊「歷代年表」와『三國遺事』」,『高麗史의 諸問題』(邊太燮編著), 三英社, 682~692쪽 : 1991,『高麗後期佛敎史硏究』, 일조각, 154~180쪽에 재수록

Ⅱ. 편찬성격과 상한시기

왕력 찬술의 상한시기에 대한 기존의 견해는 ①고려초기(강인구), ②1013년~1310년(김상현), ③일연에 의한 편찬(최남선) 등이다.

강인구가 제시한 근거는 다음과 같다. 첫째, 『삼국사기』는 漢化된 중국식의 용어와 지명이 많은데 비해 왕력은 토속적이고 원시적인 용어와 지명을 많이 담고 있어, 왕력은 아마도 한문이 본격적으로 성행하기 이전에 편찬된 자료들을 저본으로 하였을 것이다. 둘째, 성덕왕릉과 헌덕왕릉의 葬地에 대해 『삼국사기』의 경우는 寺刹을 기준으로 하였으나, 왕력은 村名을 기준으로 하고 있다. 그러므로 왕력에 기록될 당시에는 사찰이 창건되지 않았으나 이후 『삼국사기』에 기록될 당시에는 사찰이 존재하였던 것으로 추정된다. 끝으로 왕력이 『삼국사기』 편찬이후에 나온 것이라면 자료가 풍부한 『삼국사기』의 내용을 참조하였을 것은 자명한 일이나 왕력에 실린 陵墓관련 기사 가운데 이러한 상관성을 찾을 수 없었다.

따라서 그는 하한시기의 경우 『삼국사기』가 완성되는 1145년 이전으로 규정하고 있다. 아울러 신라 마지막 왕인 경순왕릉의 위치에 관한 기사가 있음으로 미루어 경순왕의 薨年인 979년(景宗 4年)을 올라갈 수는 없다. 그러므로 왕력의 완성시기는 개략적으로 979~1145년 사이로 추정된다고 하였다.[5]

한편 김상현은 왕력의 법흥왕조에서 '册府元龜云姓募名秦'으로 표기된 것은 1013년에 宋에서 완성된 『册府元龜』의 관련부분을 인용한 것이므로 편찬시기는 이보다 올라 갈 수가 없다. 또한 金州와 東州 등은 1310년에 金海와 鐵原으로 개명되고 있는데 이러한 지명들의 존재는 하한시기를 1310년 이전으로 보게 한다고 하였다.[6]

그러나 상한시기의 기준이 되고 있는 『册府元龜』의 경우 外臣 梁高祖 普通二年條에는 왕력과 달리 '新羅王募秦始遣使隨百濟奉獻'으로 기록되어 있다.[7] 또한 唐 太宗 貞觀年間(627~649년)에 편찬된 『南史』 신라전에는 '姓募名泰'라 하여 秦을 泰로 표기하고 있으며, 비슷한 시기로 貞觀 3년에서 10년사이(629~636)에 찬한 『梁書』 신라전에는 '王名募泰'으로 되어 있다. 즉, 왕력의 찬자는 『册府元龜』를 직접 열람하고 이를 인용한 것이 아니라 이미 잘못 인용된 또다른 저본을 참조하여 재인용하고 있음을 알 수 있다. 이는 왕력에서 중국 사서인 『開皇曆』·『南史』·『後漢書』·『唐書』 등의 내용을 일부 언급하고 있는데, 표기방법 또는 내용의 존재여부 등에 대해서 왕력과 중국문헌의 자료들이 모두 일치하지 않고 있음도[8] 맥

---

5 강인구, 1987, 「新羅王陵의 再檢討」 『三國遺事의 綜合的 檢討』, 한국정신문화연구원, 403~404쪽
6 김상현, 1985, 앞글, 235~236쪽
7 臺灣商務印書館, 『影印文淵閣四庫全書』 第九一九冊, 919~602쪽
8 김상현, 1985, 앞글, 233~234쪽

락을 같이 한다. 따라서 『책부원귀』가 宋에서 완성된 후 고려에의 유입시기인 1092년[9]과 이를 인용한 사서의 재인용 시기 등을 고려할 경우 1100년보다 다소 늦어질 수 있다. 『册府元龜』의 수입시기에 대한 정구복의 견해 역시 이 범주를 벗어나지 않고 있다.[10]

마지막으로 일연에 의한 편찬설은 왕력의 15장 후면에 보이는 '大宋'에 주목하여 구체적인 연대에 대한 언급은 하지 않았지만 宋이 元에 의해 멸망하지 않은 시점에서 일연에 의해 편찬된 것으로 보고자 하는 것이다.[11] 이는 최남선이래 지속되어 온 학계의 통설이다.

결과적으로, 1013년에 간행된 것이 분명한 『册府元龜』라는 册名의 존재와 高麗에의 수입시기인 宣宗 9年(1092)을 고려하면 1092년을 올라서지 않음을 알 수 있다. 다음으로 하한시기는 크게 三分되고 있는데, 첫째 『삼국사기』가 편찬되는 1145년 이전, 둘째 南宋(1127~1279)이 망하는 1279년 이전, 마지막으로 東州(919~1309)에서 鐵原으로 地名의 改名이 있었던 1310년 이전 등이 있다. 따라서 강인구의 고려초기설 가운데 상한시기의 설정은 『책부원귀』의 존재로 그 설득력을 잃고 있으나 하한시기의 설정은 여전히 검토의 대상이 되고 있다. 이외에 채상식은 1278년이후부터 3~4년간이라는 견해를 주장한 바 있으나, 『역대연표』와 왕력은 상호 관련

---

9 元祐…七年遣黃宗慤來獻黃帝鍼經 請市書甚衆 禮部尙書蘇軾言 高麗入貢無 絲髮利 而有五害 今請諸書與收買金箔 皆宜勿許 詔許買金箔 然卒市册府元龜 以歸(『宋史』卷 487, 列傳246, 外國3, 高麗 元祐七年條(景仁文化社編, 『宋史』卷6, 539쪽)

10 정구복은 중국에서 편찬된 시기가 1005년(고려 목종 8년)이며, 기록부재로 정확한 연대는 알 수 없으나 고려유입은 그 보다 훨씬 뒤이며, 『고려사』에 보이는 첫기록이 의종 5년 (1151년)이므로 예종(1105~1122)·인종(1122~1146)년간으로 이해된다고 했다(鄭求福, 1993, 「高麗初期의 『三國史』編纂에 대한 一考」, 『國史館論叢』45, 國史編 纂委員會, 170쪽의 註29).

11 崔南善, 1927, 「三國遺事解題」, 『三國遺事』(啓明第十八號), 啓明俱樂部, 37쪽

성이 없는 것으로 판단되므로[12] 그의 연대관은 재고의 여지가 있다.

1. 鐵圓과 鐵原

왕력의 편찬시기에 대한 문제는 지금까지 논의된 자료 이외에 地名의 沿革問題를 통해 재조명할 필요가 있다. 지명은 한번 사용된 후에는 후대에 달리 개명된다 하더라도 사용자에 따라서는 앞선 지명과 함께 늦은 시기까지 혼용할 수 있지만, 늦은 시기에 사용된 지명은 이전의 시기로 소급되어 문헌에 등장할 수는 없다.[13] 다만 개명이 이루어진 늦은 시기에 이전시기의 문헌이 간행될 경우 원고본 또는 목판본의 등재본인 필사본의 완성과정에서 필사자의 의도 또는 무의식 속에서 改書가 되는 경우가 있다.[14] 예컨대, 『삼국유사』 왕력에 보이는 견훤관계 기사의 光州[15]와 기이편의 후백제

---

12 김상현, 1985, 앞의 글, 229~231쪽 : 이근직, 1997, 「삼국유사의 피휘례 연구」, 『삼국유사교감연구』, 신서원, 539쪽

13 사료에 등장하는 地名·國名·州郡縣 등의 명칭을 통하여 편찬시기를 가늠하는 문제는 일찍부터 논의되어 왔다. 예컨대, ①『삼국유사』 마한조의 『海東安弘記』 및 황룡사구층탑조의 『東都成立記』 등에 등장하는 日本·女眞(女狄)·吳越 등의 명칭 가운데 일본은 7세기 후반 이후에, 여진 및 오월은 고려초의 문헌에나 등장할 수 있다. 따라서 진평왕대인 630년을 전후하여 활동한 안홍의 저술이 될 수 없음과 아울러 고려초의 위작으로 인식하는 것(井上秀雄, 1987, 『삼국유사』와 일본관계」, 『삼국유사의 종합적 검토』, 한국정신문화연구원, 144쪽)과 비록 후대적인 요소가 있다하나 이는 고려초에 와서 전승되는 과정에서 윤색된 것으로 보는 입장(이강래, 1996, 『삼국사기전거론』, 민족사, 193~205쪽) 등이 있다. ②『삼국유사』 보장봉로 보덕이암조에 등장하는 완산주는 보덕이 활동한 백제시대인 650년대에는 완산에 州가 설치되었던 어떠한 증거도 없다. 즉, 완산주는 신문왕 9년(689)에 와서야 비로소 설치되는 것으로서, 보장봉로 보덕이암조의 완산주는 후대의 인식을 소급하여 적용한 것으로 보고 있다(이강래, 1996, 『삼국사기전거론』, 민족사, 223~224쪽) 결과적으로 이들 자료의 직접적인 찬술시기는 후자일 수밖에 없다.

14 姓氏와 관련한 本貫의 표기는 대표적이다.

15 甄萱壬子始都光州(『삼국유사』 왕력 후백제조)에서 보는 것과 같이 光州라는 지명은 태

견훤조에 보이는『古記』에서의 光州[16]가 그것이다. 또는 고려시대의 문집 또는 사서를 조선시대에 초간내지 복간할 경우 당대의 인식이 반영되는 경우가 있다. 그러므로 지명에 대한 검토는 세심한 주의를 요한다.

왕력에서 확인 가능한 지명으로는 安康(신라 경덕왕~現) · ○山[17] · 彌勒大院(고려초 추정[18]~) · 社山(三國時代~940)[19] · 廣州(940~現)

조 23년(940)에 처음으로 사용된 지명이다. 그런데 892년에 견훤이 武珍州를 도읍지로 정한 사실을 후대에 와서 史書가 완성되는 과정에서 당시의 지명인 光州가 역으로 소급되어 적용된 것이다.

16 『삼국유사』기이편 후백제 견훤조는 연구자간에 조금씩의 의견차이는 있지만 대체로 4~5개의 서로 다른 사료군이 모여서 조합된 것으로 보고 있다(신호철, 1993,『後百濟甄萱政權研究』, 일조각, 189~191쪽 : 이강래, 1995,『三國史記典據論』, 민족사, 234~239쪽). 그런데 이들 사료군 중에서 유일하게『고기』에서는 견훤의 출신지를「光州北村」이라고 명기하고 있어 주목된다. 연구자에 따라서는 견훤의 출신지를 상주와 광주로 각기 추정하고 있어 판단이 유보되지만 문제시되는 것은 견훤이 출생할 당시 광주의 지명은 武珍州였다는 사실이다. 그러므로『삼국유사』기이편 후백제 견훤조에 보이는『古記』는 고려 태조23년(940) 이후에 편찬된 사서로 추정된다.

17 제판본에서 闕字인 ○山에 대해 이병도는 (慶)山, 최남선과 북역본은 (梁)山으로 補入하고 있다. 그러나 전자인 경산의 경우, 一然의 생존시에는 章山이던 지명이 1308년에 충선왕의 諱를 피하기 위하여 慶山으로 개명된 이후에 비로소 사용된 지명이다(『고려사』충선왕 즉위년 12월 계미일조). 후자인 양산의 경우는「良州(665)-良州(757)-梁州(940)-梁山郡(1413) 등으로 개명된 것이다. 즉, 양산이라는 지명은 조선조에 와서 비로소 사용된 것으로「梁」의 경우 補入字로는 적절하지 않음을 알 수 있다. 만약 이병도의 경우 補入字가 옳은 것이라면 왕력은 1308년이후에 편찬한 것이 된다.(『三國遺事』王曆 第六祗磨尼叱今條)

18 신영훈, 1980,「彌勒大院의 硏究」,『고고미술』146·147합호, 한국미술사학회

19 석남본과 임신본은 社(만송문고본·서울대본)로 하고 있으나 천리대본은 稷으로 加筆하여 改字하고 있다. 일부 활자본들은 社를 杜로 誤識하고 있다. 충청남도 천안군 稷山面은 백제 시조 온조왕이 졸본부여로부터 남하하여 개국과 동시에 정한 도읍지인 위례성으로도 알려지고도 있는데, 고구려가 취한 후 蛇山縣으로 개명한 곳이다. 통일신라기에도 그대로 두었으나 고려초에 직산으로 고쳤다(전용신편, 1993,『한국고지명사전』, 고려대 민족문화연구소, 120쪽). 따라서 社山은 蛇山의 다른 표기이며 직산의 원래 명칭임을 알 수 있다. 천리대본 소장자는 이러한 지명의 변천과정을 알고 있었으므로 社山을 고려초에 개명되어 조선조에 이르고 있는 稷山으로 加筆하여 改字한 것이다. 아울러

· 東州(919~1309) · 鐵原(1310~現) · 金州(971~1000 · 1012~1271 · 1308~1310) 등이 있다. 이 가운데 편찬의 하한시기 추정과 관련하여 논의가 되어 온 것으로는 鐵原의 옛 지명인 東州와 金海의 옛 지명인 金州 등을 들 수 있다.

그러나 기존의 시각과는 달리 東州 및 鐵原은 왕력 편찬의 상한시기를 알려 준다. 鐵原은 고구려 당시에는 '毛乙冬非' · '鐵圓' 등으로 불렸다.[20] 경덕왕 16년(757)에 '鐵城郡'으로 개명하였으나[21], 『삼국사기』 신라본기 진성여왕 9년조[22]와 효공왕 7년[23] 및 9년[24]조 그리고 열전의 궁예[25] 및 견훤[26]조 등에는 鐵圓으로 기록되어 있으므로 정확한 시기는 알 수 없으나[27], 여하튼 고려 태조의 즉위이전부터 鐵圓이라 명명했을 것으로 쉽게 추

杜山이 아닌 社山이며 그것은 판본들을 정밀하게 살펴보면 部首가 木이 아닌 示를 하고 있음에서도 알 수 있다. 그러나 유부현은 지명의 시기적 변천에 대한 고려없이 原刊本에서는 稷이 正字였으나 이후에 壞字가 되었으며 이를 조선초의 고판본에서 改刻할 당시에 杜로 변형시킴으로서 誤字가 된 것으로 추정하였다(유부현, 1993, 『삼국유사』의 교감학적 연구』, 중앙대 박사학위청구논문, 17~18쪽).

20 鐵圓郡(一云毛乙冬非)(『삼국사기』잡지제6 지리지4 고구려)

21 鐵城郡 本高句麗鐵圓郡 景德王改名 今東州 領縣二(『삼국사기』잡지 지리지)

22 秋八月弓裔擊取猪足狌川二郡 又破漢州管內夫若-鐵圓等十餘郡縣(『삼국사기』신라본기 진성여왕 9년조)

23 弓裔欲移部 到鐵圓 斧壤 周覽山水(『삼국사기』신라본기 효공왕)

24 秋七月弓裔移部於鐵圓(『삼국사기』신라본기 효공왕)

25 於是擊破猪足狌川夫若金城鐵圓等城軍聲甚盛……我太祖自松岳郡來投便授鐵圓郡太守……秋七月移靑州人戶一千入鐵圓城爲京……爾後多疑急怒諸寮佐將吏下至平民無辜受戮者頗頗有之斧壤鐵圓之人不勝其毒焉……先是有商客王昌瑾自唐來寓鐵圓市廛…(『삼국사기』열전 궁예)

26 貞明四年戊寅鐵圓京衆心忽變推戴我太祖卽位萱聞之(『삼국사기』열전 견훤)

27 전라남도 潘南郡의 경우를 예로 들어 대체로 문성왕대 이후에 신라의 지리지가 재정리되었을 가능성이 있다고 하는 견해가 있다(김태식, 1995, 『삼국사기』지리지 신라조의 사료적검토」, 『삼국사기의 원전검토』, 한국정신문화연구원 연구총서95-17, 190~192쪽).

정된다.[28] 그 후 鐵圓은 919년(태조 2년)에 東州로 개명되어 1310년까지 그 이름이 유지된다.[29]

또한 『고려사』 지리지에는 성종대(981~997)에 東州를 '昌原' 또는 '陸昌'으로 別稱한 듯하나[30] 창원과 육창의 경우 『고려사』 열전과 墓誌銘 등에는 東州에 속한 縣 또는 郡의 이름으로 등장한다.[31] 즉, 919~1310년 사이에 '鐵原'이라는 지명은 존재하지 않은 것이다. 한편 『삼국사기』에는 『삼국유사』와 달리 정확하게 모두 鐵圓으로 표기된 것은 김부식이 『삼국사기』를 편찬할 당시에 鐵原이라는 지명은 존재하지 않았기 때문이다.

이와는 달리 『삼국유사』 기이편 後百濟甄萱條에는 '貞明四年戊寅鐵原京衆心忽變推戴我太祖'라 하고 있어 後梁 정명 4년인 918년에 이미 鐵原으로 표기되고 있다. 그러나 본 내용은 『삼국사기』 권50 열전 제10 견훤조의 '貞明四年戊寅鐵圓京衆心忽變推戴我太祖'를 그대로 전재하는 과정에서 '圓'을 '原'으로 하고 있어 양서가 동일한 저본으로부터 전재되는 과정을 잘 보여 주고 있다.[32] 즉, 『삼국사기』는 저본 사료에 충실하여 원형

---

28 경문왕 5년(865)에 작성된 철원의 도피안사 철조비로자나불조상명기에는 「鐵員郡」으로 표기하고 있어 지명에 대한 표기에 同音異字가 사용되고 있음을 알 수 있다(신종원, 1995, 「철원군의 불교유적」, 『철원군의 역사와 문화유적』(유적조사보고제13집), 강원대박물관, 96쪽 탁본참조). 그러나 圓과 員의 사용은 동음이자가 아니라 고려시대에 널리 혼용된 圖와 「의 경우와 같은 현상으로 생각된다.

29 철원에 대한 지명의 사용은 『삼국사기』·『삼국사절요』·『고려사』·『고려사절요』 등의 사서와 고려시대의 금석문 및 개인문집 등에서 개명된 시기별로 정확히 사용하고 있어 구분이 가능하다.

30 東州……忠宣王二年汰諸牧降爲鐵原府 別號昌原(成廟所定) 又號陸昌 有寶盖山 郡一 縣七(『高麗史』 권제58 志 권제12 地理3 東州條)

31 ①崔惟淸字直哉昌原郡人(『고려사』 권제99 열전 권제12 최유청) ②公諱雲‥其先東州昌原縣人也……皇慶壬子(1312)徙知鐵原府延祐甲寅移知公州…(『拙藁千百』卷一, 皇元高麗故通憲大夫知密直司事右常侍上護軍崔公墓誌銘:1325년)

32 『삼국사기』의 경우, 고려본인 조병순소장본의 견훤전에서는 「貞明四年」, 중종임신본은

을 보존한 반면『삼국유사』는 일정한 변형을 가하고 있음을 알게 한다.

『삼국사기』의 궁예 및 견훤조에는 鐵圓城(2)・鐵圓郡(1)・鐵圓(3)・鐵圓京(1) 등 7회에 걸쳐 鐵圓과 관련된 기사가 등장하는데 모두 '圓'으로 쓰고 있어 鐵原이라는 지명은 사용되지 않았다. 반면에『삼국유사』기이편의 '鐵原京'은 轉寫과정에서의 異表記 또는 誤寫라기 보다는『삼국유사』의 초간이 1310년대 이후였음을 알려 주는 자료로도 해석할 수 있다. 이 경우 일연의 원고본을 1310년 이후에 등재본으로 하여 전사하는 과정에서 改字가 이루어졌을 가능성과 원고본 자체가 일연과 무관하게 1310년 이후에 완성되었을 가능성을 제기하는 것이다.

이러한 전후 사정을 감안할 때 왕력의 후고려 궁예조에서「鐵原」의 등장은 찬술시기가 아무리 빨라도 東州牧에서 충선왕 2년(1310년)에 鐵原府로 개편된 시점을 올라가지 않는다는 사실을 알 수 있다. 지금까지 연구자들은 金州와 東州라는 지명이 일반적으로 찬자가 직접 기술하였다고 생각되는 分註의 형태로 등장하는 것에 주목하여 왕력의 하한시기를 1310년 이전으로 보고자 하였다. 그러나 이러한 지명은 왕력의 찬자가 직접 기술한 것이 아니라 저본으로 삼은 사료에 이미 기재되어 있던 原註인 것이다. 이 점은 왕력의 편찬과정에 대한 전반적인 성격과도 밀접하게 관련을 맺고 있다.

이에 대해서 살펴보면 다음과 같다. 먼저 왕력에 보이는 後高麗 관련 및 鐵圓(鐵原)에 관한 기사이다.

A-①大順庚戌始投北原賊良吉屯(890년)

「貞明四季」, 이후 현종실록자본은 고려본과 같이「貞明四年」으로 표기하고 있다(천혜봉외, 1981,『삼국사기조사보고서』26~29쪽).

②丙辰都鐵圓城(今東州也∶896년)

③丁巳移都松岳郡(897년)

④辛酉稱高麗(901)

⑤甲子改國号摩震置元虎泰(904년)

⑥甲戌還鐵原(914년)　　　　　　　　　　　　　　　　　(後高麗 弓裔條)

B-①戊寅六月裔死太祖卽位于鐵原京(918년)

②己卯移都松岳郡是年創法王 · 慈雲 · 王輪 · 內帝釋 · 舍那 又創大禪院(卽

普濟) · 新興 · 文殊 · 通 · 地藏前十大寺皆是年所創(919년)

③庚辰乳岩下立油市故今俗利市云乳下 十月創大興寺或系壬午(920년 · 922년)

④壬午又創日月寺或系辛巳(922년 · 921년)

⑤甲申創外帝釋 · 神衆院 · 興國寺(924년)

⑥丁亥創妙○寺(927년)[33]

⑦己丑創龜山(929년)

⑧庚寅安(和)(禪)(院)(930년)[34]

⑨丙申統三(936년)　　　　　　　　　　　　　　　　　　(高麗太祖條)

위 사료는 15개의 간지아래 각 해당 연대에 일어난 역사적 사건들을 기
술하고 있다. 즉, 大順元年인 庚戌年(890)부터 天福 원년인 丙申年(936)

---

33 『고려사』세가1 태조조에는 관련 자료가 보이지 않고 있으나, 『고려사』권92 열전제5 신
숭겸전에는 927년 신숭겸이 대구 팔공산전투에서 견훤에게 패했을 때 김락과 함께 전사
하자 신숭겸을 위해 智妙寺를 지었다고 한다. 그러나 『삼국유사』 석남본에는 「妙○寺」,
정덕본에는 「妙寺」, 영주 부석사 원융국사비에는 妙智寺로 기록하고 있다.

34 『고려사』세가1 태조 13년 경인 秋八月조(930)에 "安和禪院을 창건하고 견훤에게 인
질로 가 있다 926년에 죽은 王信의 원찰로 삼았다" 하는 기록이 보이고 있어 왕력에는
결락되어 확인할 방법이 없지만 이로 미루어 「安和禪院」의 창건에 관한 기록으로 보
여진다.

까지의 47년간 궁예와 태조사이에 있었던 일련의 정치적 행위인 양길과의 만남·도읍지 결정 및 천도·국호선정 및 개칭·연호의 제정·궁예의 죽음에 따른 태조의 즉위·開京十寺 및 기타 寺院의 創建·후삼국 통일 등을 연대기로 구성하고 있다. 당시 치열하게 전개되었던 후삼국의 통일전쟁관련 기사는 보이지 않고, 後高麗의 建國과 잦은 遷都 그리고 高麗太祖가 철원에서 즉위하는 과정과 개성에서의 寺刹 創建 등에 관한 사실들을 중심으로 재구성되어 있다. 이러한 내용들은 삼국 및 통일신라의 경우 왕실가계를 중심으로 하고 기타 史實들로 왕력을 구성하던 것과는 다른 양상으로 주목된다. 오히려 양길·궁예·견훤·왕건 등 후삼국을 주도하였던 인물들의 가계에 대해서는 전혀 기록을 남기지 않고 있는 상반된 태도를 견지하고 있다.

그러므로 後三國時代의 연구자들은 대부분『三國史記』新羅本紀 및 列傳의 弓裔·甄萱條와『三國遺事』後百濟 甄萱條 및『高麗史』世家 太祖 등에 등장하는 관련 자료를 중심으로 史實을 재구성하는 한편으로 관련 사서에서 확인되지 않는 A-④ 같은 자료는 왕력을 이용하고 있다. 그런데 위 사료들은 사료의 전거가 된 저본의 계통이 사건 진행의 해당 연도를『삼국사기』및『고려사』등과 비교할 경우 세 갈래로 나뉘고 있다는 점이 주목된다.

첨부한「표1」을 참고로 할 경우, 먼저 왕력만이 고유한 기년을 갖고 있는 자료는 A-②④⑥과 B-⑦ 등이다. 둘째,『삼국사기』신라본기와 열전 또는『고려사』등과 기년상 1년씩 차이를 보이는 자료는 A-①과 B-③ 등이다. 마지막으로『삼국사기』신라본기와 열전 그리고『고려사』등과 기년이 일치하는 자료는 A-③⑤와 B-①②④⑤⑥⑧⑨ 등이다. 이처럼 외형적인 구분이 가능한 것은 전거가 된 저본의 계통이 다른데 기인한 현상이다. 따라서 왕력의 후고려 부분은 크게는 세개의 개별 사료군이 조합된 것이라고 할 수 있다. 왕력의 이러한 성격은 편찬자가 일정한 편찬원칙을 정한가운데 기년을 조정하면서 찬술이 이루어진 것이 아니라 기왕에 소장하고 있던 자료들을 수정없이 종합한 후 이를 연대순으로 轉載하고 있음을 추측하게 해준다. 또한 원전이『삼국사기』와 고려 초기의 사실을 기록한『七代實錄』[35]과 같은 通史 또는 고려 태조의 先代를 기록한『編年通錄』과 같은 자료로부터 벗어나 있음을 시사한다. 왕력의 이러한 편찬성격은 지명들의 연혁을 이해하는데 도움이 된다.

먼저 鐵圓(鐵原)과 東州라는 지명이 내포하고 있는 문제점에 대해서 살펴보면 다음과 같다. 첫째, 사료A-②는 896년 鐵圓城에 궁예가 도읍을 정한 사실을 기록한 것이며, 지금의 東州(940~1310)라는 分註가 기록되어 있다. 따라서 분주의 내용이 과연 왕력의 찬자가 기술한 것인지 아니면 왕력의 편찬에 이용된 저본에 이미 기록되어 있던 原註인지를 구별해야 한다. 둘째, A-⑥의 甲戌年인 914년은 궁예가 송악으로부터 鐵圓으로 돌아온 시점을 말한다. 그러나 왕력은 후대의 지명인 鐵原으로 표기하고 있다. 또한 해당 연대를『삼국사기』및『고려사』등의 관련 기록에서는 모두 905년으로 하고 있어 근본적인 문제를 안고 있다. 마지막으로, B-①은 918년 궁예가 죽자 태조가 鐵圓京에서 즉위하였다는 내용으로 역시 1310년 이후의 지명인 鐵原으로 표기하고 있다.

여하튼 鐵圓은 919년(태조 2년)에 東州로 개명된다. 위의 사건들은 모두 태조 즉위 이전에 일어난 일이기 때문에 경덕왕16년에 개명된 '鐵城' 또는 羅末麗初에 사용된 '鐵圓'으로 표기되어야 하나 1310년 이후에 사용된 '鐵原'으로 표기되어 있다. 다시 말해서, 사료A-②⑥과 B-①이 동일인에 의한 기록이라면 같은 시기에는 양립할 수 없는 東州와 鐵原이라

---

35 하현강, 1993,「編年通錄과 高麗王室世系의 性格」,『한국중세사연구』, 일조각

는 지명이 분주와 본문에서 동시에 기록되어 있다는 사실은 매우 흥미로운 일이다. 만일 왕력이 저본 사료들의 단순한 조합이 아니고 동일인에 의해 의도적으로 편찬되었다면 이와 같은 모순은 생기지 않았을 것이다. 즉, 鐵原의 사용시기가 1310년 이후가 분명하다면, A-②의 '今東州也'라고 하는 분주는 '今鐵原也'로 표기되어야 한다. 그렇지 않고 왕력의 찬자가 기록한 것으로 추정되는 분주에 등장하는 東州(919~1309)가 지명으로 사용되던 시기에 왕력의 편찬이 이루어졌다면 A-⑥과 B-①의 경우 본문은 鐵圓으로 표기되어야 한다. 그런데 A-②와 A-⑥은 鐵圓城과 鐵原으로 표기했으므로, 이들은 비록 왕력만이 갖고 있는 고유한 사료이기는 하나 동일인에 의한 기술이 아님을 의미한다. 따라서 이들 사료군은 동일인에 의해 동시에 성립된 것이 아니라 시차를 두고 각기 다른 찬자에 의해 완성된 별개의 사료로서 왕력을 편찬할 때에 聚合된 것이다. 이처럼 개별사료의 편집 양상은 왕력의 여러 곳에서 산견되는 보편적인 현상이다.[36]

결과적으로 A-②의 분주에서 확인되는 東州는 저본자료의 原註로서 1310년 이전에 편찬된 사서 또는 기록에 남아 있던 것임을 의미하며, A-⑥과 B-①은 1310년 이후에 각각 성립된 사료일 가능성이 높아짐을 알 수 있다. 전자의 경우는 저본 자료를 훼손하지 않고 그대로 移記하였으며, 후자의 경우 해당 사료가 완성되던 당대의 지명인 鐵原을 후삼국 시기의 鐵圓으로 소급하여 기록한 것이다. 논자에 따라서는 흔히 고대 사료에 일반적으로 등장하는 동일한 지명에 대한 同音異字 현상의 하나라고 볼 수

---

36 예컨대, 왕력에 있어 신라와 가야의 경우 父子간의 관계를 나타내고자 할 때 「父○○王」으로 표기하는 것이 통례인데 제30대 문무왕의 경우만 「太宗之子」라하여 고구려와 백제의 표기법인 「○○之子」로 하는 방식을 따르고 있다. 이는 系統이 다른 사료의 組合이 빚어낸 현상이다.

있다. 그러나 사료A-②에서 확인되듯이 이미 왕력의 찬자는 '鐵圓城'이라는 표기를 접하였기 때문에 鐵原으로 異記할 가능성은 없다.[37] 그리고 왕력의 찬자는 수집한 사료에 대해 避諱字외의 字에 대해서는 일체 改字를 하지 않는 편찬태도를 견지하고 있어[38] 후자의 사료가 저본의 내용을 그대로 전하고 있을 가능성이 높다.

이러한 편찬의 성격을 잘 보여 주고 있는 지명으로 金海와 金州가 있다. 왕력 駕洛國題下 分註에는 '金州'라는 지명이 사용되었으나, 기이편 五伽耶條의 金官伽倻의 분주는 '金海府', 기이편 駕洛國記條의 분주는 '金官知州事'라 하여 金州를 의미하고 있다. 이처럼 왕력과 기이편 그리고 기이편내에서 조차 동일 지명에 대해서 각기 다른 시기의 지명을 사용하고 있음은 두 갈래의 방향으로 이해가 가능하다. 먼저 편찬자의 직접적인 분주라면 왕력과 기이편은 각기 다른 시기에 완성되었음을 말한다. 다음으로는 수집한 저본에 나타나는 지명 가운데 일부가 비록 당대에는 사용되지 않는 명칭일지라도 改書하지 않고 전재하고 있음을 의미한다. 전자와 후자 가운데 어느 경우라고 단정하기는 어려우나 특히 기이편내의 오가야조와 가락국기조의 분주에 등장하는 地名은 찬술 당시에 사용된 지명으로 일률적으로 조정된 것이 아니라 수집한 저본 자료의 原註를 수정하지 않고 전재하고 있음을 알게 한다. 나아가 편찬 당시 필요한 부분에 찬자의 직접적인 분주가 가해지더라도 기존의 분주에 대해서는 조정하지

---

37 통일신라말기인 10세기를 전후한 시기부터는 지명에 대한 異表記가 현저하게 사라지고 있음도 참고가 된다.
38 왕력의 경우 총15장 가운데 제5장 전후면과 제10장 전후면은 나머지 13장과 달리 피휘가 적용되지 않고 있다. 이 점은 나머지 13장에 적용된 피휘법의 결과가 저본에 의한 것인지 아니면 왕력의 찬자에 의한 것인지를 구분하는데 어려움을 주고 있다(이근직, 1997, 「三國遺事의 避諱例 研究」, 『三國遺事校勘研究』, 신서원, 515~517쪽).

않았음을 말한다.[39]

한편 위의 추정과 상반되는 다음의 자료는 주목된다.

C : …順敬太后叔伯之宗彦陽金氏一宗定安任太后一宗慶源李太后安山金太后

鐵原崔氏孔岩許氏平康蔡氏淸州李氏唐城洪氏黃驪閔氏橫川趙氏坡平尹氏平壤

趙氏竝累代功臣宰相之宗…

(『고려사』 권33 세가권33 충선왕1, 즉위년조)

D : 先有崔孤雲者嘗曰聖人之氣醞釀山陽鵠嶺靑松鷄林黃葉紫雲未起預識興亡

鐵原寶鏡墮自上蒼先鷄後鴨斯言孔彰及乎統合三土…

(『동문선』 권2 부, 삼도부 : 최자)

사료C는 1308년에 해당하며, 사료D는 최자(1186~1260)가 고려 조정
의 강화천도 이후인 1232년경에 쓴 작품으로 추정되므로[40] 각각 1310년
에서 2년 또는 70여년 이상 앞서는 기록이다. 여기에 보이는 '鐵原崔氏'와
'鐵原寶鏡' 등이 문제된다. 일견에는 1310년 이전에 이미 鐵原이라는 지
명이 일반적으로 통용되고 있었음을 의미한다. 그러나 『고려사』는 1310
년으로부터 141년 뒤인 조선 문종 원년(1451), 『동문선』은 168년 뒤인 조
선 성종 9년(1478)에 각각 간행되었다는 단점을 갖고 있다. 특히 『고려
사』와 『동문선』이 편찬과정에서 부분적으로 改修가 있었음은 잘 알려진

---

39 註19에서 언급한 祉山의 경우도 紀異第二. 南扶餘 前百濟 北扶餘已見上條에서는 '…
   後至聖王移都於泗沘今扶餘郡(「雛忽仁州慰,城稷山」)'으로 기록되어 있다. 즉, 왕력의
   분주와 기이편의 분주가 동일한 지명에 대해 서로 다르게 표기하고 있다.

40 박성규, 1989, 「崔滋의 「三都賦」에 대하여」, 『한국한문학연구』12집, 한국한문학연구회,
   186쪽의 註2

사실이다. 따라서 두 자료의 문제점을 검토하고자 한다.

C의 경우 鐵原은 우리가 흔히 말하는 성씨제도에서 본관을 의미한다. 고려시대 전기에 本貫이란 나말여초에 전국적으로 발생한 人口流動 현상에 대처하기 위하여 호구상태를 파악하는 과정에서 백성들을 통제하기 위한 하나의 방편으로 성립된 것이다.[41] 따라서 당시 본관이란 同族이라는 후대의 의미보다는 籍을 붙여 등록한 지역, 즉 출신 또는 거주지의 행정구역을 지칭한 것이다. 그러나 「철원최씨」라는 표현이 보편적으로 널리 사용되는 시기가 되면 고유한 의미에서의 본관=거주지(본적)라는 의미는 퇴색하고 2차적인 의미인 시조와 혈연을 중심으로 형성된 특정한 同族을 의미하게 된다.[42] 이 단계에 이르면, 개인의 출자에 대해서 「姓○氏○○郡(縣)人」으로 표현되던 것이 「철원최씨」의 경우처럼 지명을 앞세우고 성씨를 뒤에 표기하는 것으로 바뀌게 된다.[43] 아울러 출신지 또는

---

41 김수태, 1981, 高麗 本貫制度의 成立」,『진단학보』52, 진단학회

42 金鳳毛墓誌銘(1209년)에는 김씨시조인 김알지가 확인되는데『삼국사기』신라본기 탈해니사금조를 전재한 것이다(김용선편저, 1993.『고려묘지명집성』, 한림대 아시아문화연구소, 297쪽). 또한 朴景山墓誌銘(1158년)과 朴全之墓誌銘(1325년) 그리고 金光載墓誌銘(1363년) 등에는 '朴門壽新羅始祖奕居世之後也'라 하였으며, 1376년 추정의 李齊賢墓誌銘에는 '姓李氏新羅始祖赫居世有佐命大臣日李謁平其後'라는 표현이 보이고 있다. 이는『三國史記』의 초간이 이루어진 1146~1151년(정구복, 1996,「삼국사기해제」,『역주삼국사기1』(교감·원문편), 한국정신문화연구원, 546~547쪽) 이후부터는 박씨와 김씨에 한해서 일반적이지는 않으나『삼국사기』의 내용을 인용하여 자신들의 시조에 대한 계보를 밝히는 경향이 있었음을 알 수 있으며, 이러한 현상은 희소한 경우로 그 예가 몇 안되지만 이전의 묘지명과는 다른 인식을 보여주고 있다고 할 수 있다. 이 점은『삼국사기』의 간행과 유포 후 일부에 국한하지만 시조를 구체적으로 인식하기 시작하였음을 의미한다. 그리고 이는『삼국사기』가 일정한 기간이 경과함에 따라 고려중기 지식인 사회에서 본관을 초기의 거주지에서 취하던 것에서 후대의 시조를 중심으로 하는 본관제도로 변화하는데 기여한 것처럼 보이기도 하는 부분이다(문경현, 1997,「三國史記의 正統論」,『韓國史學史硏究』(于松趙東杰先生停年紀念論叢 I), 도서출판 나남, 139~140쪽).

43 경기도 수원 葛陽寺소재 惠居國師碑文(974년)에는 '俗籍溟州朴氏寧郡黃驪縣人也' 확

거주지 등은 표기하지 않게 된다.

이러한 경향은 12세기이후 유이민이 전국적으로 광범위하게 발생함에 따라 本貫制에 의해 운영되어 오던 지방제도가 개편되고 民의 파악방식이 現住地附籍政策으로 변화되면서[44] 서서히 발생하기 시작한 새로운 표현방법인 것이다. 따라서 고려후기부터 일반화되기 시작한 오늘날과 같은 본관의 개념은, 비록 개인은 유성원의 표현처럼 "평생에 한 번도 가본 적이 없고 본적도 없는 곳"[45]이지만 본관은 출신지와 무관하게 항상 부여된다. 따라서 C의 철원은 씨족제도에서 상당히 후대적 개념임을 쉽게 알 수 있는 것이다. 그러나 『고려사』를 일별하면 고려사회는 공민왕 23년(1374)에 이르기까지도 본관=거주지라는 인식은 유지되고 있음을 알 수 있다.[46]

문헌자료의 경우 '鐵原崔氏'라고 표현한 기록은 『고려사』와 이색(1328~1396)의 『牧隱藁』[47] 그리고 『증보문헌비고』 등에 보인다. 『고려사』

인된다. 연구자들은 이를 번역함에 '그는 명주박씨로서 (川)寧郡 황려현 사람이다' 라고 하여 고려초기에 '명주박씨'라는 표현이 있었던 것처럼 하고 있다. 그러나 고려초기의 본관제도가 유민들을 통제하기 위한 하나의 수단이며 출신지 또는 거주지에 籍을 두는 것으로서 본관으로 삼았던 점에 비추어 본다면, 명주와 박씨를 구분하여 혜거국사는 '세속에서의 籍은 명주이며 (성은) 박씨로 (현재는) 천령군 황려현의 사람이다' 라고 번역하여야 할 것이다. 즉, 혜거국사는 원래 명주출신이나 승려로써 만년에 水州府의 속현인 황려현으로 은거하게 됨에 따른 표현인 것이다. 여기에서도 출신지와 거주지를 모두 기록하고 있어 고려초기 본관제도의 취지를 읽을 수 있다.

44 채웅석, 1986, 「고려전기 사회구조와 본관제」, 『고려사의 제문제』, 삼영사, 387쪽

45 …足不一涉 目不一睹…(유성원, 『東國輿地志』의 범례)

46 二十三年三月 敎 各道鄕試諸生 各於本貫赴擧 已有成規 今諸生或有赴他道試者 毋不會試(『高麗史』「選擧志」科目一). 여기에서 말하는 본관은 아직까지 본적지를 의미함은 분명하다고 한다(송준호, 1986 「韓國의 氏族制에 있어서의 本貫 및 始祖의 問題」, 『歷史學報』109, 역사학회, 97~98쪽의 註5).

47 …鐵原崔氏八十而生子今其孫之多也…(『牧隱藁』文藁卷四, ○○○)

와『목은집』에는 1회, 『증보문헌비고』는 2회에 걸쳐 보이나『고려사』의 내용을 전재한 것이어서 사료로서의 가치는 없다. 즉, 철원최씨라는 표현은 일반적이지 않음을 알 수 있다.

고려시대의 대표적인 금석문인 묘지명에서는 '철원최씨'에 대한 용례가 단 일례도 확인되지 않고 있다. 다만 1324년에 崔瀣(1287~1340)에 의해 작성된 閔宗儒墓誌銘에는 이전의 '姓○氏○○州(郡·縣)人'라고 하는 표기와 달리 本貫을 의미하는 지명 가운데 행정명칭인 州·郡·縣 등을 생략하고 지명을 앞세운 '昌原崔氏'라는 표현이 처음으로 확인된다.[48] 그러나 동일 묘지명에서 '配長沙郡夫人兪氏'라는 표현이 사용되고 있어 과도기적 양상을 보여 주고 있다. 여기서 등장하는 창원최씨는 민종유 (1245~1324)의 어머니로 최린의 딸이다. 그런데『고려사』열전 최린전에는 그가 東州의 屬縣인 昌原을 本貫으로 하고 있음을 알려 준다. 여기에서 주목되는 것은 東州에서 鐵原으로 개명된 1310년 이후에도 여전히 당대인들은 개명된 지명인 鐵原으로 하지 않고 이전의 속현이었던 昌原이라는 지명을 사용하고 있다. 즉 자신들의 본관을 기록하면서 '昌原崔氏'라는 표현을 사용하고 있는 것이다. 그러나 창원최씨 가문은 고려말 최영장군의 죽음과 함께 몰락하게 된다. 따라서 조선시대에 오면 창원최씨라 하지 않고 모두 창원군이 속하였던 철원부를 본관으로 삼게 된다. 이후 지금에 이르기까지 모두 동주최씨 또는 철원최씨라 칭한다.

또한 창원최씨 이후에 이제현이 지은 최성지묘지명(1330)에는 完山崔氏[49]가 등장한다. 1340년의 유보발묘지명에는 儒州柳氏[50], 이달존묘지명

---

48 고려의 문신인 崔惟淸(1095~1174)으로부터 고려말기의 崔瑩에 이르기까지 철원출신의 고려시대 崔氏들은 東州의 屬縣이었던 昌原을 本貫으로 하고 있다.

49 『益齋亂藁』

50 『稼亭集』

에는 雞林李氏[51], 1354년의 홍삼묘지명에는 南陽洪氏[52], 1355년의 朴元
桂墓誌銘에는 寧海朴氏[53], 1378년의 최재묘지명에는 完山之崔氏[54], 安輔
墓誌銘에는 順興安氏[55] 등의 표현이 보인다. 그런데 이들은 모두 1310년
이후이며 현존하는 실물의 묘지명이 아니라 고려말 또는 조선초기에 간
행된 개인문집에만 등장한다는 공통점이 있다.

　결과적으로 철원최씨의 경우 1310년을 전후한 시기에 확인되는 모든
묘지명에는 '東州昌原郡人'[56] 또는 '昌原縣人'[57]으로 하고 있으며, 철원을
본관으로 칭하는 이는 확인되지 않고 있다. 이는 당시에 '鐵原崔氏'라는
표기 방법이 없었음을 의미한다.『고려사』· 묘지명 · 이색의 문집 등에서
확인되듯이 이러한 표기는 고려말 또는 조선초기의 인식임을 알게 한다.
즉, 묘지명의 경우로 미루어 보면 1308년의『고려사』기록의 경우, 당대
의 고려실록에는 昌原郡의 崔氏家門」뜻하는 내용이었으나 朝鮮初에 개
수되는 과정에서 창원군이 속하였던 당시의 지명인 철원으로 개명된 것
이 아닌가 한다. 이후로 간혹 같은 방법으로 표기하는 묘지명의 수가 점
차 증가하고 있어 본관에 대한 인식의 변화를 읽을 수 있으나 고려말까지
완전히 정착하지 못한 것으로 보인다.

　『고려사』에서 철원의 경우와 동일한 에로는 윤언이를 들 수가 있다. 坡
平尹氏인 尹彦頤(?~1149)의 묘지명에는 본관을「鈐平縣人」으로 하고 있

---

51 『稼亭集』
52 『牧隱文藁』
53 『牧隱文藁』
54 『牧隱文藁』
55 『牧隱文藁』
56 公諱讜東州昌原郡人(崔讜墓誌銘：1211년)
57 公諱雲字蒙叟其先東州昌原縣人····知鐵原府(崔瀣,『拙藁千百』권1, 皇元高麗故通憲
　　大夫知密直司事右常侍上護軍崔公墓誌銘：1325년)

다. 왜냐하면 坡平縣과 鈐平縣이 같은 시기에 동격의 縣으로 달리 존재하였으므로 그는 파평인이 될 수 없었기 때문이다. 이에 반해『고려사』는 윤언이의 아버지인 윤관을 파평현인으로 기록하고 있으며[58] 윤언이의 본관에 대해서도 별도의 기록을 남기지 않고 당연시하였다. 그러나 그들이 비로소 파평현을 본관으로 칭하게 되는 시기는 윤관의 아들인 尹彦旼 (?~1154)에 와서야 가능하였다.[59] 즉, 윤관과 윤언이의 본관인 파평현은 조선시대에 와서 당대의 지명으로 소급되어 기록된 것이다. 仁州(慶源) 李氏인 李子淵(?~1086)의 경우도 마찬가지이다.[60] 결과적으로 이들에 대한 표기는『고려사』편찬과정에서 朝鮮初의 본관에 대한 사회관습 및 지명에 대한 인식이 적용되어 사실과 다르게 개수된 것임을 알 수 있다.

한편,『동문선』에 소개되고 있는 사료D는『삼국사기』열전의 궁예전[61]과『고려사』세가 태조 917년조[62]에 동일한 내용이 전하고 있다. 이들 양서의 저본은 같은 것으로 추정되며, 관련기록들은 문제의 寶鏡이 갖고 있

---

58 윤관의 경우도『증보문헌비고』에 의하면 鈐平伯으로 봉해지고 있음이 확인된다. 또한 고려말기부터 조선시대에 이르기까지 파평 및 평산을 본관으로 하는 자는 鈐平君으로 봉해지고 있는데, 이는 그들의 원거주지가 鈐平縣이었기 때문이다. 대표적인 인물로는 윤관·윤계겸·윤계동·윤곤·윤탄·윤사균·윤척 등이다.

59 윤언민의 묘지명에는 '其先於波平縣人也'으로 표기되어 있어 그동안 확인할 수 없었던 坡平縣과 鈐平縣의 통합시기를 알려 준다. 윤언이와 윤언민 형제간의 죽음은 1149년에서 1154년인 5년사이에 이루어지는데 이 기간 동안에 두 현이 통합된 것으로 추정을 할 수 있다(김용선편저, 1993,「尹彦旼墓誌銘」,『高麗時代墓誌銘集成』, 한림대 아시아문화연구소자료총서10, 141쪽).

60 이자연의 묘지명에는 본관이「邵城人」으로 되어 있으나『고려사』에는「仁州人」으로 기록되어 있다. 인주는 고려 인종대(1122~1146)에 처음 사용된 것으로 이자연 생존시에는 사용되지 않은 지명이다. 이러한 당시의 분위기는 1138년의 李公壽墓誌銘에서 '邵城後改仁州今仁州人也'라 하고 있음에서 확인된다(김용선편저, 1993,『高麗墓誌銘集成』, 한림대 아시아문화연구소, 64쪽).

61 ……黑金鐵也今所都鐵圓之謂也(『삼국사기』열전 궁예전)

62 ……黑金鐵也今所都鐵圓之爲也(아세아문화사, 1972,『고려사』(영인본), 37쪽)

는 상징성을 해석하고 있는데, 구체적으로 거울이 의미하는 바의 지명은 당시의 수도였던 鐵圓이다.

오늘날 규장각도서에 소장되어 있는『동문선』의 목판본은 어느 때의 간본인지가 불분명한 상태로 이미 간행되었던 활자본을 대본으로 해서 판각한 것으로 확인이 되고 있다. 초간본인 1478년의 을해자본 이래로 1482년 갑인자본과 임진왜란 이후인 1615년 書籍校印都監에서 재인한 본 등으로 미루어 많은 전사과정을 거쳤음을 알게 한다. 뿐만 아니라 내용에서도 詔 · 宣 등 文章의 용어를 敎 · 旨 등으로 바꿈으로서 자료의 원형이 달라지게 되었다는 지적이 있다.[63] 따라서『동문선』에 게재된 자료가 비록 최자(1186~1260)의 것일지라도 어느 정도 변형은 가능하다고 생각된다.[64] 특히「삼도부」는 최자의『보한집』에는 수록되지 않은 것인데『동문선』에 와서 채록된 것이다.『보한집』은 최자가 서문을 쓴 고종 41년 (1254)경에 초간이 이루어진 것으로 여겨진다.[65] 그러므로 1232년경에 쓰여진「삼도부」는『보한집』의 초간보다 20여년전의 작품이므로 당연히『보한집』에 게재되었을 것이나 누락되고 없는 것이다. 이러한 당시의 정황은「삼도부」가 필사본 형태로 전해오던 것을『동문선』편찬시 채록된

---

63 허홍식, 1996,「東文選의 編纂動機와 史料價值」『高麗佛教史研究』, 일조각, 780쪽.
64 최자의『보한집』은 이인로(1152~1220)의『파한집』을 보완하여 만든 것으로 유명한데 『破閑集』卷上의 여덟 번째는 林椿(의종?~명종?)에 관한 내용이다. 임춘이 벼슬에 싫증이 나서 星山郡에 들렀을 때 일어난 이야기를 적은 것이다. 星山郡은 오늘날 경북 성주군을 말하는데 이인로 당대에는「京山府」로 불리고 있었다. 그런데『파한집』에 홍안·성주 등의 지명을 거쳐 1631년에 처음 사용된 星山이 등장하고 있는 것이다. 이는 1260년에(원종원년)에 초간된 인본은 남아 있지 않고 1659년에 嚴鼎耉가 경주부윤으로 있을 때 家藏秘本을 가지고 각판한 중간본이 남아 있다. 즉, 신안현에서 성산현으로 개명된지 28년 뒤에 중간하면서 고려시대의 지명인 京山을 星山으로 고쳤기 때문이다.
65『보한집』의 초간은 1254년경에 이루어진 것으로 추정이 되나 현존하지는 않는다. 현존하는 조선 효종때의 각본과 1911년에 조선고서간행회에서 간행한 활판본이다.

것일 가능성이 많음을 시사한다. 이 점은『동문선』에 실린 작품들이 금석문보다는 당시에 전존하던 필사본이나 개인문집에서 확인되는 것을 중심으로 편찬된 것임을 알 수 있다[66]고 한데서도 확인된다. 따라서『동문선』이 편찬될 때에 개자되었을 가능성이 있다. 또한 이 점은 최자를 전후한 당대의 지식인인 이규보(1168~1241)의『동국이상국집』[67] · 金坵(1211~1278)의『止浦集』[68] · 崔瀣(1287~1340)의『拙藁千百』[69] · 崔讜墓誌銘(1211)[70] 등에서 鐵圓 · 東州 등에 대한 표기를 사용된 시기별로 정확히 기록하고 있음을 보아도 알 수 있다.

결과적으로, 鐵原이라는 지명은 일반적으로『삼국유사』의 찬술시기라고 하는 1280년보다 늦게 왕력이 편찬되었음을 알려 주는 것이다. 따라서 왕력의 찬자와 일연은 동일인이 아닐 가능성이 제기된다.

2. 江陵과 溟州

諸篇에서는 水路夫人條와 慈藏定律條에 등장하는 지명인 江陵과 溟州를 주목할 필요가 있다. 이들 지명의 문제는 앞에서 언급한 후백제 견훤조의 鐵原과 같이『삼국유사』의 편찬과정 및 시기와 관련하여 관심을 끌고 있기 때문이다. 제편에 등장하는 강릉과 명주에 관한 기사는 다음과 같다.

---

66 허흥식, 1996, 앞책, 780쪽.
67 …丁亥春出守南原府明年移守東州又以理最聞…(『東國李相國集』後集十二, 賜紫金魚袋李君墓誌銘 : 1238)
68 ……武泰松壤之受符鐵圓天授之卽祚……(『止浦集』卷三, 上座主金相國謝傳衣鉢啓)
69 …公諱雲·其先東州昌原縣人也……皇慶壬子(1312)徙知鐵原府延祐甲寅移知公州…(『拙藁千百』卷一, 皇元高麗故通憲大夫知密直司事右常侍上讓軍崔公墓誌銘 : 1325년)
70 公諱讜東州昌原郡人…昌原郡開國子食邑五百戶…(이난영편, 1967, 「高麗崔讜墓誌銘」『韓國金石文追補』, 274~276쪽)

E - 聖德王代 純貞公赴江陵太守(今溟州)

(『三國遺事』卷第二 紀異第二 水路夫人條)

F - 暮年謝辭京輦於江陵郡(今溟州也)創水多寺居焉

(『三國遺事』卷第四 義解第五 慈藏定律條)

『고려사』지리지 또는『신증동국여지승람』강릉도호부조 등에 근거할 경우 溟州는 신라 경덕왕 16년인 757년부터 사용된 후 고려시대에 이르러 간혹 東原京 또는 河西府로 명칭이 변경되기도 하였으나 1260년 慶興都護府로 승격되기까지 유지된 지명이다. 그 이후 명주는 다시 사용되지 않은 것처럼 되어 있다.[71] 그러나『고려사』세가에 의하면『고려사』지리지 내용과는 달리 충렬왕30년(1304)에 溟州가 폐지되고 있으며,[72] 늦게는 충숙왕 원년(1314)에도 명주가 확인되고[73] 있어 1310년 이후에도 일정기간은 일반적으로 사용되고 있었음을 알 수 있다. 江陵은 충렬왕34년(1308)에 경흥도호부에서 江陵府로 개편되었다. 溟州道(1199)[74]와 江陵道(1313) 역시 그러한 연대관에 입각하여 정확히 기록되어 있다. 결과적으로 명주에서 강릉으로 개명되는 시기에 관한『고려사』의 자료들을 종합할 때 1310년 이전까지는 명주로, 이후부터는 강릉으로 사용된 것 같다.

---

71 전거를 제시하지는 않았지만 1263 또는 1264년에 경흥도호부에서 江陵道로 개명한 것으로 소개하고 있다(강릉문화원,『臨瀛의 脈』, 15쪽 : 백홍기, 1991,「강릉시연표」,『한국민족문화대백과사전』1, 한국정신문화연구원, 421~422쪽).

72 癸亥復析州郡之幷者罷晉羅州溟州仁州靈光密城判官祖江河原句當羅州道館驛使(『고려사』권제32 세가권제32 충렬왕30년 봄정월)

73 ····江陵道存撫使置司溟州(『고려사』권제34 세가권제34 충숙왕 원년 갑인일)

74 甲子····盜起溟州陷三陟蔚珍二縣盜又起東京與溟州賊合侵掠州郡遣郎將吳應夫借閣門祗候宋公綽于溟州道···(『고려사』권제21 세가권21 신종2년 2월조)

만일 우리가 알고 있는바와 같이 위의 기록들이 정확하다면, 명주와 강릉이라는 지명의 사용시기를 고려할 때『삼국유사』가 갖는 문제점은 두 가지이다. 첫째, 일연이『삼국유사』를 완성하였다고 한다면 1310년 이후의 지명인 강릉은 등장하지 않아야 한다는 점이다. 둘째, 일연이 생존한 시기를 고려하지 않는다고 하여도 본문에는 명주가 기록되고 분주에서는 강릉이 등장하여야 자연스럽다는 점이다. 즉, '溟州(今江陵府)'로 표기되어야 사용시기의 선후문제가 이해될 수 있다.

일찍이 사료F의 분주를 '本溟州也'로 판독한 쓰보이구메조(坪井九馬三)는 江陵의 출현시기가 1308년 이후임을 문제삼아『삼국유사』의 찬술시기가 고려중엽이후임은 분명하나 정확히 하기가 어렵다고 하였으며[75], 최남선은 구체적인 증거를 제시하지는 않았지만 "1308년이전의 상황을 자세히 알지 못하는 상황에서 郡名으로서의 江陵이 꼭히 충렬왕이후에 속하라는 법이 없다"고 하면서 이를 부정한 바 있다.[76]

그러나 위사료의 본질적인 문제는 1308년 이전에 강릉이라는 지명의 사용여부를 가리는 것이 아니다. 그것은 명주와 강릉이 1308년에 통합하여 강릉으로 개명된 이후에는 한 번도 사용되지 않은 溟州라는 지명을 '江陵(今溟州)'이라고 표기함으로서 명주가 강릉보다 늦은 시기에 사용된 것처럼 分註로 처리되어 있느냐 하는 것이다. 이 경우 한 번이라도 강릉과 명주가 1308년이전 시기에 각기 다른 행정구역의 명칭으로 사용되다가 어느 시기에 溟州라는 이름으로 통합되거나 아니면 江陵郡이 명주에 속해 있었다는 것을 전제하여야만 가능한 것이다. 그렇지 않고 江陵郡이 1308년 이후의 江陵府를 의미한다면, '수로부인'조와 '자장정률'조는 의심

---

75 坪井九馬三, 1900,「三國遺事解題」,『史學雜誌』第十一編第九號, 史學會, 59~62쪽
76 崔南善, 1927,「三國遺事解題」,『三國遺事』(啓明第十八號), 啓明俱樂部, 39쪽

186 삼국유사 요모조모

하지 않고 일연사후에 찬술된 것이라 보아야 할 것이다. 두 기록의 시대적 배경이 삼국시대 말기와 성덕왕대이므로, 당시 행정명인 하서주 또는 아슬라주로 표기된 것을 1308년 이후의 지명인 강릉으로 개서하고 저본의 분주인 명주는 그대로 둔 것이 되기 때문이다.

한편, 고려초기의 문헌과 금석문에서는 강릉이 확인되지 않고 있다.[77] 그러나 고려중기의 금석문인 영주 부석사 圓融國師碑(1054) · 鄭沆墓誌銘(1137년) · 許載墓誌銘(1144년) · 崔湧 妻 金氏墓誌銘(1149년) · 李軾墓誌銘(1159년) · 崔誠墓誌銘(1160) 등에서는 江陵郡이 확인되고 있다. 뒤이은 고려후기 묘지명에서는 江陵道와 江陵府라는 표현으로 바뀌고 있음을 알 수 있다. 그런데 崔湧 妻 金氏墓誌銘(1149년)에는 '江陵郡大夫人 金氏墓銘 夫人金氏其先海東溟州人新羅王孫也'라하여 江陵과 溟州가 같이 등장하고 있으며, 崔珙墓誌銘(1254년)에서는 최공을 '溟州人'으로 표기하고 있다. 위의 자료들은 강릉과 명주의 경우 행정구역의 중심지를 분명히 하기는 어려우나 서로 인접한 다른 지역에서 동시대에 같이 사용되고 있었음을 시사하는 것이다.

이러한 기록들을 토대로 추정을 한다면, 東州 또는 鐵原府의 속현이었던 昌原郡이 철원부의 가장 중심된 郡이었던 것처럼, 명주와 강릉 역시 溟州에 속하여 있던 江陵郡을 중심으로 1308년경에 와서 江陵府로 통합되었던 것이다. 따라서 고려후기의 기록에서는 모두 강릉으로 하였으며 명주는 등장하지 않고 있는 것이다. 즉, 강릉은 원융국사비와 묘지명에서 확인되는 바와 같이 1000년경부터 사용되었던 郡名으로 명주에 속하였던

---

77 『삼국사기』 권제37 지리제4 '三國有名未詳地分'條에서는 '江陵鄕'이 확인되고 있으나 같은 곳인지를 알 수 없다(정구복외, 1996, 『역주삼국사기』4, 한국정신문화연구원, 381쪽 주271)

것으로 추정된다. 즉, 강릉군과 명주는 동일지역에 대한 행정명칭 변경의 연장선상에 있는 것이 아닌 별개의 행정단위로 동시대에 존재한 것이다.

만일 강릉이라는 지명의 연혁이 위와 같고 『삼국유사』의 제편이 일연의 생존시기에 찬술되었다면, 우리는 다음과 같은 추정을 할 수 있다. 그 것은 수로부인조 및 자장정률조를 찬술할 때 강릉군이라는 행정단위가 일반적으로 널리 알려지지 않은 관계로 해서 강릉군이 속한 명주를 분주에다 기록함으로서 사건이 발생한 현장에 대한 독자들의 이해를 돕는 것이 된다. 이 점은 『고려사』 지리지 등에서 1308년 이전에 있었던 강릉군의 존재를 인식하지 못하고 있는 것과 일치된다 할 수 있다. 또한 수로부인조와 자장정률조 모두 '太守'와 '郡'으로 표기하고 있어 1308년 이후의 '江陵府'라고 보기에는 어렵다고 보여진다. 강릉부로 통합된 이후에는 강릉군이 폐지되었을 것이기 때문이다.

지금까지 살펴본 바와 같이 『고려사』 지리지와 『신증동국여지승람』 강릉도호부조 기록을 평면적으로 해석한 전자[78]보다는 자료의 신뢰성이 높은 당대 묘지명의 기록을 통해서 『삼국유사』의 '江陵郡(今溟州也)'을 합리적으로 해석할 수 있음을 보았다.[79]

---

78 『고려사』에 등장하는 지명과 행정명칭에서 조선시대의 후대적 관념이 소급 적용됨으로써 杜撰과 誤謬가 다수 확인되고 있다는 지적이 있다(하현강, 1993, 『한국중세사연구』, 일조각, 254~255쪽).

79 그러나, 상식적인 경우라면 두 기록의 상황배경이 경덕왕16년의 改名이 있기 전인 성덕왕대와 삼국시대 말기이므로 당연히 명주지방일 경우 '河西州(今溟州) 또는 阿瑟羅州(今溟州)'로 표현되어야 마땅하나 그렇지 못하고 강릉이라는 지명이 등장하고 있음은 두 자료의 성립시기가 통일신라가 아닌 1100년이후의 어느 시기로 추정케 하는 원인을 제공하고 있기도 하다.

Ⅲ. 편찬의 하한시기

앞서 정리한 바와 같이 왕력 찬술의 하한 시기에 대해서는 이미 몇 가지 의견이 개진된 바 있다. 이를 정리하면 ①독립된 成書였다는 설[80], ②『삼국사기』 편찬년대인 1145년 이전 설[81] ③一然編纂說 ④왕력의 완성시기는 1310년 이전이며[82] 일연과는 무관한 독립된 사서였으나『삼국유사』의 初刊時에 부록의 성격으로 첨가되었다는 설[83] 등이다. 이를 종합해보면 일연 이전 또는 일연의 생존 시기를 넘지 않는다는 것과 좀 더 시야를

---

80 村上四男, 1975,「三國遺事解題」,『三國遺事考證上』, 15~16쪽.

81 강인구, 1987, 앞글, 404쪽

82 김상현, 1985, 앞글, 236쪽.

83 무극에 의하여 첨가되었을 가능성도 있지만 일연에 의하여 수록된 것으로 보는 것이 사실에 가까울 것이라 하였다(김상현, 1987,「三國遺事의 書誌學的 考察」,『三國遺事의 綜合的 檢討』, 한국정신문화연구원, 41쪽).

확대하여 일연의 생존시기와 사후 20여년을 포함하는 1310년 이전이라고 하여 일연의 사후에 편찬되었을 가능성을 열어 놓은 것 등이다. 무라카미 요시오(村上四男)는 구체적인 시기를 언급하지 않았으나 다른 견해를 덧붙이지 않았으므로 일연 이전에 成書였던 것을 일연이 덧붙인 것으로 본 것 같다. 위의 견해 중 대부분의 연구자들은 세번째 견해를 취하고 있음은 주지의 사실이다. 그리고 무라카미 요시오(村上四男)와 김상현의 경우도 찬자문제에서는 의견의 일치를 보고 있으나 왕력이 완성되는 시기 문제에 있어서는 견해를 달리한다.

그러나 이미 언급한 바와 같이 왕력의 찬술시기가 일연과 무관한 시기인 1310년 이후일 가능성이 높아짐에 따라 하한 시기는 간행문제와 깊은 관련이 있음을 알게 된다. 『삼국유사』의 초간 및 중간의 문제에 대해서는 유탁일의 견해가 주목된다. 그는 일연이 卷子本이나 折帖本 형식으로 분권없이 내용항목순으로 제1~9까지 만들어 놓은 것[84]을 제자 무극이 일연의 竪碑가 끝난 1295년에서 입적한 1322년 사이에 등재본을 만들어 초간이 이루어 졌으며, 조선초(1394)에 『삼국사기』와 같이 『삼국유사』가 중간된 것으로 보았다.[85] 대체로 이 견해에 대해서는 지금까지 이의가 없다. 아울러 초간 이후 조선 초기 사이에 몇 차례의 중간이 이루어졌는지에 대해서는 현재의 자료로는 확인이 불가능하다. 문제는 초간본이냐 아니면 초간 이후 이루어진 중간본에서부터 왕력이 등재되었는가 하는 것이다. 기존의 견해처럼 무극에 의해 초간본이 완성되고 왕력이 이때 추가되었다면, 『삼국유사』의 서문을 기이제일의 고조선조 앞이 아니라 왕력의 앞

---

84 유탁일은 왕력과 제편의 편찬시기를 구분하지 않고 있다.
85 유탁일, 1983, 「三國遺事의 文獻變化 樣相과 變因」, 『三國遺事硏究上』, 영남대 민족문화연구소, 270쪽.

부분에 부기하였을 가능성이 높다. 다만『삼국유사』의 서문을 일연이 撰進한 것을 초간시에 왕력의 첨부와 관계없이 그대로 전재하였을 가능성 또한 쉽게 배제하기 어렵다. 따라서 지금까지의 정황으로 미루어 왕력이 언제부터『삼국유사』의 한 편목으로 자리했는지에 대해서 정확히 말하기란 어렵다.

결과적으로 왕력 편찬의 하한시기는 1310년 이후부터 등재되는 초간 또는 중간의 시점이 될 것이다. 즉, 선초본이 완성되는 1394년이전의 84년간이 될 것이다. 즉, 종래의 견해처럼『帝王年代曆』또는『歷代年表』를 참조하여 일연 또는 그 문도들에 의해 왕력을 완성한 것이 아니라 30여년 이상 늦은 시기에 편찬된 것으로, 내용면에서도『삼국유사』와는 다름을 알 수 있다. 만일 이러한 결론이 가능하다면 왕력의 경우 비록 書名을 잃어버렸지만『帝王年代曆』과 같은 독립된 사서로서의 성격을 확보하는 것이다.

Ⅳ. 맺음말

이와 같이 비록 부분적이지만 왕력에 등장하는 지명의 연혁과 편찬성
격 등을 통하여 왕력 편찬의 상한 시기는 1310년 이후이며 따라서 일연과
는 무관한 것임을 밝혀보고자 하였다. 즉, 왕력이 갖고 있는 사료의 중요
성에 비해서는 다소 늦은 감이 있으나 충선왕 2년 이후부터 고려후기의
초간본[86] 또는 선초본이 완성되는 1394년 이전인 84년이란 기간중에 완
성되었던 것으로 생각된다. 아울러 지금까지 확인되는 왕력의 편찬방법

---

[86] 『삼국유사』의 고려시대 간행여부는 앞으로 구체적으로 연구되어져야할 부분이지만, 이
제현묘지명(1376)에서는 慶州李氏의 系譜를 李謁平으로 소급시키고 있어 주목된다.
『삼국사기』신라본기의 경우 혁거세를 '收而養之'한 소벌도리의 존재만을 기록하고 있
으나 『삼국유사』는 이알평의 존재에 대해서 구체적으로 명기하고 있다. 따라서 묘지명
에서 언급하고 있는 이알평에 대한 根據가 『삼국유사』 '신라시조혁거세왕'조인지 아니면
같은 계통의 다른 사료인지는 분명하지는 않으나 참고가 된다. 만일 '신라시조혁거세왕'
조라면 『삼국유사』의 初刊時期를 1376년경이전으로 소급할 수 있을 것이다.

은 찬자가 확보하고 있던 사료들을 수정없이 최대한 그대로 편집하는 것을 원칙으로 한 것임을 알 수 있었다. 즉, 현재까지『삼국유사』의 저술시기는 대체로 충렬왕 10년(1285)에 조정에서 인각사를 下安의 사원으로 하여 일연을 주석시킨 해부터 입적할 때까지인 1285년부터 1289년까지로 알려져 있다. 그러나 만일 일연이 왕력을 찬술했거나, 기존의 견해처럼 일연의 문도들에 의해 인흥사에서 간행하였다면 '鐵原'이라는 지명은 등장할 수 없을 것이다. 또한 왕력의 경우 '鐵圓京'과 '鐵原'이 동시에 등장하고 있으므로 일연사후 초간본의 등재과정에서 改書되었을 가능성은 없다. 즉 왕력은『삼국유사』가 저술된 13세기말보다 20여년이상 뒤에 편찬되었으며 초간 또는 중간시에 등재되었을 것이다.

다음은 後百濟甄萱條의 鐵原과 水路夫人 · 慈藏定律條의 江陵을 어떻게 이해를 할 것인가 하는 문제였다. 개경과 인접한 철원의 변화는 늘 고려인들에게 쉽게 인지되었을 것이다. 그리고 溟州 역시 고려초의 東原京이었던 만큼 지명의 개명 및 통합과정은 널리 알려져 있었을 것이다. 때문에 이들 지명의 표기는 정확한 것이며, 나아가 두 가지 가능성을 엿보게 하였다.

첫째 기이편에서 鐵原의 존재는 왕력과 마찬가지로 이들 항목의 찬술시기 역시 1310년 이후로 일연과 무관한 것일 수 있다는 것과 원고본 형태의『삼국유사』를 초간본의 판각을 위한 등재본으로 만들 당시에 일부 古地名에 대해서 당시의 지명으로 改書가 이루어졌을 가능성이 있다는 점을 고려할 수 있다. 그러나 기이편 후백제견훤조의 경우『삼국사기』고려본과 비교하여 본 결과 1310년 이후에 저본으로부터 전재과정에서 찬자가 의도적으로 고친 것임을 알 수 있었다.

마지막은, 1394년에 와서『삼국유사』가 간행될 당시에 초간본의 鐵圓이 鐵原으로 개서되어 판각되었을 가능성이다. 그러나 초간본의 존재와 간행시기가 분명하지 않은 현재의 상황에서 꼭히 단정할 수는 없지만『삼국유사』에 등장하는 모든 지명들을 선초본인 고판본과 정덕본을 비교한 결과 의도적인 개서는 없는 것으로 확인된다. 또한 開板 및 重刊의 과정이 비슷한『삼국사기』의 경우, 현재 高麗本인 誠庵古書博物館所藏의 趙炳舜本과 조선조 판본과의 대교 결과에서 避諱缺劃字를 복원하고 있는 점은 확인되나 지명을 改書한 예는 없었다.[87]

둘째, '수로부인'조와 '자장정률'조의 江陵은 쓰보이 구메조坪井九馬三의 지적처럼『삼국유사』의 편찬이 1310년 이후임을 입증하는 자료가 아니며, 당시의 금석문인 묘지명들을 통하여 고찰한 결과 강릉은 溟州가 江陵府로 통합되는 1308년을 전후한 시기가 아닌 1100년경부터 이미 사용되었던 郡名으로 밝혀졌다. 따라서 당시 강릉군이 명주에 속해 있었으므로 '江陵郡(今溟州也)'이라는 표기는 자연스러운 것임이 확인되었다. 다만 '수로부인'조와 '자장정률'조에서 강릉군이 등장하고 있음은 이들 저본사료의 성립 시기가 江陵이 郡名으로 처음 등장하는 고려중기인 1100년 이후로 늦어 질 수 있음을 의미한다.

결과적으로, 無極記의 '前後所將舍利'조와 '關東楓岳鉢淵藪石記'조 등의 항목이 一然 死後『삼국유사』의 遺稿를 정리하는 가운데 무극에 의해 첨부되었을 가능성[88]과 더불어 왕력과 제편의 '후백제견훤'조에서 '鐵原'이 확인되고 있음은 최소한『삼국유사』의 초간본이 완성된 시점은 1310년 이후임을 말하는 것이다. 따라서 왕력을 포함하는『삼국유사』의 제편은 일연이 생존하던 1289년 이전에 완성된 것이 아니라 일정한 시간적 간

---

87 천혜봉 · 황천오, 1981,『三國史記調査報告書』, 11~32쪽

88 유탁일, 1983,「三國遺事의 文獻變化 樣相과 變因」,『三國遺事硏究』(上), 영남대학교 출판부, 269~270쪽

격을 두고 一然과 無極으로 대표되는 門徒들의 노력에 의해 1310년 이후에 완성되었을 가능성을 시사하는 것이다.

4

『삼국유사』의 피휘례 연구

I.머리말

避諱法이란 중국의 周(BC1134~AD250)에서 비롯되어 秦에서 宋에 이르기까지 성행하였으나 元代에는 시행되지 않았으며, 그 후 明의 泰昌(1620)이후에 다시 엄격하게 실시된 것으로, 문장의 서술에서 부득이 當代 또는 先代의 君主 및 尊貴한 者의 이름과 동일한 字와 同韻에 해당하는 字가 불가피할 경우 내용을 손상하지 않으면서 이를 피하는 방법을 말한다[1].

피휘법은 동양적인 言靈意識의 產物로서 이해되고[2] 있으나 한국에서의 자생적인 제도로서가 아닌 중국의 풍속이 한국으로 유입된 것이다. 따라서 한국에서의 독자적인 발전을 보이기 보다는 오히려 중국과 국내의 정치 상황과 밀접한 관련속에서 시행되었고 또한 소멸되었다. 그 결과 당

---

1 陳新會, 1987,『史諱擧例』, 文史哲出版社, 臺灣, 1쪽
2 허흥식, 1994,『한국의 古文書』, 민음사, 52쪽

연히 통일신라초기부터 고려말에 이르는 기간동안에는 국내 諸王의 피휘뿐만 아니라 중국 역대 왕조가 시행한 피휘법의 영향을 받기도 하였다. 그러나 오늘날 연구에 서의 피휘는 당시 국내의 정치적 상황과 이에 수반된 중국과의 외교적 관계 등을 규명하는데 補助史料로서의 一翼을 담당하기보다는, 서지학 측면에서 해당 자료가 완성된 시기의 上下限을 밝히는데 주로 이용되고 있다[3].

본고에서는 이러한 기왕의 연구방법들을 염두에 두면서,『삼국유사』에 등장하는 피휘자들을 정리하여 분석하고, 아울러 통일신라시대의 避諱例들을 종합하여 소개하고자 한다. 그 동안의 연구성과에서『삼국유사』가 갖고 있는 문제점들은 대체로 다음과 같다. ①서술상의 일관성이 유지되지 못하고 있다는 점, ②체제상의 혼란, ③인용전거를 밝히는 경우와 그렇지 못한 경우에서 일관성을 결여한 점[4], ④서지학적인 측면에서는 無極이 一然의 유고를 정리하였을 것이라는 견해[5], ⑤서문이나 발문이 없을 뿐만아니라 禪僧인 저자가 선종의 수용에 대한 자료를 누락시킨 점 등을 들어『삼국유사』는 완성작이 아닐 가능성을 제기한 견해[6] 등이 대표적이다. 한편으로 저자에 대해서는 구체적인 증거를 제시하지는 않았지만 淸道 雲門寺에 머물던 一然이 경북 현풍의 包山 仁興社에 있던 그의 문도들을 대거 동원하여 만든 공동작업의 산물이라는 주장이 있다[7]. 그러

---

3 천혜봉, 1995,『韓國 書誌學』, 민음사, 306~307쪽

4 김상현, 1993,「삼국유사의 역사방법론적 고찰」,『동양학』23집, 단국대 동양학연구소, 184~187쪽

5 柳鐸一, 1983,「三國遺事의 文獻變化 樣相과 病因」,『三國遺事硏究』(上), 영남대출판부, 269쪽

6 허홍식, 1986,「宗派의 起源에 대한 試論」,『高麗佛教史硏究』, 일조각, 117~118쪽

7 채상식, 1991,「仁興社刊『歷代年表』와『三國遺事』의 찬술기반」,『고려후기불교사연구』, 일조각, 177~180쪽

나 학계는 위에서 제기된 여러 문제점들에 대한 뚜렷한 견해를 제기한 바 없다. 오히려 『삼국유사』는 一然禪師, 즉 한 개인의 저작물이라고 인식한 까닭에 여러 분야에서 다양하게 접근할 수 있는 모든 방법론들이 차단되었고 아울러 개발되지 않고 있다는 점이 지적될 수 있을 것이다. 그것은 나름대로 『삼국유사』를 일상적으로 마주하면서 느낀 점으로, 너무나 다양한 『삼국유사』의 세계가 기초적인 특성조차 연구되지 아니한 까닭이라 할 수 있다. 따라서 기존 연구성과로 인한 선입견들을 배제하면서 『삼국유사』에 등장하는 피휘자들을 「도표」를 통해 정리하였으며, 이를 통해 『삼국유사』가 갖고 있는 史料傳承 및 編纂過程上의 특징들을 분석하고자 한다.

II. 統一新羅의 避諱例

피휘법은 羅唐交流가 본격화 된 계기를 마련했던 통일신라 문무왕의 陵碑에서 처음으로 적용된 이래 다수의 實例를 남기고 있다. 문무왕의 능비 경우 建碑年인 丙辰年을 景辰年으로 표기하였다. 이후 금석문에 피휘법이 적용된 예로는 崔致遠撰의 경남 하동 雙谿寺의 「眞鑑禪師碑文」·경주 「崇福寺碑文」 등이 있다. 이들은 모두 당나라 태종 李世民의 民[8], 高祖 李淵의 아버지 諱인 昞[9] 등에 대한 缺筆과 代字 등이다[10]. 금석문의 예와 같이 중국 唐帝와 관련된 피휘문제는 『三國史記』에서도 동일하게 확인된다.

8　洎開城三年 愍(결획)哀大王 …… 以禪師色空雙泯(결획) 定惠俱圓(최치원撰·최영성註解, 1987, 『註解四山碑銘』, 아세아문화사, 도면(8) 雙谿寺眞鑑禪師大空塔碑(전문) 탁본참조)

9　寶曆景(丙의 代字)午春(崇福寺碑)

10　葛城末治, 1935, 「金石文字の避諱と缺筆」, 『朝鮮金石攷』, 屋號書店, 大阪, 70~75쪽

가장 이른 기록은 廟
號에 대한 피휘문제로
나당간에 발생한 국제
적인 분규이다. 그것은
무열왕의 廟號인 太宗
이 唐太宗의 것과 동일
하여 신라측에다 이를
취소할 것을 요구한 사
건이 신문왕 12년(692)

사진 1 숭복사비 귀부(국립경주박물관 소장)

에 발생하고 있다[11]. 그러나 비록 唐 中宗의 직접적인 詔勅은 아니며 사
신의 의해 날조된 사건이었다 할지라도[12], 이는 唐帝의 피휘법 적용 여부
로 인하여 마찰을 일으킨 사건이었다.

또한 당나라 玄宗의 諱와 동일하였던 성덕왕의 諱 隆基가 興光으로 개
명된 사실을 기록하고 있다[13]. 對唐外交에서 마찰을 우려한 방어적인 태

11　①十二年 … 唐中宗遣使 口勅曰 我太宗文皇帝 神功聖德 超出千古 故上僊之日 廟號
太宗 汝國先王金春秋 與之同號 尤爲僭越 須急改稱 王與群臣同議 對曰 小國先王 春
秋諡號 偶與聖祖廟號相犯 勅令改之 臣敢不惟命是從 然念先王春秋 頗有賢德 況生前
得良臣金庾信 同心爲政 一統三韓 其爲功業 不爲不多 損館之際 一國臣民 不勝哀慕
追尊之號 不覺與聖祖相犯 今聞教勅 不勝恐懼 伏望 使臣復命闕庭 以此上聞 後更無
別勅(『삼국사기』 신라본기 신문왕)
　　②神文王時 唐高宗遣使新羅曰 朕之聖考得賢臣魏徵李淳風等 恊心同德 一統天下 故
爲太宗皇帝 汝新羅海外小國 有太宗之号 以僣天子之名 義在不忠 速改其号 新羅王
上表曰 新羅雖小國 得聖臣金庾信 一統三國 故封爲太宗 帝見表乃思儲貳時 有天唱空
云三十三天之一人降於新羅爲庾信 紀在於書 出』之驚懼不已 更遣使許無改太宋之号
(『삼국유사』 기이제일 태종춘주공)
12　황운룡, 1982, 「新羅 太宗廟號의 紛糾始末」, 『동국사학』17집, 동국사학회
13　①聖德王立 諱興光 本名隆基 與玄宗諱同 先天中改焉(唐書言金志誠)…十一年春二
月‥三月‥ 大唐遣使盧元敏 勅改王名(『三國史記』 新羅本紀 聖德王條) ②興光本名與

도는 애장왕 9년 遺唐使 金力奇가 唐帝에 上言하는데서도 확인된다. 즉, 신라에서 근친혼을 금하고 있는 唐에 昭聖王의 즉위 및 母와 妻에 대한 책봉사실을 통고하면서 金氏인 그들의 姓氏를 申氏와 叔氏로 각각 칭한 것이다[14]. 이외에도 『삼국사기』 열전 연개소문전에서 연개소문의 姓氏인 淵을 당고조 李淵의 휘(618~626)를 피하여 泉氏로 하고 있다[15].

여기에서 우리는 피휘법이 唐으로부터 移入된 시기는 대체로 진덕왕 3년(649)의 「春正月始服中國衣冠」 또는 진덕왕 4년(650)의 「六月……是歲始行中國年號」 그리고 太宗武烈王으로부터 漢式 諡號制度의 施行 등이 시사하는 바와 같이 일련의 중국제도가 신라에서 본격적으로 시행되는 점과 무관하지 않을 것이다. 따라서 신라사에서 최초로 건립된 태종무열왕의 능비와 김유신묘비·김인문묘비 등에도 적용되었을 가능성을 배제하기는 어려우나 김인문묘비만 비편으로, 나머지는 현재 전하지 않고 있다.

이로 미루어 보건대 삼국시대 말기 또는 통일초기에 도입된 초기의 피휘법은 처음에는 唐帝의 휘를 피하기 위하여 도입된 듯하다. 그것은 통일의 대업을 완성한 聖君이었던 무열왕과 문무왕 등의 春秋·法敏에 대한 피휘례가 확인되지 않고 있어 더욱 그렇다. 그러나 곧이어 신라왕들의 휘에 대해서도 적용되었음을 알 수 있다. 그러한 예는, 『삼국사기』 잡지조에서

太宗同 先天中 則天改焉(『舊唐書』新羅傳)

14 九年 春二月……遺金力奇入唐朝貢 力奇上言 貞元十六年 詔冊臣故主金俊邕爲新羅王 母申氏爲大妃 妻叔氏爲王妃……(申氏金神述之女 以神字同韻申爲氏誤)(『삼국사기』 신라본기 애장왕)

15 고구려 유민으로 중국에서 삶을 마감한 淵南生과 淵南産 그리고 淵獻誠과 淵恧 등이 모두 墓誌銘에서 그들의 姓氏를 泉으로 표기하고 있다(한국고대사회연구소편, 1992, 『역주한국고대금석문』제1권, 가락국사적개발연구원, 491~536쪽). 연개소문전의 경우 당고조 이연의 휘가 적용된 점으로 미루어 연개소문에 관한 전기기록이 통일초에서 그리 늦지 않은 시기에 정리된 듯하다. 그리고 이를 바탕으로 김부식이 열전에 편입하면서 피휘로 인한 성씨를 복원하지 않고 그대로 둔 것을 알 수 있다.

확인되는 孝昭王의 휘인
理洪 가운데 理를 대자한
경우와[16] 孝成王의 휘인
承慶과 同音인 丞에 대한
예[17], 그리고 진감선사비
문의 제39대 昭聖王의 諡
號인 昭에 대한 敬避[18] 등
이다. 한편 義相大師의
相이 宣德王의 휘인 金良

사진 2 태종무열왕릉 귀부

相을 피하기 위해 湘 또는 想으로 표기되었다고 하는 견해가 있다[19].

현재까지 확인된 통일신라의 피휘법 시행 및 唐帝와 피휘문제를 겪었
던 왕들은 신문왕·효소왕·성덕왕·효성왕·선덕왕·소성왕 등으로 주로 중
대와 하대의 초기에 해당하는 시기이다. 이후의 시행여부는 관련자료의
부족으로 확인하기는 어려우나 아마도 신라하대의 왕위계승문제와 관련
한 정치적 난맥상을 고려할 때 유명무실한 것이 되었을 가능성이 높다고
보여진다.

---

16 ①孝昭王立 諱理洪(一作恭) 神文王太子 ┈┈┈ 改左右理方府爲左右議方府 理犯諱故
    也(『삼국사기』신라본기 효소왕즉위조) ②左理方府 眞德王五年置 孝昭王元年 避大王
    諱 改爲議方府(『삼국사기』권제38 잡지 제7 職官上)
17 ①孝成王立 諱承慶 … 三月 改司正府及左右議方府丞 竝爲佐(『삼국사기』효성왕 즉
    위원년조) ②司正府…孝成王元年 爲犯大王諱 凡丞皆稱佐 景德王改爲評事 後復稱佐
    (『삼국사기』권제38 잡지 제7 職官上)
18 雙谿寺 眞鑑禪師碑銘에는 廟諱를 피하는 例가 확인된다(金知見, 1994, 「眞鑑碑의 避
    諱例」, 『四山碑銘 集註를 위한 硏究』(硏究論叢94-7), 韓國精神文化硏究院, pp.31~32)
19 김지견, 1988, 「義相의 法諱考」, 『효성조명기박사추모불교사학논집』, 동국대출판부,
    250~254쪽 : 1989, 「法界圖 圓通記의 텍스트再考」, 『동양학』19집, 단국대 동양학연구
    소, 308~312쪽.

한편, 최치원의 唐帝와 관련한 피휘에 대한 태도는 中代의 신라왕실에서 취한 것과 동일하다. 四山碑銘 가운데 두 비문에서 4字에 대해 피휘법을 적용하고 있다. 그가 비문을 찬한 시기는 887년(쌍계사 진감선사비·정강왕 2년)·896년(숭복사비·진성왕 10년)으로 당에서 885년 3월에 귀국한 지 3년과 12년 뒤이다. 최치원은 피휘적용자인 4字 가운데 3字는 唐帝의 휘를 피휘하였고, 1字에 한하여 신라 왕의 묘휘를 피휘하였다. 특히 쌍계사 진감선사비의 경우 민애왕의 閔字가 李世民의 民에 저촉된다하여 愍으로 改字하면서 마지막 획을 결하고 있다. 즉, 최치원의 피휘법에 대한 인식은 唐帝가 중심이 되고 신라왕실은 이를 따른다는 중대이후의 종속적인 입장을 견지하고 있었음을 보여 주는 것이다.

결과적으로 통일신라시대는 신문왕을 시작으로 중대와 하대의 왕위쟁탈전이 본격적으로 진행되기 이전에 해당하는 초기에 한해서 부분적으로 피휘법이 시행되었으며, 피휘의 적용범위는 唐帝와 新羅 王들의 諱 모두를 대상으로 하는 것이었다. 아울러 양국 왕실 간에 피휘법에 관한 문제가 발생하였을 때에는 신라가 당의 피휘법을 따랐음을 알 수 있다. 그러나 때로는 太宗武烈王의 廟號처럼 양국간의 마찰을 슬기롭게 극복하기도 하였다.

사진 3 쌍계사 진감선사비

III. 『三國遺事』의 避諱例

통일신라의 피휘법을 계승한 고려에서는 전기간에 걸쳐 시행되었다. 그러나 원나라가 지배한 후기에 이르러서는 종주국이었던 元이 피휘법을 시행하지 않은 관계로 전대와 같은 상황은 아니었다. 그러나 고려말의 著作들을 참고할 때 여전히 일부 왕들에 대한 피휘는 지속적으로 이어지고 있었음을 알 수 있다. 이러한 고려조의 피휘법과 당시 국내외의 정치적인 문제와 관련하여서는 선행의 연구가 있다[20]. 따라서 본고는 기왕의 연구에서 소홀히 다룬『삼국유사』의 避諱例에 대해서만 언급하고자 한다. 그것은 현재까지 남아 있는 자료 가운데 고려시대의 피휘법을 가장 잘 보여주고 있으며, 고려시대 사료들의 전승과정의 양상을 보여주는 좋은 실마리를 제공하고 있는 것이『삼국유사』이기 때문이다. 그러므로『삼국유사』

---

20 정구복, 1994,「高麗朝의 避諱法에 관한 연구」,『이기백선생고희기념한국사학논총』
    (상), 일조각

에 적용된 피휘례들에 대해 살펴보고, 이를 통해『삼국유사』의 성격을 규명하는데 도움이 되고자 한다.

지금까지 피휘법에 대한 연구는 서지학분야에서 다루어졌으며, 이는 주로 피휘의 原字를 규명함으로서 문장을 복원하는 의미와 한편으로는 저작물의 상한 또는 하한의 시기, 유통 판본간의 시대적 차이에 따른 선후를 구분하는데 도움을 얻고자 하는 의도에서 진행되고 있다. 특히 고려본에서 피휘의 경우 조선조에 와서 부분적으로 피휘자가 복원이 됨으로 해서 판본감정에 절대적인 역할을 담당하기도 한다[21]. 여하튼 지금까지는 이러한 인식의 범주를 벗어난 연구는 없었다. 그것은 모든 저서들이 동일인에 의해 저술되었기 때문에 더 이상의 연구결과는 기대되지 않는다. 즉, 한 사람에 의해 완성된 단행본은 굳이 천착하여 살펴보지 않아도 일관된 원칙하에 집필하였을 것이기 때문에 그 이상의 특징은 발견할 수가 없다는 인식이 깔려 있는 것이다. 그러나『삼국유사』를 깊이있게 살펴보면 피휘문제가 간단치 않음을 알게 된다. 즉, 지금까지의 통례를 벗어난 것으로 避諱代字와 避諱缺劃이 동시에 사용되고 있으며, 本文과 分註가 일치하지 않고 있는 것이다.

우선 몇가지 염두에 두어야 할 것은 지금까지 확인된 판본들인 선초본(석남본 · 학산본 · 조종업본 · 니산본)과 임신본(서울대본 · 만송문고본 · 天理代本 · 봉좌문고본)을 비교하여 본 결과 선초본에서 임신본으로 진행되는 과정에서는 천리대본을 비롯한 일부 판본들의 加筆字를 제외한다면 이전의 상태보다 더욱 악화된 방향으로 흐르고 있다는 점이다. 즉, 脫字 · 誤字 · 壞字 등이 서서히 다량으로 발생하고 있으며, 가필자들을 제

---

21 천혜봉, 1982,「새로 발견된 고판본 삼국사기에 대하여」『대동문화연구』15집(『삼국사기 연구논선집』1, 백산자료원재수록, 149~150쪽)

외한다면 一字도 선초본의 범주를 넘어서 原字를 복원하려고 노력한 부분이 없었다는 것을 확인할 수 있다. 일부 판본들의 가필자는 기왕에 제시된 판본들을 모두 비교하면 판본이 인출된 다음에 소장자에 의해서 이루어진 字임을 알 수 있다. 따라서 임신본의 등재본은 전적으로 선초본을 원형대로 옮기는 작업에 불과한 것이지 피휘를 복원한다던지 하는 노력은 없었음을 의미하는 것이다. 비록 慶州府에서 鮮初와 中宗朝에 동시에 중간되었음에도 불구하고, 『삼국사기』에서는 고려시대에 이루어진 피휘 결획에 대해 조선 中宗朝에 와서 부분적으로 복원이 이루어지지만[22] 『삼국유사』는 그러한 노력이 전혀 없었음을 알 수 있다. 따라서 『삼국유사』는 선초본에서 임신본으로 전개되는 과정에서 부득이한 사정, 즉 등재본을 작성한 교감자의 字劃에 대한 인식부족 또는 壞字 등으로 인한 難識과 刻板하는 과정에서의 刻手의 失手 등에서 발생하는 이상한 형태들의 글자를 제외한 그 이상의 변형은 없었다. 따라서 조선조에 와서 본문 또는 분주에서 내용의 의미를 다르게 하는 변형은 이루어지지 않았음을 알 수 있다. 그러므로 기왕에 본문과 분주에서 서로 시대적으로 선후가 뒤바뀐 지명이 등장할 경우에도 그것은 『삼국유사』 초간본의 모습일 가능성이 높은 것임을 알 수 있다[23]. 따라서 오늘날 『삼국유사』 판본은 대체적으로 선초본에서 임신본으로 옮겨가는 과정에서 발생한 誤字 또는 壞字를 선초본과 비교를 통해서 바로 잡는다면 기왕의 지적[24]과 달리 초간본의 원

---

22 천혜봉 · 황천오, 1981, 『三國史記調査報告書』, 12~30쪽(44-6-下9-5 · 44-11-上7-14 · 45-8-下1-8 · 45-12-下6-10 · 46-4-上8-16 · 48-2-下7-5 · 49-4-上7-7 · 49-4-上8-7 · 49-4-上9-9 · 49-4-下1-7 · 49-4-下3-7 · 49-5-上3-18 · 49-5-上4-8 · 50-4-上7-3 · 50-8-上8-14 · 50-13-上8-14) : 유부현, 1995, 「삼국사기권44~50 문자이동에 대한 일고」, 『신라문화』12집, 232~258쪽
23 이근직, 1996, 「三國遺事王曆의 編纂時期」, 『전국역사학대회발표요지』, 102~108쪽
24 유부현은 한자사용에서의 현재적 관점에 서서 鮮初本에서 誤字라고 판단될 경우 그 모

형에 가까이 접근할 수 있을 것으로 보인다. 그러므로 현전하는 판본들의 내용상의 특징들에 대해 후대의 변형이라고 단정할 근거는 없으며, 이들을 통해 천착할 필요를 느끼게 된다.

본고는 이상과 같은 인식들을 바탕으로『삼국유사』의 피휘문제에 접근하고자 한다. 현재까지 기왕의 연구에서 보고된『삼국유사』에 적용된 피휘자들은 治(理)·武(正·砥(缺劃字)·虎)·建(立)·隆(豊)·堯(高) 등이다. 이들을 권별로 대별하고 이어 항목별로 세분화하는 작업을 통해서 접근하는 방법이 필요하다.

1. 王曆第一

왕력에서 확인되는 피휘대상자 및 피휘대자의 현황은 隆(6회)·建(22회)·武(7회)·虎(25회)·治(32회)·理(75회) 등이다. 이를 다시 세분해보면 고려 태조의 아버지인 세조의 諱인 隆은 6회, 태조인 왕건은 22회나 등장하지만 피휘가 적용되지 않고 있다. 그러나 혜종의 휘인 武에 대해서는 原字인 武가 7회, 代字인 虎가 25회나 확인되며, 성종의 휘인 治 역시 原字에 대해서 32회, 理로 代字한 예가 75회나 나타난다. 피휘대상자에 대해서 缺劃은 이루어지지 않고 있다. 왕력에서는 만일 한사람에 의해 왕력이 편찬되었다면 발생하지 않았을 현상인 武와 虎, 治와 理 등이 혼용

든 책임을 선초본에 돌리고 있다(유부현, 1993,「삼국유사의 교감학적연구」(제판본의 대교를 중심으로), 중앙대 문헌정보학과 박사학위청구논문). 그러나 필자는 선초본 역시 초간본의 내용을 충실하게 轉寫하였을 것으로 보고자 하며, 기존의 선초본에서 확인되는 병리현상들은 역시 초간본의 내용을 그대로 답습하였기 때문이다. 그것은『삼국유사』가 경향각지의 전문 또는 비전문가들이 작성한 여러 자료들을 수집하여 원자료 그대로 편찬한 특징을 감안하면 이해가 갈 것이다.

되고 있음을 확인할 수 있다.

「표1」에서도 확인되듯이 5장 後面에서 治(8회)와 理(3회), 7장의 경우 전면은 武(1회)·治(9회), 후면은 治(6회), 10장 전면은 武(3회)·治(2회), 후면 역시 武(3회)·治(7회) 등이 확인된다. 결과적으로, 고려시대의 초간본이 확인되지 않은 이상 5장은 찬자가 편찬자료로 삼은 底本에서 高麗의 초간본 또는 鮮初인 1394년에 覆刻이 이루질 당시에 혼재되었을 가능성이 있으며[25], 7장과 10장은 전후면 모두 나머지 13장과는 달리 피휘가 적용되지 않은 판본이라 할 수 있다. 이 점 역시 5장과 더불어 천착되어져야 할 부분이다. 이러한 현상은 선초본인 석남본의 필사본에서부터 확인되고 있다.

「표1」王曆第一 避諱對象字 및 避諱現況

區分		世祖		太祖		惠宗				定宗		成宗		비고
		隆	豊	建	立	武	正	砒	虎	堯	高	治	理	
1장	전면	1		2									2	
	후면			1									1	
2장	전면			2					4				5	
	후면			1									6	
3장	전면			1									1	
	후면			3									3	
4장	전면			1					1				2	
	후면			1									3	
5장	전면								1				3	
	후면			1								8	3	

---

25 중국의 경우 피휘법이 그다지 엄격하게 시행되지 않을 때에는 같은 장에서도 缺筆이 이루지는 字와 이루어지지 않은 字가 간혹 발생한다고 한다(심우준편역, 1991, 「宋版鑑定法」『中國古書版本鑑定硏究』, 중앙대학교출판부, 181~182쪽).

6장	전면		2		1		1
	후면						6
7장	전면	2		1		9	
	후면		1			6	
8장	전면		2		1		7
	후면		1		2		8
9장	전면						2
	후면		1				1
10장	전면			3		2	
	후면		1	3		7	
11장	전면	1			2		1
	후면						1
12장	전면	1					3
	후면		1				2
13장	전면						4
	후면	1			5		4
14장	전면						3
	후면				2		2
15장	전면						1
	후면				1		

한편, 5장 후면의 晋 愍帝(313~316)의 경우 제판본에서 愍(民부분의
마지막 획)에서 결획현상이, 10장 전면의 第十五基臨尼叱今條에서 확인
되고 있는 「網羅四方之氏」의 氏 등은 唐太宗 李世民의 民에 대해 避諱缺
劃字일 가능성이 높다. 현재 확인할 수 있는 판본가운데 석남본필사본과
천리대본은 民, 국립중앙도서관본·서울대본·만송문고본·봉좌문고본
등은 氏로 확인된다. 석남본 필사본은 필사자의 판단이 작용하고 있으며,
천리대본의 경우는 加筆字이다. 그러므로 氏는 壞字라기보다는 피휘결
획자인 것이다. 중국의 경우 宋代 岳珂의 『九經三傳沿革例』에서 당태종
의 이름이 世民이었던 까닭에 民字의 마지막 획을 결하는 방법으로 하거

나 偏旁으로 上劃을 결하여 氏로 하였다. 이외에도『書盤庚』과『呂刑』등
에서도 동일한 例가 확인된다[26]. 이는 결과적으로 왕력을 편찬할 때 사용
한 저본에서 이미 피휘가 이루어져 있었으며, 이를 그대로 전재한 까닭에
남아 있는 현상인 것으로 보인다. 고려시대에 와서 당태종의 휘를 피휘하
였다고 생각하기는 어렵기 때문이다. 이의 가능성은 앞에서 언급한 雙谿
寺 眞鑑禪師大空塔碑文에서 이미 확인된 바다.

결과적으로 왕력에서 피휘는 결획법이 아닌 대자법이 적용되었으며,
대상자는 武와 治이며, 이들은 虎와 理로 代字된 것이다.

2. 卷第一 紀異第一

卷第一 紀異第一篇의 경우 대상자 및 피휘자가 사용된 예는 모두 建(8
회)·正(1회)·虎(14회)·堯(2회)·高(2회)·理(7회) 등이다. 여기에서
확인되는 피휘법상의 특징은 첫째, 序文은 定宗의 諱인 堯를 그대로 사
용하고 있으나, 고조선조에서 본문의 경우 2회에 걸쳐 堯의 代字인 高가
확인된다. 그러나 고조선조 撰者의 것으로 생각되는 분주에는 1회에 한
하지만 原字인 堯를 피휘하지 않고 있다. 즉, 序文과 分註의 경우는 撰者
에 의한 것이나, 고조선조 본문에서의 피휘는 저본에서 이미 이루어진 것
으로 찬자는 이를 수정하지 않고 그대로 전재하였음을 의미한다고 할 수
있다. 찬자는 피휘에 대한 필요를 느끼지 않은 것이다. 둘째, 성종의 휘인
治의 경우 모두 7차례에 걸쳐 대상자가 등장하는 바, 탈해왕조에서 1회에
한하여 治가 등장하나[27], 나머지는 모두 피휘하여 理로 代字하고 있다. 셋

---

26 裵賢淑編譯, 1994,『中國資料探索方法』, 민족문화사, 260~261쪽
27 …曰我本治匠乍出隣鄕…(石南本 필사본은 治, 임신본의 제판본은 治로 확인되므로

째, 혜종의 휘인 武의 경우 본문에 13회, 분주에 2회 등 모두 15회에 걸쳐 대상자가 등장한다. 그러나 奈勿王金堤上條의 경우는 본문에서 결획자인 正로 표기한 반면, 나머지 14자는 본문과 분주없이 모두 虎로 代字하고 있음이 확인된다. 그러므로 비록 일부에 지나지 않으나 分註에서 虎로 피휘한 것이 확인되는 新羅始祖赫居世王條와 第四脫解王條의 예로 미루어 찬자는 피휘에 대한 인식이 있었음을 알 수 있다.

「표2-1」卷第一 紀異第一 避諱對象字 및 避諱現況

區 分	世祖		太祖		惠宗				定宗		成宗		비고
	隆	豊	建	立	武	正	硾	虎	堯	高	治	理	
序文									1				
古朝鮮(王儉朝鮮)								1		2		2	本文
									1				分註
衛滿朝鮮													
馬韓													
二府													
七十八國													
樂浪國								1					
北帶方													
南帶方			1										

초간본은 원래 治였으나 임신본에 와서 字形이 비슷한 治로 변형되었을 가능성이 높다고 보아 피휘대상자에서 제외한다)

區分												
靺鞨 渤海												
伊西國												
五伽倻												
北扶餘												
東扶餘												
高句麗	1											
卞韓 百濟												
辰韓												
又四節遊宅												
新羅始祖赫居世王											1	
	2							1			1	1

「표2-2」卷第一 紀異第一 避諱對象字 및 避諱現況

區　分	世祖		太祖		惠宗				定宗		成宗		비고
	隆	豊	建	立	武	正	碔	虎	堯	高	治	理	
第二南解王												2	本文
													分註
第三弩禮王			1					1			1		
第四脫解王			1					1			1?		治匠
								1					
金閼智 脫解王代													

延烏郎細烏女										
未鄒王竹葉軍										
奈勿王 金堤上				1						
第十八實聖王										
射琴匣										
智哲老王										
眞興王										
桃花女鼻荊郎		1								
天賜玉帶		1								
善德女王知幾三事						1				
眞德王						1				
金庾信						2				
太宗春秋公						4				
長春郎 罷郎										

결과적으로 卷第一 紀異第一篇은 武와 治에 대해서는 일관되게 피휘대자법을 적용하고 있음이 확인된다. 그러나 「표2-2」에서도 확인되듯이 奈勿王金堤上條의 결획자인 正는 다른 항목들과 구분된다고 할 수 있다.

3. 卷第二 紀異第二

卷第二 紀異第二는 ①文虎王法敏條부터 武王條에 이르는 부분 그리고 ②後百濟甄萱條와 ③駕洛國記條 등으로 구분이 가능하다. 각 항목들이 각각 다른 피휘법을 적용하였기 때문이다.

사진 4 옥적(국립경주박물관 소장)

첫째, ①에서는 建(1회)·武(14회)·虎(1회)·治(1회)·理(7회) 등이 확인된다. 특히 武의 경우 万波息笛條에서는 分註에서도 武(1회)를 사용하고 있어 피휘를 하지 않은 것이 원칙이었음을 알 수 있다. 그러나 文虎王法敏條의 경우 題目에서는 피휘가 이루어지나 本文에서는 武(4회)를 사용하고 있어 주목된다. 문호왕법민조를 제외한 나머지 항목들에서는 10회나 계속하여 피휘를 하지 않았으며, 武王條의 경우 본문 및 분주에 각각 2회씩 武를 피휘하지 않고 그대로 사용하고 있음은 문호왕법민조가 이들과는 구분되는 것으로 파악된다. 이는 저본 자체가 문무왕법민조였으나 권제이 기이제이편의 찬자가 武만을 虎로 代字하고 본문은 그대로 전재하였을 가능성이 있다[28]. 그리고 治는 景德王代에 忠談師가 지은 安

---

28 卷第五 明朗神印條에서 一然이 分註에서 文虎王法敏條를 일러 「事在文武王傳中」이
    라고 표기하고 있음을 통해서도 추정이 가능하다.

民歌에서 등장하고 있어[29] 향가에 대한 안목이 깊었던 찬자가 본의를 훼손하지 않기 위해 그대로 두었을 가능성이 있다. 그러므로 여기에서 治는 사실상 모두 피휘된 것으로 보아도 무방하다 할 것이다. 결과적으로 ①에서는 治에 대해서만 피휘대자가 이루어졌으며, 문호왕법민조는 이들과 구별됨을 알 수 있다.

둘째, 後百濟甄萱條는 武(1회)·正(4회)가 확인된다. 이들은 모두 본문에 등장하고 있는데, 기왕의 피휘법처럼 代字를 사용하지 않고 缺劃字을 집중적으로 사용하고 있다는 점이 주목된다. 또한 비록 1회이긴 하나 武가 이들과 混在하고 있음은 문호왕법민조처럼 후백제견훤조의 성립과정과 더불어 살펴야할 것이다.

잘알려진 바와 같이『삼국유사』의 후백제견훤조는『李碑家記』·『古記』·『童謠』등을 참고하여 보충하고 있지만 기본적으로는『三國史記』卷第五十 列傳第十의 甄萱傳을 편찬자가 부분적으로 내용을 생략한 다음 轉載한 것이다[30]. 따라서『삼국사기』의 견훤전과『삼국유사』의 후백제견훤조를 비교 분석한다면 이른바 서지학에서 말하는 전승과정의 병리현상을 찾아 낼 수 있다. 일반적으로 영인된 보급판은 두 사서 모두 조선 中宗 임신년간에 경주부에서 간행된 것이다. 이로써『삼국유사』와『삼국사기』에서 동일한 문장부분을 비교할 경우 밝혀지지 않았을 내용들이, 다행히 근년에 국내 유일의 高麗本인 誠庵古書博物館 所藏의『三國史記』가 조사되었으며 그 결과가 공개되어 도움을 주고 있다.

『삼국사기』조선 중종본의 경우『삼국유사』후백제 견훤조에서 확인된

---

29 ···窟理叱大肹生以支所音物生此『惡支治良羅』···(삼국유사『권제이 기이제이 경덕왕 충담사 표훈대적조)
30 申虎澈, 1993,「甄萱關係 文獻의 檢討」,『後百濟 甄萱政權研究』, 일조각, 189쪽

4회에 걸친 결획자인 正에 대해 3회는 正[31]로 확인되나, 1회에 한하여서는 原字인 武로 확인된다. 따라서 완전한 일치를 보이지 않고 있다[32]. 그러나 결획하지 않은 武字, 즉『삼국유사』후백제 견훤조의 찬자가 참고하였을『삼국사기』고려본의 견훤조는 결획자인 正로 확인되고 있다. 따라서 성암고서박물관의 고려본『삼국사기』와『삼국유사』후백제견훤조의 피휘결획 상태는 동일함을 알 수 있다. 이는『삼국유사』후백제 견훤조의 피휘결획자가『삼국유사』찬자의 피휘법에 대한 인식과는 무관한 것을 의미하며, 나아가『삼국유사』본문의 避諱對象字 및 避諱缺劃字와 避諱代字들은 저본의 상태를 보여주고 있다고 추정된다. 따라서『삼국유사』찬자의 피휘법에 대한 인식의 여부는 分註 또는 본문과 분주의 피휘법 적용여부가 일치하느냐 아니면 상반된 현상을 보이느냐를 통하여서만 확인될 따름이다. 이러한 주장은 卷第五 明朗神印條의 본문에서는 武와 碔 등에 대해 피휘결획자가 확인되나 一然의 分註가 분명한「事在文武王傳中」에서 그는 피휘법을 사용하지 않음이 확인되는데서 설득력을 얻을 수 있다. 여기서 말하는 文武王傳이라고 하는 것은 明朗法師가 설치한 四天王寺의 五方神像과 관련된 기록으로서 卷第二 紀異第二의 文虎王法敏條이다. 따라서 일연은 紀異第二篇의 존재를 알고 있었음은 분명하나 虎字에 대한, 즉 피휘문제에 대해서는 관여를 하지 않은 것이다. 그것은 一然이『삼국유사』9篇을 모두 저술한 것이 아니며, 기이제이편의 편찬은 왕력 및 기이제일편

---

31 민족문화추진위원회, 1973,『校勘三國史記』, 407쪽, 권50-13上-8-14 참조. 中宗本의 판본으로 통해서 확인해도 쉽게 補刻字임이 확인된다.

32 천혜봉, 1982,「새로발견된 고판본 삼국사기에 대하여」,『대동문화연구』15집(백산자료원, 1985,『삼국사기연구논선집1』에 재수록, 179쪽) : 유부현, 1995,「삼국사기권제44~50 문자이동에 대한 一考」,『신라문화』12집, 동국대 신라문화연구소, 256쪽, 도표번호 448-50-13上-8-14참조)

사진 5 삼국사기 옥산서원본

과 더불어 一然의 門徒 가
운데 누군가에 의해서 이
루어졌음을 시사하며, 나
아가 『삼국유사』가 개인의
저작물이 아닌 공동작업의
성과물이었을 가능성을 보
여 주는 부분이기도 하다.
그러나 분주에서의 피휘여
부 문제는 原註와 後註를
구분한 다음에야 비로소 실체에 접근할 수가 있을 것이다.

한편,『삼국유사』의 후백제견훤조는 정종의 휘인 堯와 관련된 驍・燒・
曉・撓 등이 결획되지 않고 있다. 그러나 저본으로 생각되는『삼국사기』
에서는 이들 字가 철저하게 缺劃되고 있어 대조를 보인다. 성암고서박물
관의『삼국사기』를 참고할 경우 권44에서 권50까지 모두 驍(4회)・燒(4
회)・曉(1회)・撓(1회) 등이 확인된다. 또한 선종의 휘인 運의 마지막 획
을 결획한 경우가 12회나 된다. 이들 가운데 후백제 견훤조에 해당하는
것은 燒(2회)・運(1회) 등 모두 3회에 그치고 있다. 그런데『삼국사기』中
宗刊本에 와서 燒의 경우는 결획이 복원되고 있다. 그러나 運만은 결획자
가 그대로 남아 있다[33]. 바꾸어 말한다면,『삼국유사』의 편찬자가 고려본
의『삼국사기』를 원형그대로 전재하였다면『삼국유사』후백제 견훤조에
서는 燒와 運이 正와 같이 缺劃字로 남아 있을 가능성이 제시된다. 하지

---

33 이러한 현상은 기왕에 제시된 천혜봉과 유부현의 도표에서도 일률적으로 결획자가 복
  원되는 것이 아니라 부분적으로 이루어지고 있음을 알 수 있는데 역시 같은 맥락에서 이
  해가 되는 것이다.

만 鮮初本인 조종업본 등의『삼국유사』에는 두 字에 대한 결획현상이 발견되지 않고 있어 초간본 또는 초간본이후 선초본의 복각본에서는 완전히는 아니지만 일부 결획자들에 대해서는 복원이 이루어졌을 것으로 추정된다.

「표3-1」卷第二 紀異第二 避諱對象字 및 避諱現況

區　分	世祖		太祖		惠宗				定宗		成宗		비고
	隆	豊	建	立	武	正	砥	虎	堯	高	治	理	
文虎王法敏			1		4			1				2?	本文
													分註
万波息笛					1								
					1								
孝昭王代 竹旨郎					1							2	
聖德王													
水路夫人													
孝成王													
景德王 忠談師 表訓大德											1	2	
惠恭王													
元聖大王													
早雪													
興德王 鸚鵡													
神武大王 閻長 弓巴					2								

											1
第四十八景文大王											
處容郎望海寺											
眞聖女大王 居陀知											
孝恭王											
景明王											
景哀王											

　결과적으로 이 부분에서는 기왕의 ①과는 피휘법적용여부에서 다소 차이를 보여 구분되고 있으나, 武에 대한 결획현상은『삼국사기』의 저본에 그 원인이 있었음을 알 수 있었다. 따라서 피휘대상자인 治와 피휘자인 理가 확인되지 않아 단정하기는 어려우며 비록 正가 확인되나 ①과 동일한 찬자에 의해서 편찬되었을 가능성이 높다.

　마지막으로 駕洛國記條에서는 建(4회) · 立(2회) · 武(2회) · 正(3회) · 虎(1회) · 治(9회) · 理(2회) 등이 확인된다. 이와같이 단일항목에서 집중적으로 避諱對象字와 避諱缺劃字 그리고 代字 등이 혼재하는 현상은 다른 항목에서는 찾아 보기가 어렵다. 이는『가락국기』가 고려 문종이전의 다양한 종류의 저본들을[34] 고려 문종 30년(1076)에 금관지주사였던 文人

---

34 『駕洛國記』를 내용을 중심으로 구분하면, ①駕洛國의 建國說話 및 神話 ②昔脫解神話 ③國婚說話 ④始祖紀 ⑤廟享記 ⑥銘文考 ⑦居登王으로로부터 仇衡王까지의 世紀 ⑧總論 등으로 대별할 수가 있다(정중환, 1990. 「가락국기의 문헌학적 고찰」,『가야문화』3집, 가야문화연구원, 19쪽). 즉, 여러 계통의 典據가 底本으로 사용되고 있음을 알 수 있다.

이 새로이 정리하여『가락국기』라 한 것을[35]『삼국유사』의 편찬에 참여한 자가 이를 재편집하여「略而載之」하는 등 여러 단계의 과정을 거치면서 발생한 현상인 것으로 추정된다.

「표3-2」卷第二 紀異第二 避諱對象字 및 避諱現況

區　分	世祖		太祖		惠宗				定宗		成宗		비고
	隆	豊	建	立	武	正	砨	虎	堯	高	治	理	
金傅大王													本文
													分註
南扶餘 前百濟					1								
武王					2								
					2								
後百濟甄萱					1	4							
駕洛國記			4	2	2	3		1			9	2	

특히, 武의 경우 저본에서는 피휘가 이루어지지 않았으나, 문종때는 결획자인 正 마지막으로『삼국유사』가 완성되는 단계에서는 虎가 代字로 사용되었을 가능성과 正 또는 虎의 단계로 피휘가 이루어졌으나 ①의 경우처럼 마지막 단계에서 피휘가 이루어지지 않고 原字인 武로 사용되었을 가능성이 있다. 建의 경우는 권제이 紀異第二篇에서 모두 7회나 등장하고 있으나 특이하게『삼국유사』에서는 가락국기조에서만 2회에 한하여 代字인 立으로 피휘되고 있다. 그러나 가락국기조에서 3회에 걸쳐 등장하는 建安四年의 경우, 2회는 避諱代字를 사용하여 立安으로, 1회는 피휘

---

35 정중환, 1990, 앞글, 18쪽

하지 않고 建安으로 표기하고 있어 다양한 저본들이 여러 단계를 거쳐서 『삼국유사』에 게재될 당시까지도 저본자료의 원형을 유지하고 있음을 보여주고 있다.

이는 전승과정에서의 중간단계 편찬자들은 저본에서 이미 적용된 피휘자에 대해서는 비록 본인이 택한 缺劃[36] 및 代字의 방법중 일치하지 않더라도 이를 인정하여 수정하지 않았으며, 또한 본인이 피휘법을 적용하지 않더라도 기왕의 피휘자는 原字대로 복원하지 않았음을 알 수 있다. 이러한 경향은 조선시대의 많은 판본에서 고려시대의 피휘자가 여전히 존재하는 현상으로 나타난다.

한편, 相과 湘의 경우 諸篇에서는 義相의 法諱를 기록할 경우 모두 湘을 사용하고 있으나 문호왕법민조만은 2회에 걸쳐 湘이 아닌 相[37], 卷第三 塔像篇의 前後所將舍利條와 洛山二大聖 觀音正趣調信條 등에서는 相과 湘이 혼재하고 있음에 주목한 연구가 있다[38]. 그러나 김지견은 "일연이 『삼국유사』를 저술할 당시 『삼국사기』를 비롯한 相字 표기의 문헌들을 참고하면서 이를 인용하는 과정에서 典據한 문헌의 표기를 부지불식간에 그대로 옮겨 쓴 것은 아닐까 하고 생각된다" 아울러 "물론 일연의 기본적

---

36 동국대 도서관 소장본으로, 1377년에 간행된 것으로추정되는 고려본 『慈悲道場懺法集解』의 경우 燒·建·運 등에 대해 모두 缺劃字를 사용하고 있음을 알 수 있다(남권희, 1990, 「興德寺字로 찍은 『慈悲道場懺法集解』의 覆刻本에 관한 考察」, 『문헌정보학보』4집, 전남대 문헌정보학과 문헌정보학연구회, 188쪽). 이처럼 통일신라이래 개인에 의한 비문 또는 저작물일 경우 피휘법을 혼용하지 않고 대자와 결획 등 어느 한쪽을 택하는 것이 일반적이다.

37 ……時義相師西學入唐來見仁問……時義相法師聞之致書報云…(『三國遺事』卷第二. 紀異第二. 文虎王法敏條)

38 김지견, 1988, 「義相의 法諱考」, 『효성조명기박사추모불교사학논집』, 동국대출판부, 250~254쪽 : 1989, 「法界圖 圓通記의 텍스트再考」, 『동양학』19집, 단국대 동양학연구소, 308~312쪽.

입장은 어떤 이유에든가 湘字를 선택하였던 것이지만 위와 같은 원인으로 湘・相의 混淆가 생겼다고 보는 것에 지장이 되는 것은 아니다" 라고 함으로써 기왕의 원인을 일연의 찬술태도가 치밀하지 못함에서 원인을 찾고 있다. 즉, 이러한 현상들 역시 기존의 견해처럼 일연이『삼국유사』의 諸篇을 찬술하였으며, 일체의 한자사용에도 일연의 인식이 문장구조의 저변에 투영되어 있는 것으로 보고자 한 것이다. 그러나 相・湘의 혼재 현상은 다름아닌 여러 명이『삼국유사』의 완성에 관여한 것에 그 원인이 있다. 그리고 해당논고에서 이미 지적하였듯이 두 갈래의 전승이 있었으며, 각각에 해당하는 자료의 원형대로 전재하는 과정에서 자연스럽게 발생한 현상에 불과한 것이지 일연 개인에 있는 것은 아니다. 마찬가지로 전후소장사리조와 낙산이대성조의 혼재현상도 저본자료와 이를 二次로 편찬한 자가 의상의 법휘에 대한 서로 다른 개념을 갖고 있음으로 해서 발생한 현상일 가능성이 높다.

그러므로 가락국기조는『삼국유사』가 완성될 시점에 한사람에 의해 피휘가 일률적으로 적용된 것이 아니며, 또한 동시에 동일한 기준으로 의견을 정한 다음에 이루어진 것이 아닌 것으로 時空間的으로 여러 단계를 거쳤음을 확인할 수 있다. 그 결과 오늘날 가락국기조는 다양한 모습으로 남아 있게 된 것이다[39].

---

39 이와는 달리『삼국사기』의 경우 김부식이 취한 고려시대의 諸王들에 대한 피휘법은 缺劃이었으나 현재까지 조사된 바는, 저본에서 이루어진 통일신라의 피휘자들을 제외하더라도 代字인 경우가 7回에 걸쳐 확인되고 있다. 그러나 이는 이미 지적된 바와 같이 8명의 편찬보조원들이 원칙에 어긋나게 쓰거나, 아니면 저본 자료인『三國史』에서 원칙으로 한 피휘대자를 그대로 전재하는 과정에서 자연스럽게 생긴 현상이다. 즉 공동작업의 결과이다(정구복, 1994,「고려조의 피휘법에 관한 연구」,『이기백선생고희기념한국사학논총』(상), 일조각, 669쪽 : 정구복, 1996,「三國史記解題」,『역주삼국사기1』(감교・원문편), 한국정신문화연구원, 539~540쪽)

결과적으로 권제이 기이제이편은 문호왕법민조와 가락국기조의 불분명한 성격을 예외로 인정한다면 나머지 21개 항목들은 피휘법을 적용하지 않은 찬자에 의해서 편찬되었다고 할 수 있다. 문호왕법민조와 가락국기조는 외형적으로 분명히 이들과는 구분되는데, 이는 후대의 重刊過程에서 발생한 混淆現象이라기 보다는 저본자료의 중간전승과정에서 보여준 찬자들의 태도와 관련이 있다.

4. 卷第三 興法第三 塔像第四

①興法第三에서는 피휘대상자가 建(5회)·武(13회) 등 18회가 확인되고 있다. 그러나 피휘된 字는 없다. 따라서 興法第三의 찬자는 피휘에 대한 인식이 없었음을 보여주고 있다. ②卷第三 塔像의 경우 찬자가 분명한 前後所將舍利條와 五臺山文殊寺石塔記 등을 중심으로 ①伽葉佛宴坐石條~敏藏寺條 ②無極記의 前後所將舍利條 ③彌勒仙花 未尸郎 眞慈師條~有德寺條 ④白雲子記의 五臺山文殊寺石塔記 등으로 대별하여 살펴볼 필요가 있다.

「표4」卷第三 興法第三 避諱字 및 避諱現況

구분	世祖		王建		惠宗				定宗		成宗		備考
	隆	豊	建	立	武	正	砥	虎	堯	高	治	理	
順道肇麗					1								本文
													分註
難陀闢濟					1								
阿道基羅					1								

區 分											
原宗興法 厭髑滅身	3										
法王禁殺		1									
		2									
寶藏奉老 普德移庵		4									
	2	3									
東京興輪寺金堂十聖											

「표5」卷第三 塔像第四 避諱對象字 및 避諱字 現況

區 分	世祖		太祖		惠宗				定宗		成宗		備考
	隆	豊	建	立	武	正	砒	虎	堯	高	治	理	
伽葉佛宴坐石													본문
													분주
遼東城育王塔			1										
金官城婆娑石塔			1		1								
高麗靈塔寺													
皇龍寺丈六			1										
皇龍寺九層塔			3										
			1										
皇龍寺鍾芬皇寺藥師奉德寺鍾													
靈廟寺丈六													
四佛山 掘佛山 萬佛山													
生義寺石彌勒													

區分	世祖		太祖		惠宗				定宗		成宗	
	隆	豊	建	立	武	正	碔	虎	堯	高	治	理
興輪寺壁畵普賢												
三所觀音 衆生寺				1								
栢栗寺												
敏藏寺												
前後所將舍利				1								
彌勒仙花 未尸郎 眞慈師											1	
南白月二聖努肹夫得怛怛朴朴		1										

「표6」卷第三 塔像第四 避諱對象字 및 避諱字 現況

區 分	世祖		太祖		惠宗				定宗		成宗		비고
	隆	豊	建	立	武	正	碔	虎	堯	高	治	理	
芬皇寺千手大悲 盲兒得眼													本文 分註
洛山二大聖 觀音 正趣 調信											1		
魚山佛影													
臺山五萬眞身								1				1	
溟州五臺山寶叱徒太子傳記				1									
臺山月精寺五類聖衆													
南月山			1										

天龍寺										
鰲藏寺彌陀殿										
白嚴寺石塔舍利										
靈鷲寺										
有德寺										
五臺山文殊寺石塔記	1									

①의 경우 建(7회)·武(2회)에 한하여 피휘대상자가 확인되나 피휘된 자는 없다. 따라서 찬자는 피휘를 의식하지 않았음을 알 수 있다.

② 無極記의 경우『삼국유사』諸篇 가운데 卷第三의 전후소장사리조와 卷第四의 관동풍악발연수석기 등이 있으나 후자의 경우 피휘와 관련한 대상자가 확인되지 않고 있다. 전자의 경우도 혜종의 諱인 武를 기록하고 있어[40] 단정할 수는 없으나 無極 역시 피휘를 하지 않은 듯하다.

③의 경우 피휘대상자와 피휘자는 建(2회)·武(1회)·虎(1회)·治(1회)·理(2회) 등이다. 이들 가운데 미륵선화미시랑진자사조는 理로 1회 피휘하고 있으며[41], 대산오만진신조 역시 본문에서 代字인 虎(1회)와 理(1회)가 확인되어 피휘하고 있음을 알 수 있다. 그러나 대산오만진신의 경우 정작 찬자의 것으로 판단되는 분주에서 武(1회)를 사용하고 있어[42]

---

40 ···· 據浮石本碑湘武德八年生(『삼국유사』권제삼 탑상 전후소장사리조)
41 ···擇人家娘子美艶者捧爲原花要聚徒選士敎之以孝悌忠信亦理(治)國之大要也(『삼국 유사』권제삼 탑상 미륵선화 미시랑 진자사조)
42 古記云大和元年戊申八月初王隱山中恐此文大誤按孝照一作昭以天授三年壬辰卽位

본문에 보이는 2회에 걸친 피휘자가 저본에 의한 것일 가능성을 높여 주고 있다. 따라서 ③의 경우도 기본적으로 피휘하지 않았으며, 그런 점에서 보면 彌勒仙花 未尸郎 眞慈師條는 역시 저본에 의한 것으로 찬자에 의한 피휘는 아닌 것으로 추정된다.

④ 白雲子記에서는 처음으로 고려 태조의 아버지, 즉 世祖 諱인 隆에 대한 代字인 豐이 1회 확인되고 있다. 그러나 이 역시 문수사의 현판기를 쓴 白雲子가 1156년에 기록한 것이므로[43] 권제삼 탑상조의 찬자와는 무관한 避諱字이다.

결과적으로 卷第三 塔像에서는 미륵선화 미시랑 진자사조와 대산오만진신조 그리고 오대산문수사석탑기 등에서 일부 피휘자가 확인되고 있다. 그러나 지금까지의 분석결과는 모두 저본에 의한 字들일 가능성이 높으며, 권제삼 탑상편의 찬자는 결과적으로 권제이 기이제이편과 동일하게 피휘에 대한 인식은 없었던 것으로 추정된다.

5. 卷第四 義解第五

피휘대상자 및 피휘자는 建(2회)·隆(1회)·治(3회)·豐(1회)·武(2회) 등이다. 의해편 가운데 무극의 관동풍악발연수석기를 제외한 13항목 가운데는 寶壤梨目條에서 확인되는 세조의 휘인 隆을 代字한 豐(1회)만이 확인된다. 보양이목조는 내용 가운데 해동고승전의 書名이 확인되어

時年十六長安二年壬寅崩壽二十六聖德以是年卽位年二十二若曰太和元年戊申則先於孝照卽位甲辰巳過四十五歲乃大宗文武王之世也以此知此文爲誤故不取之(『삼국유사』권제삼 탑상 대산오만진신조)

43 김상현, 1993, 「삼국유사의 역사방법론적 연구」, 『동양학』23집, 단국대 동양학연구소, 170쪽의 註13 참조

최종적으로 覺訓이 이를 완성한 고종 2년(1215) 이후에 완성된 것임을 알게 한다. 그 구성을 보면 찬자는 寶壤傳과 淸道郡廳의 文籍에 실려 있는 柱貼公文(943년)·雲門山 禪院 長生標塔公文 一通(946)·郡中古籍裨補記(1161)·鄕俗·新羅殊異傳·海東高僧傳 등을 참고하여 기술한 것을 알 수 있다.

이들 참고자료들 가운데 豊은 郡中古籍裨補記(1161)의 성립연대를 의미하는 正隆六年 辛巳 九月을 기록하면서 고려 태조의 父諱인 隆을 代字하여 쓴 것이다. 그리고 分註에서「大金年號本朝毅宗卽位十六年也」[44]라고 하였다. 그런데 분주에서 찬자는 이미 1234년에 멸망하고 있는 金나라(1115~1234)를「大金」이라 尊稱하고 있다[45]. 이로 미루어 분주는 보양 이목조 찬자의 것이 아니라 성립연대가 불문명한 淸道郡廳의 文籍에서 이미 기록된 原註[46]로 보인다. 따라서 豊字 역시 청도군청의 문적에서 표기된 것이다.

「표7」卷第四 義解第五 避諱對象字 및 避諱字 現況

區　分	世祖		太祖		惠宗				定宗		成宗		비고
	隆	豊	建	立	武	正	硃	虎	堯	高	治	理	
圓光西學	1		2									2	本文
													分註
寶壤梨木		1											

---

44 …正豊六年辛巳(大金年号本朝毅宗卽位十六年也)九月郡中古籍裨補記…(『삼국유사』 보양이목조)
45 경북 청도군 운문면에 소재하고 있는 운문사경내에는 1145년 尹彦頤가 撰한 高麗國雲門寺圓應國師之碑가 있는데, 여기에「大金天會四年丙午」라는 표현이 보인다.
46 原註가 분명하다면 淸道郡廳의 文籍은 늦어도 금의 멸망이전, 즉 1234년 이전에 성립되었을 것이다

良志使錫								
歸竺諸師								
二惠同塵							1	
慈藏定律			1					
元曉不羈			1					
義湘傳教								
蛇福不言								
眞表傳簡								
關東楓岳鉢淵藪石記								
勝詮髑髏								
心地繼祖								
賢瑜珈 海華嚴								

　이는 卷頭의 圓光西學條에서 황룡사를 皇隆寺로 표기한 점과 至元十八年(1281) 이후에 저술한 것이 분명한 卷第三 塔像 伽葉佛宴坐石條의 본문에서 大金[47]이라 기록하고 있음은 역시 저본의 내용을 改作하지 않았음을

47　…有本朝名士吳世文作歷代歌從大金貞祐七年巳卯逆數至四萬九千六百餘歲爲盤古開闢戊寅(『三國遺事』卷第三 興法第三 伽葉佛宴坐石)

의미한다. 특히 고려를 부모의 나라로 섬기며 공물을 받치기도 하였던 금나라에 대해, 군신들의 반대에도 불구하고 일시적으로 이자겸일파에 의하여 上表稱臣하였다하여 금이 망한후 50여년이 경과하고 있는 시점에서 굴욕적인 大金이라는 표현을 지속적으로 사용하였다고 보기는 어렵다.

결과적으로, 卷第四에서 고려 태조의 父諱인 隆에 대한 代字인 豐이 확인되고 있지만 역시 찬자는 피휘에 대한 인식이 없었음을 보여 준다고 할 수 있다.

6. 卷第五 神呪第六 · 感通第七 · 避隱第八 · 孝善第九

卷第五에서 피휘법의 용례는 매우 중요하다. 그것은『삼국유사』의 諸篇 가운데 유일하게 卷頭에「國尊曹溪宗迦智山下麟角寺主持圓鏡冲照大禪師一然撰」이라고하여 찬자를 분명히 하고 있어 권제오의 피휘법 사용례와 나머지 諸篇과의 상관성이 주목되기 때문이다. 권제오는 신주 · 감통 · 피은 · 효선 등으로 편목이 구성되어 있는 바 이들을 각각 구분하여 살펴보고자 한다.

먼저 신주편에는 本文의 경우 각각 결획자인 正(1회)와 결획자인 礩(1회) 그리고 治(2회), 분주의 경우 武(1회) 등이 확인된다. 그러나 일연의 것으로 생각되는 분주에서 피휘가 이루어지지 않아 본문의 결획자인 正와 礩는 앞서 살편 몇 항목의 예와 같이 저본에 기인한 것으로 판단된다. 즉, 신주편에서 일연은 피휘를 염두에 두지 않은 것 같다. 이러한 성향은 뒤이은 感通 · 避隱 · 孝善 등에서도 확인된다.

둘째, 感通의 경우도 대상자인 武(2회) · 治(3회)만 확인될 뿐 避諱字는 없으며, 避隱 역시 武(1회) · 治(1회) 뿐이다. 그리고 孝善에서는 피휘대상자 자체가 없는 실정이다.

「표8」卷第五 神呪第六 避諱對象字 및 避諱字 現況

區 分	世祖		太祖		惠宗				定宗		成宗		비고
	隆	豊	建	立	武	正	砇	虎	堯	高	治	理	
密本摧邪							1				1		本文
													分註
惠通降龍											1		
明朗神印						1							
					1								

「표9」卷第五 感通第七 避諱對象字 및 避諱字 現況

區 分	世祖		太祖		惠宗				定宗		成宗		비고
	隆	豊	建	立	武	正	砇	虎	堯	高	治	理	
仙桃聖母隨喜佛事													本文
													分註
郁面婢念佛西昇													
廣德嚴莊					1								
憬興遇聖					1						1		
眞身受供													
月明師兜率歌													
善律還生													
金現感虎											2		
融天師彗星歌 眞平王代													
正秀師救氷女													

「표10」卷第五 避隱第八 避諱對象字 및 避諱字 現況

區　分	世祖		太祖		惠宗				定宗		成宗		비고
	隆	豊	建	立	武	正	斌	虎	堯	高	治	理	
郎智乘雲 普賢樹					1								本文 分註
緣會逃名 文殊岾													
惠現求靜													
信忠掛冠													
包山二聖													
永才遇賊											1		
勿稽子													
迎如師													
布川山五比丘 景德王代													
念佛師													

「표11」卷第五 孝善第九 避諱對象字 및 避諱字 現況

區　分	世祖		太祖		惠宗				定宗		成宗		비고
	隆	豊	建	立	武	正	斌	虎	堯	高	治	理	
眞定師孝善雙美													本文 分註
大城孝二世父母 神文王代													
向得舍知割股供親 景德王代													

孫順埋兒 興德王代									
貧女養母									

7. 기타

이외에도 卷第四 義解第五篇 원광서학조에는 「虎○山」부분이 확인된
다[48]. 아마도 오늘날 경상북도 청도군 운문면에 위치하는 虎踞山은 원광
이 중국 吳나라 虎丘山과의 인연을 기리기 위해서 嘉瑟岬에 머물면서 지
은 山名일 것이다[49]. 현재 활자본인『삼국유사고증』·최남선편의 육당본
·이병도본·북한 사회과학원의 북역본 등은 모두「虎(丘)山」으로하여 丘
字를 補入하고 있다. 판본의 경우 闕字인 ○부분이 행간의 마지막에 위치
하고 있어 중간의 즈음에 자연스럽게 생긴 현상으로도 볼 수 있으나, 중
국의 경우 宋과 金에 이르면 시행되는, 孔子의 諱인 丘字에 대해 피휘하
는 제도와 무관하지 않다.『宋史』卷八五 地理志와[50]『金史』章宗紀[51] 등에
서 그 예가 확인된다.『至正直記』卷三에는

丘字는 성인의 이름이니 자손들이 經史를 읽을 때 무릇 孔丘는 孔某로 읽
을 것이다. 朱筆로서 作文할 때는 丘字는 비워두고 쓰지 않으며, 무릇 丘字

---

48 ····虎○山念定相沿無忘覺觀息心之···
49 813년에 건립된 斷俗寺 神行禪師碑文에는 蝴踞山으로 나온다.
50 大觀四年 以瑕丘縣爲瑕縣 龔丘縣爲龔縣(1110년)
51 ①明昌三年 詔周公孔子名俱令廻避(1192) ②泰和五年 又詔有司 如進士名有犯孔子
諱者避之 著爲令(1205)

가 있어 읽을 때에는 區와 같이 하라. 詩와 같은 것에 이르러 韻으로 하고

자 할 때는 모두 (해당자에 이르러서는) 읊기를 쉬거나 (작문할 경우는)

뜻이 같은 字를 사용하라고 하였다[52].

즉, 經史를 읽을 때나 作文할 때 또는 詩를 짓는 일에서조차 피휘를 하
라는 것이다[53]. 그런데 「朱筆圈之」라하여 作文할 때는 문장에 일정한 공
간을 비우는, 즉 「空其字而不書」하는 것으로 얼핏 보기에는 闕字인 것이
다. 그러나 현존하는 판본들을 대교하여 본 결과 『삼국유사』에서는 闕字
의 발생이 거의 없다는 점에서 「虎○山」의 경우가 고려시대의 자료에서
확인하기 어려운 避諱空字의 한 예가 아닌가 한다[54]. 고려 중기에 해당하
는 宋과 金에서 시작된 孔丘에 대한 피휘가 유교를 정치이념으로 하는 고
려 귀족사회에 영향을 미쳤을 것은 당연하기 때문이다.

한편, 일연이전의 비문 및 묘지명, 『삼국사기』 등에서 확인되고 있는 피
휘자들은 「도표」로 제시된 것 이외에도 고려 혜종의 휘인 武와 同韻인 賦
・鵡, 정종의 휘인 堯와 同韻인 曉・驍 등이 결획되고 있다. 그러나 『삼국
유사』에서 동일한 字가 諸篇에서 다수 확인되나 피휘결획된 예는 없다.

---

52 丘字 聖人諱也 子孫讀經史 凡云 孔丘者 則讀作某 以朱筆圈之 凡有丘字讀若區 至如
  詩以爲韻者 皆讀作休 同義則如字
53 陳新會, 1987, 『史諱擧例』, 文史哲出版社, 臺灣, 30~31쪽
54 魏나라 將帥인 尉遲楷의 '楷'字가 高麗 仁宗의 휘를 범한다하여(名犯長陵諱) 이를 쓰
  지 않는 예가 확인된다(『삼국사기』권17 고구려본기 중천왕 12년 12월조).

Ⅳ. 맺음말

본고는 『삼국유사』의 諸篇에 등장하는 피휘대상자들과 피휘자들을 「표」를 통해 정리하며 살펴 보았다. 그 결과 『삼국유사』 諸篇에서 避諱字의 현상은 다양하였으며, 전승과정의 층위도 간단치 않음을 확인하게 되었다. 따라서 그러한 현상을 일연의 정리되지 않은 피휘에 대한 인식으로 돌려서 간단하게 해결할 문제는 아닌 것이다. 특히 고려초에 해당하는 태조 왕건과 혜종(943~945)·정종(945~949)·성종(981~997) 등의 이름을 피한 자들이 『삼국유사』 전반에 걸쳐 대거 등장하고 있음과 상대적으로 혹은 적용하지 않은 자가 확인되고 있음은 일연이 고려초의 피휘자에 대한 인식을 견지한 채 『삼국유사』를 저술한 것이 아니라 개별 항목의 사료들이 고려초에 완성되었으며 그러한 자료들을 후대에 수집한 일연과 그의 문도들에 의해 가감없이 전재되었기 때문일 것이다. 이 점은 오히려 『삼국유사』에서의 피휘현상이 일연이 생존하였던 시기의 제왕들의 이름에 대한 피휘보다 고려초에 집중되어 있음에서도 증명된다고 할 수 있다. 결국『삼국유사』에서 확인되는 피휘자들에 대한 해석은 일연의 피휘에 대한 인식 또는『삼국유사』초간의 시기 등과 관련된 것이 아니라 각 항목들의 개별 사료들이 완성되는 상한시기를 말해 주는 것으로 보아야 할 것이다. 예컨대, 고조선조의 경우 일연이 항몽기를 맞이하여 민족의 자존심을 고취시키는 차원에서 이를 저술한 것이 아니라 원전은 혜종과 정종의 피휘자가 확인되고 있으므로 빨라도 정종의 薨年인 949년을 올라서지 않는다는 점이다. 그러므로 949년 이후 어느 시기엔가 고조선조가 완성되었고[55] 이를 수집한 일연과 그의 문도들에 의해『삼국유사』에서 재편집된 것으로 추정할 수 있다.

피휘법을 적용하지 않았던 一然撰이 분명한 卷第五의 결과를 놓고 비교한다면, 代字인 虎와 理가 정확하게 본문과 분주에 적용되었던 王曆第一[56]과 卷第一 紀異第一篇과 기이제이편, 좀더 연구를 필요로 하지만 駕洛國記條 등은 분명히 구분되는 존재들인 것이다[57]. 만일 같은 항목에서 피휘대상자와 피휘자가 혼재하고 있는 현상들을 수집한 저본을 그대로 전재한 것에 그 원인이 있지 않고『삼국유사』의 제편들이 편찬 당시에 찬

---

55 고려초 고구려의 후신임을 자처한 고려정부가 平壤을 西京이라 하고 기왕에 평양지역에서 고구려의 주몽설화와 함께 혼재하면서 전해오던 단군설화를 중요시하였다는 지적이 있다(이기백, 1990, 「단군신화의 문제점」,『단군신화논집』, 새문사, 68쪽). 그렇다면 고조선조의 원전은 고려정부에 의해 三京制度가 논의되는 성종대를 전후하여 성립되었을 가능성이 있다.

56 王曆第一에서 등장하는 22회의 建字에 대해서 고려본에서는 피휘결획되었을 것이라는 견해가 있다. 그러나 이는『삼국유사』의 피휘법에 대한 특징을 인식하지 못한데서 추정된 것에 불과하다(정구복, 1994, 앞글, 671쪽) 만일 그의 견해처럼 피휘가 되었다면 一然撰이 분명한 卷第五의 성격과 더욱 멀어지는 결과를 초래하게 되는 것이다.

57 王曆과 駕洛國記條 등에 대해서 一然 이후에 추가된 것으로 이해하는 견해가 있다(김상현, 1985, 「삼국유사 왕력편 검토」,『동양학』15집, 단국대 동양학연구소 : 이기백, 1984, 「삼국유사 기이편의 고찰」,『신라문화』1집, 동국대 신라문화연구소, 21쪽)

자들 또는 一然이 갖고 있던 피휘법에 대한 인식들이 일률적으로 적용된 것이라면 문제는 더욱 복잡해진다.

따라서 지금까지 본고에서 밝혀진 양상들은 최소한 두가지 점을 시사한다고 보여진다. 첫째, 『삼국유사』의 편찬시 수집한 자료들을 대별하여 편집한 다음 이를 편찬할 때는 저본의 내용을 최대한 살려 그대로 전재하였다. 둘째, 分註에서조차 原字를 사용한 것과 避諱代字 등이 서로 상반되게 확인되고 있는데, 이는 일연과 함께 그의 門徒들 가운데 몇 명의 편찬자들이 모여 일정한 분량으로 서로 나눈 뒤 피휘법 등의 문제에 대해서 상호의견을 조율하지 않고 각자 임의대로 편찬에 임한 것을 시사한다고 할 수 있다. 동일한 양상은 다른 곳에서도 확인되는데, 『삼국유사』에는 『三國史記』의 내용을 인용하면서, 『三國史』[58]·『三國史本傳』[59]·『三國本史』[60]·『三國史記』[61] 등으로 다양한 표현방법을 사용하고 있다[62]. 따라서 이 문제는 그동안 학계에서 논의되어 온 『삼국유사』의 저술이 일연 한 개인의 저작물이냐 아니면 그의 門徒들인 제자들과의 공동작업이었느냐에 대한 하나의 기준을 제시하는 계기가 되었으면 한다. 그러나 사실 이러한 깊이 있는 문제들은 本文과 分註의 관계와 밀접한 연관성이 있다. 따라서 이와 병행하여 『삼국유사』제편에 등장하는 분주의 문제도 살펴야 할 것이다.

한편, 일연이 『三國遺事』를 편찬하기 위한 예비작업의 성격을 띠고 있다

---

58 馬韓·靺鞨 渤海(分註)·第二南解王·武王(分註)·駕洛國記·圓光西學·信忠掛冠
59 後百濟甄萱
60 阿道基羅·臺山五萬眞身(分註)
61 南扶餘前百濟
62 『삼국사기』의 편찬에 여러 명이 참여한 까닭에 동일한 현상이 확인된다. 예컨대, 국내측의 『古記』와 중국측 자료인 『資治通鑑』과 『新唐書』 등에 대한 다양한 표기방법이다 (정구복, 1996, 「三國史記 解題」 『譯註三國史記1』(勘校·原文篇), 한국정신문화연구원, 524~525쪽)

는 至元15年(1278) 仁興社開板의 「歷代年表」에서는[63] 建과 武 등에 대해 缺劃法을 사용하고 있다. 이는『삼국유사』의 저본과 편찬과정에서는 避諱 代字法을 적용하였거나, 아니면 일연처럼 피휘법 자체를 염두에 두지 않는 것이 주된 경향임을 감안하면 피휘결획법을 채택하고 있는 「역대연표」는『삼국유사』와 대치되는 현상임이 분명하다. 따라서 「역대연표」의 편찬 과정에 일연 또는『삼국유사』의 편찬자들이 직접 참여하였는지는 재고를 요한다고 할 수 있다. 특히 1년전인 충렬왕 3년(1277)에 이미 一然은 청도 운문사로 옮겨 머물고 있기 때문이다. 그러므로 「역대연표」는 일연의 뒤를 이어 인홍사에 머물고 있던 승려들에 의해 완성되었을 것으로 생각된다.

一然과 無極으로 대표되는 그의 門徒들에 의해『삼국유사』가 완성 되었다고 생각되는 충렬왕(1274~1308) · 충선왕(1308~1313) · 충숙왕 (1313~1330) 등이 재위하던 시기는 피휘법이 사실상 有耶無耶化되던 때 이다. 충선왕 즉위년(1308) 계미일에는 왕의 이름 자를 피하기 위하여 글 자 음이 같은 지명으로서 漳州를 漣州로, 彰善을 興善으로, 章德을 興德으로, 章山을 慶山으로, 麕 島를 寧遠으로, 麕項寺를 弘濟寺로 고치는 동시에 樟 · 장(革章합자, 말다 래장) 두자를 명사로 사 용하는 것을 금지하고 있

사진 6 청도 운문사

---

63 채상식, 1991, 「仁興社刊『歷代年表』와『三國遺事』의 찬술기반」, 『고려후기불교사연 구』, 일조각

다. 이 조칙에는 이전처럼 무차별적 피휘가 아닌 국내외 조류에 편승한 제한적이며 완화된 조치였다. 기왕에 언급된 지명은 개명을 하되 나머지는 명사일 경우에만 한한 것이다. 명사가 아닐 경우 作文上의 제한은 없는 것이다. 그것은 원나라에서 황제들이 자신들의 이름을 몽고어로 짓는, 즉 중국측에서 말하는 이른바 "胡語命名"으로 하였기 때문에 굳이 漢字로서 피휘를 하지 않은 것이다. 그 결과 당연히 피휘를 하지 않은 것이 많이 발생하였으며[64], 이러한 분위기는 몽고식 이름을 갖고 있던 당시의 왕들에게는 자연스러운 현상이었다. 고려말기의 기강해이와는[65] 근본적으로 다른 성격의 것이다. 그러나 동시대 또는 이후의 儒學者들이 대부분 피휘법을 준수[66]하였음에도 불구하고 國師의 地位에까지 오른 一然은 이를 따르지 않고 있다. 그에 대한 원인을 그의 저서가 남아 있지 않은[67] 현실에서는 무어라 단정하여 밝힐 수 없지만 그들과 구별되고 있음은 분명하다.

---

64 심우준편역, 1991,『中國古書版本鑑定研究』, 중앙대학교출판부, 245쪽

65 정구복, 1994,「고려조의 피휘법에 관한 연구」,『이기백선생고희기념한국사학논총』(상), 일조각, 676쪽

66 李承休(1224~1300)의『帝王韻紀』는 일연의 입적과 비슷한 시기인 1287년에 初刊되었다. 그후 1360년과 조선 태종 13년인 1413년에 각각 중간되었다. 곽영대 및 동국대 소장의 고려본은 일반에게 공개된 것이 없으나, 1413년 간본은 영인되었다. 그런데 조선간본에서도 隆(豊)·建(立)·武(虎)·治(理)·堯(高) 등의 代字가 상당수 발견되고 있다(이규보·이승휴著·박두포譯, 1985,『東明王篇·帝王韻紀』, 을유문화사, 232~265쪽). 이외에도 고려시대의 관본이 현전하는 1354년刊 崔瀣의『拙藁千百』과 1359년刊 李承休의『動安居士集』등에도 역시 避諱缺劃과 避諱代字法이 적용되고 있다(리철화, 1995,『조선출판문화사(고대~중세)』, 사회과학출판사, 154~155쪽)

67 일연의 저서로 현전하는 것으로는『三國遺事』외에 日本에 전하는 1680년의 重刊本『重編曹洞五位』가 있다. 그러나 내용의 앞뒤가 뒤섞이어 맥락을 찾기 어려울만큼 錯簡이 심할 뿐만아니라, 후세에 추가된 부분이 두서없이 섞여서 원래 二卷本이던 것이 三卷本으로 增卷되어 있다(민영규, 1986,「一然重編曹洞五位」,『學林』6, 연세대 사학연구회 : 1994,『四川講壇』(西餘文存其二), 又半, 84쪽에 재수록). 따라서 비록 피휘대상자인 建(2회)·武(1회) 등이 확인되고는 있으나 이를 통해 일연의 피휘법에 대한 인식을 규정하기란 어렵다.

이상에서 언급한 바외에도 왕력에 등장하는 洪道는 唐의 高宗 재위기간인 683년에 한하여 사용된 弘道의 異表記이다. 現慶 역시 唐 高宗의 재위년간인 656년부터 660년까지 사용된 顯慶의 異表記이다. 洪道의 경우는 왕력에서 1회에 한하여 등장하고 있으나, 現慶은 왕력(1회)·권제일 기이제일편 진덕왕조의 분주에 3회, 태종춘추공조는 본문에 1회, 권제이 기이제이편의 문호왕법민조에서는 분주에서 1회 등 모두 6차례나 확인된다. 그리고 原字인 顯慶으로 된 표기는 기이제이편의 南扶餘前百濟條의 본문에서 1회가 기록되어 있다.

중국의 경우 당의 高宗(650~683) 太子의 諱가 弘이었으며, 中宗(684~709)의 諱가 顯이다. 그러나 왕력에서 확인되는 洪道의 경우는 몰라도, 現慶은 저본이 아닌 고려때의 것으로 보이는 분주에서 4회나 등장하고 있어 중국의 영향은 아닌 것으로 보인다. 그런데 고려말에 취해진 피휘법 가운데 주목되는 것이 있다. 그것은 공양왕 3년(1391) 4월 기묘일에 명나라 태조 朱元璋의 이름인 元을 原으로 고쳐 쓰게한 『고려사』의 기록이다[68]. 이는 피휘대자이면서 같은 韻을 유지하는 것인데, 現慶의 경우 고려 제8대 顯宗(1009~1031)의 廟諱를 피휘대자한 것이 아닌가 하는 점이다. 아직 現慶에 대한 피휘례가 금석문에서 확인되지 않고 있어 속단하기는 어려우나, 『삼국사기』 년표 등을 참조하였고, 南扶餘前百濟條에서 이미 확인되는 顯慶을 굳이 찬자가 분주에서 피한 까닭은 단순한 異表記가 아닌 것으로 보여진다.

---

68 己卯避帝諱禁用元字代以原